“晟和研究”系列

家业长青

大变局时代的
企业与家庭发展之道

晟和研究院 著

中国经济出版社
CHINA ECONOMIC PUBLISHING HOUSE
·北京·

图书在版编目（CIP）数据

家业长青：大变局时代的企业与家庭发展之道／晟和研究院著. -- 北京：中国经济出版社，2022.11（2023.1 重印）
ISBN 978-7-5136-7112-5

Ⅰ. ①家… Ⅱ. ①晟… Ⅲ. ①家庭企业－企业管理－研究－中国 Ⅳ. ① F276.5

中国版本图书馆 CIP 数据核字（2022）第 183115 号

策划编辑 崔姜薇
责任编辑 王骏雄
责任印制 马小宾
封面设计 郑 健

出版发行 中国经济出版社
印 刷 者 北京力信诚印刷有限公司
经 销 者 各地新华书店
开 本 710mm × 1000mm 1/16
印 张 22
字 数 357 千字
版 次 2022 年 11 月第 1 版
印 次 2023 年 1 月第 2 次
定 价 78.00 元
广告经营许可证 京西工商广字第 8179 号

中国经济出版社 **网址** www.economyph.com **社址** 北京市东城区安定门外大街 58 号 **邮编** 100011
本版图书如存在印装质量问题，请与本社销售中心联系调换（联系电话：010-57512564）

《家业长青——大变局时代的企业与家庭发展之道》
编委会

序
foreword

新形势下企业经营与家族传承之道

自 2022 年俄乌冲突爆发以来，西方国家对俄罗斯的制裁推高了通胀、扰乱了全球供应链，而美欧为应对持续高企的通胀问题采取了金融紧缩政策，导致经济出现放缓迹象，国际货币基金组织、世界银行接连调低今年全球经济增长预期。与此同时，受新冠肺炎疫情反复不定、地缘政治紧张等超预期因素影响，国内经济下行压力进一步增大，2022 年第二季度，我国 GDP 同比增长 0.4%，上半年同比增长 2.5%，与全年 5.5% 的预期目标差距较大。

在外部经济形势恶化、国内经济增速不及预期的情况下，各产业间的分化进一步加剧。一方面，以房地产、餐饮、零售、旅游等为代表的传统产业需求疲弱，且受新冠肺炎疫情影响较大，行业竞争加剧、优胜劣汰提速，给企业经营者带来很大挑战，钱越来越难赚；另一方面，以数字经济、大健康等为代表的新兴产业供需两旺，新冠肺炎疫情反而在一定程度上助推了这些产业的发展。此外，“双碳”目标下的新能源，“双循环”新发展格局下的外贸，以及人口老龄化催生的“银发经济”等也呈现出良好的发展势头。

动态复杂、快速变化的环境，对企业经营的要求越来越高。“智者应时而变，顺势而为”。面对新变化、新形势、新挑战，企业需要主动应变求变，对业务方向、商业模式等进行必要的调整，以顺应当下的发展潮流。“人无远虑，必有近忧”。企业还需要着眼长远，不能只是走一步看一步。新冠肺炎疫情这只“黑天鹅”让所有人猝不及防，企业在考虑如何迈过眼前难关、解除“近忧”的同时，还应思考和布局后新冠肺炎疫情时代的发展之策，如此才能在机会来临时应时而起。

新形势还对家庭发展提出了机遇和挑战。改革开放以来，我国民营企业在稳增长、促就业、惠民生等方面发挥了重要作用，为社会经济发展作出了不可磨灭的贡献。在推动社会进步的同时，民营企业家们也创造和积累了大量的财富，造就了一大批高净值家庭。如今，随着岁月的更迭，创一代企业家正面临集体退休，中国开始面临有史以来最大的一次财富传承窗口期。如何在传承中与时俱进，成为企业家们必须要面对的课题。

当前，我国已从高速增长阶段转向高质量发展阶段，发展的内外部环境也发生显著变化，中美贸易纠纷、俄乌冲突的爆发，以及《民法典》、“金税四期”的实施等，不仅对企业经营提出了新的更高要求，也对高净值家庭的家庭发展，如子女教育、赴外留学、海外身份、海外投资和旅游乃至家业传承等产生了重要影响，这些都值得我们认真思考和研究总结。

《家业长青——大变局时代的企业与家庭发展之道》应时而出，这是一部能够给企业家们点明发展方向和策略的作品。本书分别从宏观形势、热点政策、优势产业、经营管理、家族传承等多种角度，系统梳理和分析百年大变局所带来的新形势、新机遇，以及企业经营与家庭发展所面临的新情况、新挑战，为企业家和高净值人群提供制胜之策；既从创新角度全面思考了新形势下的企业经营之道，为企业高质量发展提供了决策参考和智力支持，同时也向全社会普及家族传承理念，惠及更多人群，丰富了财富管理行业生态，助力行业健康发展。

书籍好比一架梯子，它能引导我们登上知识的殿堂。书籍又如同一把钥匙，帮助我们开启智慧之窗。中国的企业家及高净值人士一直善于危中寻机，具有很强的适应性和生命力，相信通过阅读本书，定能获得更多新的思路和方向，也能为心中的疑惑找到想要的答案。

中植企业集团总裁　颜茂昆

前言/ preface 变局之下谋长青

一、百年未有大变局

当下无疑是一个充满变数和不确定性的时代。宏观方面，当前世界政治经济格局深度调整，大国战略博弈持续加剧，地区热点此起彼伏，新一轮科技革命和产业变革深入推进，新机遇、新挑战层出不穷，不确定、不稳定因素显著增多，“放眼世界，我们面对的是百年未有之大变局”[①]。

从微观视角来看，近年来频繁发生的“黑天鹅”事件，不仅打破了原本平静祥和的世界，也给我们的企业经营、家庭发展和财富管理带来新的冲击和困扰。

新冠肺炎疫情自2020年初暴发以来，至今仍然一波三折，没有彻底消失的迹象。餐饮、旅游、酒店、交通等行业受到直接影响，企业经营者遭遇前所未有的困难，生产和生活秩序被打乱，多年来辛苦打拼的财富也面临巨大损失。其他行业受到的影响也比较大。新冠肺炎疫情极大地打击了消费，带来需求侧的问题；同时，因为新冠肺炎疫情及其管控措施所带来的供应链暂时停

---

① 习近平总书记2017年12月28日在接见2017年度驻外使节工作会议与会使节时的讲话。

摆，给诸多行业的正常生产经营造成了强烈扰动和深远影响，大部分企业都难以独善其身。

俄乌冲突无异于世界政治经济格局中引爆的一颗重磅炸弹，使得本来就异常敏感的大国关系变得更加脆弱和不明朗，也颠覆了我们对西方国家主流价值观和信用的认知。在美、英等国对俄罗斯祭起制裁大旗的同时，俄罗斯人的合法财富也被无端染指，“私有财产神圣不可侵犯”的光辉蒙上了厚厚的阴影。这个变化对全球高净值人群的心理冲击是比较大的，因为大家有理由相信美国、英国和其他西方发达国家并非如它们宣扬的那样神圣和可靠。不知道是否受此影响，一度在英国投下巨资的李嘉诚家族开始大步伐撤离，转向东南亚国家。

二、可持续发展之惑

在百年变局和世纪新冠肺炎疫情相互交织的时代背景下，外部环境呈现持续不稳定性，欧美经济面临较大的滞胀风险，唯有保持战略定力、增强发展信心、集中精力办好自己的事情，才是我们应对各种风险的关键。为此，党中央、国务院统筹安全与发展两件大事，出台了一系列重大战略举措与政策，加快构建“新发展格局”，全力推进乡村振兴，在高质量发展中促进共同富裕。为了应对经济发展面临的较大下行压力，国家加大财政支出强度和逆周期政策力度；同时实施减税降费，激发市场主体活力；推进体制机制改革，建设国内统一大市场。得益于对政策的精准把握与运用，一些企业率先走出困境，迎来新的发展时期。

然而，更多的企业依然在迷雾中踯躅前行。在加快构建以国内大循环为主体、国内国际双循环相互促进的新发展格局过程中，企业面临的多方面压力日益增加。例如，近年来不断上涨的人力成本、物流成本、渠道成本等，逼迫企业一边想着怎么活下去，一边想着转型升级问题。再如，新旧发展格局的转换是长期的过程，存在各种未知因素和不确定性，企业既要大胆摸索，同时也要小心求证，无形中增加了试错成本。另外，新发展格局和政策所带来的周期性红利属于稀缺机会，更青睐那些具有敏锐嗅觉、前期准备更加充分的企业，后知后觉者自然无缘。

和改革开放最初三十年相比，当前中国企业家面临的压力要大很多。经济高速发展时期所带来的普惠性机遇难以再现，宏观发展环境变得更加复杂和扑朔迷离，技术创新与产业转型升级道阻且长，日趋激烈的市场竞争夹杂着各种难以预测的变量与困难，对企业家的认知、能力与心理提出了更高的要求。同时，企业家为人子、为人夫、为人父，或为人女、为人妻、为人母，还要承担推动家庭和谐与家庭发展的重任。在百年大变局之下，婚姻、教育、养老等家庭核心议题同样出现新情况、新变化，带来新挑战。面对复杂多变的家企发展环境，如何才能实现家业长青与可持续发展，不少企业家感到困惑、迷茫，甚至焦虑。

三、百战归来再学习

作为高晟财富集团旗下的新型高端智库平台，晟和研究院专注于为广大企业家及高净值人士提供高质量的专业服务与智力支持，依托专家力量，开展包括政策解读、专题研究、传承教育、定制咨询、文化传播等业务在内的一体化服务，助力家庭与企业顺应经济社会发展的新趋势、新特征、新要求，把握新机遇、新红利。晟和研究院通过举办访学营与公开课的形式，邀请客户与来自高校和业界的专家学者进行深度交流与互动，并把最新研究成果分享给大家，与大家一起拓宽视野，互相启发，共同发掘解决方案，得到企业家和高净值人士的广泛认可与赞誉。

让我们敬佩的是，企业家和高净值客户在访学营期间表现出的浓厚学习热情。他们从繁杂的工作中抽出宝贵的时间，在课堂上全神贯注地听讲，认真地做笔记，课后和专家教授积极互动，把学习当作经营企业一样，一丝不苟，专注而严谨。每一次，当为期三天的访学营即将结束时，参与学习的企业家和高净值学员都感到意犹未尽。他们纷纷表示，晟和研究院提供的形势展望、政策解读、产业分析、法律制度、财税热点、家族信托等课程内容正是他们所深切关注的话题。尽管专家教授们的讲解提纲挈领、通俗易懂，但因时间所限，难以就更多的困惑和思考求解于专家教授们。

为了将晟和研究院最新的研究成果及访学营、公开课的精华内容更好地分享给客户，我们精心策划撰写了这部《家业长青——大变局时代的企业与家庭发展之道》。全书分十章，共计 30 余万字，紧紧围绕企业家和高净值人士关注的企业经营与家庭发展的核心议题，分别从宏观形势、热点政策、优势产业、经营管理、法律法规、资产管理、家庭关系、教育规划、风险控制、家族传承等角度，系统梳理和分析百年大变局所带来的新形势、新机遇，以及企业经营与家庭发展所面临的新情况、新挑战，为企业家和高净值人士提供参考建议。

四、本书结构与内容

全书分十章。

第一章“形势篇”较为系统地梳理了“百年未有之大变局”的主要脉络，即“三个前所未有”的重大时代变革，并详细分析了经济全球化进程的新挑战、中美贸易争端的未来走向、新冠肺炎疫情对全球产业链供应链的扰动、俄乌冲突与全球政治经济秩序调整、全球经济大通胀风险及其应对、重大技术进步带来新的发展契机等主题，总结了这些变量因素对企业经营、家庭发展和财富管理的影响。

第二章“政策篇”以党中央、国务院为应对“百年未有之大变局”而做出重大战略部署并推出有关政策为背景，重点解读了加快构建以国内大循环为主体、国内国际双循环相互促进的新发展格局，举全社会之力推动乡村振兴，在高质量发展中促进共同富裕，实现“碳达峰、碳中和”目标，实施新型城镇化与房地产政策调整，分析“面向2035的中国智能制造发展战略”等政策的内涵和逻辑，帮助企业家和高净值人士找准自身站位与发展方向，经营好企业与家庭。

第三章“产业篇”立足于“百年未有之大变局”下我国产业转型升级的趋势与主线，以及揭示加快构建“双循环”新发展格局所带来的新机遇，包括数字经济成为经济高质量发展主推力、新能源行业借政策利好打开广阔空间、“银发经济”开拓消费升级新蓝海、高水平对外开放推动外贸行业转型升级、高端制造业抢占价值链顶端、高科技新型农业赋能强农兴国等，助力企业家和高净值人士洞察市场需求，把握产业风向，觅得投资良机。

第四章“经营篇”着眼于阐释企业在“百年未有之大变局”的不确定环境下如何适时调整自身的经营策略与运行逻辑，例如在经营模式上重视专业化、轻资产运营，注重绿色低碳、共同富裕等最新发展理念，经营决策以防范风险为基础，企业组织适度灵活以应对复杂变化的环境，建立友好年青一代的人力资源体系，实施多维度的竞争战略，超越客户预期以赢得市场，等等。

第五章“法规篇”阐述了“百年未有之大变局”下企业面临的合规挑战与应对策略。“大变局”在法律层面的体现，就是国际国内法律环境的深刻变化。一方面，随着各国经济保守主义抬头，国际贸易规则频繁调整，给国内外贸企业和其他涉外企业的合规事务带来了新的麻烦。另一方面，随着经济社会形势的发展变化，国内法律法规的更新调整也比较多，特别是《民法典》颁布实施，行业监管政策与法律法规陆续出台，“金税四期”即将上线，数据管理与使用的法律规定越来越严格等，对企业及企业家与高净值家庭的合规要求进一步加强。

第六章“资产篇”聚焦于“百年未有之大变局”下投资市场的新变化，以及资产与财富管理应采取的新策略。国际关系、安全局势与世界供应链格局的深刻调整，使全球经济面临“滞胀”风险，投资市场也变得更加不稳定，当下的投资逻辑应从追逐收益转变为追求安全性、自由性和长期稳定性。“金融制裁”的滥用，迫使人们重新思考海外资产配置的安全策略。在多变环境下，资产配置需要充分考虑经济、政策、股价估值、行业等因素，以做出最有利的投资决策。对于投资者而言，最重要的任务是找到适合自己的投资工具，或者值得信赖的专业机构。

第七章“家庭篇”回顾了改革开放以来，随着经济生活水平的提升与思想观念的改变，中国家庭结构变得更加多元化，但总体上老龄化趋势明显。“百年未有之大变局”下，“银发社会”的到来，既创造了养老产业巨大的发展机遇，同时也给每个家庭带来如何养老的现实问题。在家庭关系中，婚姻关系是核心。“婚姻”是需要经营的，这一方面体现在夫妻情感的培养与维系上，另一方面也体现在家庭财产的管理与处理上。善用适当的法律与金融工具，有助于夫妻关系的和谐。物质条件优渥的家庭，养育孩子的过程中应该特别注意激发和保护孩子的内驱力。对于移民家庭而言，海外生活面临更多的不确定性，需要考虑的问题更复杂。

第八章“教育篇”专门探讨“百年未有之大变局”下的教育发展与变革，以及这一背景下的国际教育、留学、职业规划、教育金管理等关键话题，为高净值家庭就如何安排子女教育规划问题提供一定的参考。《中华人民共和国家庭教育促进法》的颁布实施，从国家层面明确了父母的教育责任与义务。对于企业家与高净值人士来说，为子女创造优质的教育条件是最受重视的一件事情。例如，如何挑选适合孩子的幼儿园、国际学校，如何选择留学目的地国家，如何帮助孩子进行学业规划与职业规划，如何为孩子准备教育金等，都是需要提前做好了解和规划的。

第九章“风险篇”关注“百年未有之大变局”对企业与家庭风险管理的影响，提示企业家与高净值人士做好风险防范，提前进行规划。在不确定环境下，风险可谓无处不在。企业家首先要做好企业与家庭的财产隔离，防止因家企财产混同而引发家庭财产风险与危机。在税收监管日益严格的今天，企业家和高净值人士也应高度重视税务合规管理，避免出现涉税风险。另外，健康风险、意外风险及养老风险也需要特别注意。一份充足的保险与风险对冲安排，有助于有效应对各种风险。

第十章“规划篇”重点围绕“百年未有之大变局”下的家族财富规划与传承话题，介绍家族信托和家族办公室在助力家族传承与家庭和谐方面的独特价值。家族信托因其特殊的法律架构设置，具备风险隔离、财富传承、专业投资等功能，受到越来越多的企业家和高净值人士的认可与广泛使用。家族信托不仅有别于遗嘱、保险等财产配置方式，而且可以将两者装入其中；股权、房产等特殊资产也可以设立家族信托，并利用其独立于委托人的特点，从而实现更优的安排。企业家和高净值人士还可以通过慈善信托打造家族慈善品牌，传承良好家风，提升社会地位，同时兼顾善款专业化资产配置，其优势显而易见。

古语有云:“察势者明，趋势者智，驭势者独步天下。”面对当下新机遇新挑战层出不穷、不确定不稳定因素显著增多的现状，如何洞察把握发展大势，顺应时代潮流并赢得更好的发展，成为摆在每个人面前的重要课题。作为一部全面论述“百年变局”对企业家和高净值人士家业发展的影响并给出解决方案的专业著作，希望本书能够给大家带来有益的启发。

目录
contents

第一章
形势篇：百年变局正激荡

1

第二章
政策篇：穿透迷雾的阳光

2

第三章
产业篇：赛道转换新逻辑

3

第四章
经营篇：穿越周期的奥秘

4

第五章
法规篇：合规也是生产力

5

第六章
资产篇：安全收益新平衡

6

第七章
家庭篇：和谐应对新挑战

7

第八章
教育篇：投资孩子最重要

8

第九章 风险篇：未雨绸缪新常态

9

第十章 规划篇：欲善其事，必利其器

10

第一章

形势篇：百年变局正激荡

要把握“百年未有之大变局”的时代脉络，找准变局下的“危”“机”所在，首先就必须了解“大变局”变在何处、变向何方。关于这一点，习近平总书记于2019年6月在第二十三届圣彼得堡国际经济论坛全会上的“三个前所未有”判断可以大致说明。结合国际、国内的实际情况，我们认为“百年未有之大变局”在全球化进程、中美贸易、全球供应链、全球政治经济秩序、全球经济大通胀、全球技术变革等方面均有具体的体现。而这些方面的不确定性和变量，将深刻地影响我们的企业经营、家庭发展与财富管理。

01 经济全球化的新挑战

全球化是描述全球联系与互动不断增强过程的一个概念。狭义的全球化主要是指经济全球化，是各国经济活动相互依存、相互促进的一种状态，例如广泛的国际贸易、跨国间的供应链布局等。广义的全球化还包括政治全球化、文化全球化、科技全球化、思想观念全球化等。可以说，持续的全球化进程不仅直接影响我们的生活，而且深刻地影响我们的心理和思想。

（一）全球化大潮不可阻挡

全球化的一个重要特征，就是人类有了“全球意识”并且付诸全球交往的实践。在迈出这一步之前，人类只有“国际化”的概念，也就是区域间的几个国家相互进行贸易与往来。15 世纪左右，“大航海时代”开启，松散的国际贸易逐渐演变为广泛联系的世界贸易。全球巨大市场和巨额利润的强大吸引力，推动资本主义向四处扩张，最终打破了世界上各个角落的帝国体制，把各民族推向了不可分割的联系和交往中。

基于以上事实，马克思曾做出一个大的论断：“创造世界市场的趋势已经直接包含在资本的概念本身中。”资本主义将力求“摧毁交往即交换的一切地方限制，征服整个地球作为市场”。马克思一系列关于“世界市场”的理论都在揭示一个不可否认的事实：全球化是世界历史发展的必然结果。真正理解了马克思的这一论断，我们也就能够淡然地看待当前全球化进程中的一些波折。正如习近平总书记在出席第二十三届圣彼得堡国际经济论坛全会时指出的那样，“当前世界上出现的一些逆全球化动向只不过是全球化潮流中激起的几朵浪花，阻挡不住全球化大潮”。

全球化的快速推进，发生在两次“世界大战”之后。美国的实力迅速壮大，使得其具备了领导全球化进程的条件。经济方面，布雷顿森林体系建立了美元在国际货币体系的中心地位；国际治理方面，美国在联合国的建立及运作过程中发挥重要的主导作用。美元霸权、美军霸权和美国意识霸权，成为维护美国全球领导地位的三大有力武器。

全球化确实给世界上多数的国家带来了良好的发展机遇与实实在在的利益。第二次世界大战后，欧洲和日本在美国的援助与带动下，经济得以迅速恢复，并出现了新的繁荣。而广大发展中国家，虽然发展的步伐慢一些，但也借助国际投资融入全球工业与贸易体系，成为原材料及商品的加工与出口地，经济发展与人民生活水平不断提升。中国在改革开放以后，特别是自 2001 年加入世界贸易组织（WTO）以来，经济发展驶入了快车道，并逐渐取代美国成为对世界经济增长最有贡献的国家。

当然，美国是全球化的最大受益者。冷战结束以后，美国 GDP 总量持续增长。1990—2021 年，美国的 GDP 总量从 9 万亿美元增长到 23 万亿美元。美国作为全球经济和治理体系的主导者，推动了许多有利于美国的国际规则付诸实施，获取了大量显性和隐性的利益。美国通过美元霸权掌控世界金融体系，建立了国际货币基金组织、世界银行等重要机构。世界贸易组织（WTO）的建立与运作，在进一步推动了全球贸易和全球化快速发展的同时，也让美国从中建立了以跨国公司为主导的全球价值链，并自居高端、高附加值环节。同时，美国也时常利用国际规则转嫁自身的危机。正因为如此，美国资深记者乔治·帕克曾说，美国“拒绝全球化等于拒绝太阳升起”。

（二）全球化进程面临新挑战

随着以美国为首的发达国家保守主义的抬头，全球化进程遭遇到强烈的冲击与挑战。2018 年，时任美国总统特朗普置国际规则于不顾，悍然挑起了对华贸易战，动用国家力量打压中国企业中兴与华为。在此前后，美国相继退出了《巴黎协定》、联合国教科文组织、联合国人权理事会等多个全球协定或全球性组织。美国的“退群”行为，引发了广泛的担忧与讨论，也让“去全球化”“逆全球化”等成为近年来的热词。

作为全球化既得利益国家的代表，美国本应该是全球化的坚定支持者，为什么却成了最大的“搅局者”？从美国自身的原因来看，由于美元霸权的便利性，美国经济长期依赖货币红利和资本红利，依靠地位溢价和技术溢价攫取利润，导致金融业繁荣与实业“空心化”并存。2008 年金融危机后，美国通过美联储长达十余年的量化宽松，以收割其他国家的方式来维持自身的表面繁荣。但是，无限印钞不能从根本上解决美国的财富分配问题。每一次的量化宽松，财富都流向了金融资本的腰包，垄断、贫富差距和阶层固化的加剧，引发了美国普通老百姓的普遍怨言。

从国际因素来看，以中国为代表的部分发展中国家经过几十年的发展，随着经济实力和科技水平的巨大提升，逐渐向全球价值链的顶端攀升，且对国际规则话语权的诉求越来越强烈，这就直接挑战了以美国为首的发达国家的利益，对传统霸权造成冲击。为了维护自身的霸权，美国等国家一方面要打压中国，另一方面也要寻求改变既往的圈子与规则，另外组建新的圈子，以图把中国排除在外。不过，这并非仅靠美国一厢情愿就能做到的事情。中国作为世界第二大经济体，拥有全球最大的市场和最齐全的工业制造体系，其他国家不仅短时间内难以替代，也难以割舍。

当然，在保守主义抬头的背景下，特别是在新冠肺炎疫情暴发以后，原有的全球供应链体系受到比较大的破坏，许多国家借机出台各种贸易保护政策，意图重建本国工业体系，减少对全球供应链的依赖，同时也减少重要战略资源、能源或技术的出口。例如，美国禁止向中国出口芯片，包括印度在内的多个国家禁止对外出口小麦，这都是影响全球经济发展格局的大事件。

美国等发达国家有意阻挠全球化正常进程的做法，短期来看或许能够给自身带来关税、就业等方面的好处。但从长期来看，这些做法是违背基本的经济规律的，会给本国经济及全球经济带来更大的不确定性与隐患。而且，这些做法的有效性也值得怀疑。历时数年的中美贸易争端就是很好的例子，美国不仅没有从“贸易战”中获取实在的利益，反而因为加征关税而大幅推高美国经济的通胀水平，最终让百姓吞下苦果。同时，一个显而易见的事实是，美国这几年的乱折腾，让越来越多的国家看到了美元及美国霸权的未知前景与风险，从而加速“去美元化”进程。

（三）如何应对全球化的新挑战

站在企业的角度，尽管我们应该对全球化的未来前景抱有乐观的态度，但面对一些新的问题与挑战，我们还是要做出积极的应对与转变。中国制造业增加值占世界总量近 30%，有超过 40% 的工业产品产量居世界第一，对全球市场的倚重程度可见一斑。面对各国的贸易保护主义政策，以及美国施加的“贸易战”、高端技术“卡脖子”手段，中国企业一方面要维持出口基本盘，另一方面也要着眼于产业链优化布局和技术转型升级，提高全球竞争力和应对市场新变化的能力。

为减少因贸易限制措施和打压政策而带来的影响，中国企业可以在确保国内供应链的前提下，积极加大全球战略布局，建立健全全球供应链。在国内去低端产能的大背景下，刚好可以借机把一些低附加值的生产制造环节转移到东南亚等人力成本更低的地区。在公司股权结构和治理模式上，可以考虑通过技术合作、可变利益实体（VIE 架构）等灵活的安排方式，规避美国的打压。如此一来，可大大减少由于美国加征关税而对企业利润造成的侵蚀，同时，企业也可迎来技术转型升级和国际化转型的契机。

国内大循环为主体、国内国际双循环相互促进的新发展格局的广阔前景，也能够从很大程度上对冲全球化遇阻所带来的不利影响。2021 年底召开的中央经济工作会议决定，保持制造业比重基本稳定，提升制造业核心竞争力，启动一批产业基础再造工程项目，激发涌现一大批“专精特新”企业。2022 年 4 月，《中共中央　国务院关于加快建设全国统一大市场的意见》发布，为构建新发展格局奠定了坚实的基础支撑。这表明，党和国家对工业企业的重视程度和信心是足够高的，保护和支持的力度是足够大的。就企业而言，应该抓住这一良好的机遇，从国内、国际两个方向共同发力，以二次创业的心态，闯出一片新天地。

美国肆意打压中国企业、发动对华贸易战和技术封锁的一个重要原因，就是中国正在实施技术和产业升级战略，抢占全球价值链的顶端地位。美国越是阻挡，就越证明我们转型升级的必要性和重要意义。中国企业不能永远做“汗水工厂”，也慢慢失去了继续做“汗水工厂”的条件和空间。当下，日益提高的人工成本、逐渐减弱的人口增长红利、来自东南亚等地区的竞争力，这一切都决定了我们必须成功地实现转型升级，把“汗水工厂”再造为“智慧工厂”。否则，我们就会处于高不成低不就的尴尬境地，掉进所谓的“中等收入陷阱”，国家、企业和个人的财富就会遭遇严重损失。

此外，跟随国家“一带一路”倡议、“区域全面经济伙伴关系协定（RCEP）”等重大举措的步伐，企业也能找到广阔的发展空间。例如，东南亚地区是“一带一路”和RCEP的重要交汇区域，也是新形势下我国对外贸易体系中最稳定的一环。同时，东南亚国家与我国文化同源、习俗相近、地理相依，是中国企业走出去的天然之选。可喜的是，新希望、腾讯、小米等中国企业在东南亚地区的成功，为更多企业树立了很好的标杆。

02 中美贸易争端的长期影响

2018 年 3 月，美国总统特朗普宣布将对从中国进口的多项商品征收关税，中美贸易争端由此开始。如今已经过去四年多的时间，中美贸易争端仍在持续，但也出现一些积极信号。为对抗高企的通货膨胀，拜登政府近期表示正在研究是否取消部分对中国商品加征的关税。那么，中美贸易争端爆发的深层次原因是什么？对我们会有哪些影响？未来走向如何？本节试图回答这些问题。

（一）中美贸易争端的起因

中美贸易之间的争端由来已久。自 20 世纪 70 年代末两国建交，经贸关系恢复正常化以来，双方之间的贸易关系便伴随着争端。无论是最初美国以配额、反倾销、反补贴等手段钳制中国出口，还是在最惠国待遇上进行年度审议，抑或在“入世”谈判中的阻拦，中美之间的贸易往来始终与摩擦相伴，但总体而言仍在曲折中发展。这种争端随着中国经济实力的不断增强、竞争力的持续提升逐渐加剧，直至特朗普上台全面打响中美贸易战。

中美贸易争端的直接原因是中国对美国巨额的外贸顺差。以贸易争端升级之前的 2017 年为例，中方统计显示我国对美贸易顺差 2758.2 亿美元，而美国统计显示对华货物贸易逆差 3752 亿美元，占全部货物逆差的 46.3%。然而，无论是中方数据还是美方数据，其实都未能真实反映两国的贸易收支情况：

一方面，原产地规则和转口贸易高估了美对华贸易逆差。在经济全球化、国际大分工的背景下，中国成为世界工厂，形成两头在外的生产贸易方式，即从包括美国在内的国家和地区进口大量的中间产品，经加工组装后向全球输出，但美国在统计贸易数据时，将进口产品全额计入中国，这就使中国在名义上承担了产业链条上所有国家和地区的顺差转移。同时，美国将在全球自由贸易港香港的转口贸易全额计入中美贸易，但实际上有相当部分的贸易额来自中国之外，而美国通过其他国家和地区以转口贸易形式间接卖给中国的商品却未纳入统计范围，这就导致贸易统计数据的扭曲。

另一方面，外商对华直接投资拉大了美对华贸易逆差。中国广阔的市场吸引了大量的跨国公司在华投资设厂，跨国公司利用中国廉价的劳动力与土地资源、完善的基础设施、健全的产业链与优惠的政策，生产和销售了大量物美价廉的产品，不仅减少了中国从美国市场直接进口相关产品，还以出口形式“回流”到美国，这一来一往，导致中国出口激增、进口减少，而美国在统计贸易差额时并没有考虑美跨国公司所扮演的“自己人”角色，也没有考虑欧盟、日本等国家和地区跨国公司所扮演的贸易转移角色。此外，美国只考虑货物贸易逆差，无视在服务贸易方面对中国的贸易顺差，同时，美国还对中国出口商品实施严格的限制政策，导致很多高新科技产品无法出口，如果美国解除限制政策，就能大幅降低对华贸易逆差。

其实，美国的贸易逆差有其必然性。美元要作为国际货币在全球进行流动，对美国而言，就必须保持经常项目下的贸易赤字，即通过贸易逆差方式让美元流至其他国家，以此维持国际收支平衡。可见，在美元霸权体系下，美国贸易逆差不可能消除。因此，美国将逆差完全归咎于中国是不客观的。

（二）中美贸易争端的实质

中美贸易争端的根本原因是美国为维持霸权而对中国进行遏制打压。“二战”之后，美国成为世界上的超级大国，为维持自身霸权地位，先后通过冷战拖垮了苏联，通过“广场协议”迫使日元升值致使日本元气大伤，从而清除了这两个竞争对手。如今，随着改革开放后四十余年的持续快速发展，中国在经济、科技、军事等各个方面取得长足进步，“中国模式”越来越有吸引力、竞争力。中国取得的成就引发了美国的警惕，将中国定义为“战略竞争对手”，采取各种举措进行防范压制：

在经济上，美国试图通过中美贸易战、将中国排除在外的“印太经济框架”等小团体形式打压、孤立中国，通过限制高新技术和产品出口遏制中国产业升级及“中国制造 2025”的顺利实施；在科技领域，以“国家安全”理由对中国高科技企业和个人进行抹黑、打压，对关键核心技术和零部件进行“卡脖子”，对中美正常技术交流与人员往来实施限制，还对中国在技术领域的正常收购交易行为进行限制；在地缘政治方面，美国频频插手中国香港、中国台湾、新疆和西藏事务，屡屡挑起南海争端，拉拢日本、印度、澳大利亚组建“四方机制”，试图通过第一岛链、第二岛链封堵中国，并采取多种手段挑战、打击中国海外利益，逼迫其盟友在对华贸易及关系方面形成统一战线……

中美关系是 21 世纪最为重要的双边关系，中美贸易争端绝不是一场简单的贸易纠纷，需要站在中美关系全局、站在全球政治格局角度进行观察与思考。从历史来看，今天的中美贸易争端，其实质是老牌守成大国与新兴崛起大国之间的战略博弈，是华盛顿模式与中国模式的竞争。这种博弈与竞争，并不一定是“零和游戏”，中美双方完全可以管控分歧实现和平共荣，避免“修昔底德陷阱”的发生。

（三）贸易争端对中国的影响

中美贸易争端发生以来，美国对华战略围堵步伐加快，综合而言，对我国的影响主要体现在以下三个方面：

一是经济脱钩风险。美国通过再工业化、提高政府采购产品中“美国制造”的比重等举措推动制造业回流，产业链供应链“去中国化”，采取胁迫利诱等手段推动在中国境内的跨国公司将产业链转移至东盟和印度，组建排除中国的“半导体联盟”，不惜“杀敌八百，自损一千”，也要将中国“踢”出全球产业链供应链。这些举措会在一定程度上影响中国产品的出口，加快部分产业链供应链转移出中国的步伐，增加经济风险与下行压力。不过，近年来低端制造业向东盟和印度的转移，主要是因为我国人工成本上升所致，符合经济发展规律，也顺应产业转型升级趋势。此外，中方与东盟、印度在很多中间品和资本品方面存在较为明显的互补关系，在全球产业链加速重组的背景下，中国与东盟、印度之间可以优势互补，互利共赢。

二是延滞中国技术进步与产业升级。多年来，中国通过对外技术交流及收并购获取先进技术，有力推动了国内的技术进步，推动产业结构从中低端向中高端跃进。中美贸易争端爆发后，美国一方面限制双方的技术交流，限制中国留学生、学者赴美留学及开展研究，阻止中国通过收并购获取外部先进技术；另一方面通过列入“实体清单”等方式打压中国高科技头部企业与机构，并通过征收关税等方式制约中国高新技术产业的发展。总之，美国试图通过“卡脖子”方式，阻挡中国的技术升级与产业升级，将中国压在产业链低端，强化其产业链控制能力，保持其在高端产业链的优势地位。不过，美国的这些举措并未奏效，反而激发中国大力推动产业基础高级化、产业链现代化，实施国产化替代，自主安全可控水平不断提升。

三是影响中国外贸企业发展。长期以来，由于中、美两国国际分工及经济机构的差异，中国在劳动力等方面拥有成本优势，同时建立了全球最为完整的工业体系，形成较强国际竞争力的制造业产业体系。与之相比，美国劳动力成本高昂，将大量中低端制造业转移至国外，但美国在高科技领域拥有明显优势。两国本来在国际分工中优势互补，但如今美国实施“美国优先”战略，奉行单边主义、贸易保护主义，对中国进口商品征收高关税，这将对中国外向型企业构成冲击，导致成本增加、销售额缩水、利润减少、订单下降等问题，同时竞争压力进一步加大，企业面临减产歇业等挑战。

（四）对中国企业的应对建议

对于中国企业而言，中美贸易争端既是挑战也是机遇。

一是深耕国内市场。面对百年未有之大变局，国家提出以国内大循环为主体、国内国际双循环相互促进的新发展格局，这就为外贸企业提供了广阔的发展空间。长久以来，外贸企业通过“两头在外”获得了不菲的收益，如今受新冠肺炎疫情及贸易保护主义影响，以往发展模式变成“两头承压”，即生产原料大幅上升、海外订单纷纷延迟或取消。在此期间，国内经济率先恢复，在世界主要经济体中表现最佳。外贸企业可通过“出口转内销”，将消失的外贸订单在国内找回来，从而实现稳健发展。

案例

江苏国泰国际集团是中国最大的服装出口企业之一，其对美国服装出口额长期名列前茅。2018 年，该集团下属国贸股份有限公司出口额多达 40.8 亿美元。中美贸易摩擦也对该集团带来了不利影响，江苏国泰总裁陈晓东坦言，这种影响在 2018 年已经有所显现。为此，江苏国泰加快“走出去”的步伐，通过自建、合作等方式在缅甸、柬埔寨、越南、孟加拉国等地新建了服装厂，不仅提升了产能，也实现了主营业务的健康、稳健发展。

二是在国外投资设厂。如前文所说，跨国公司通过在中国投资设厂，把原本由本国生产的产品转化为在中国的生产，不仅占据了中国的市场，还通过贸易“回流”增加了从中国的“进口”，从而扩大了对中国的逆差。中国企业应该加大“走出去”的步伐，在具备条件的其他国家和地区投资设厂，如此不仅可增加当地的就业，为当地经济发展做出贡献，还能减少产品的出口，缓解对外贸易逆差，稳定彼此经贸关系。此外，中国企业还应实施市场多元化战略，在巩固传统市场的同时，大力开拓其他市场，分散贸易摩擦风险。

三是强化自主创新。目前国内企业在诸多关键核心技术领域依赖进口，随时面临被“卡脖子”的风险，容易受到贸易纠纷的冲击，美国对华为、中兴、大疆等企业的断供、禁售等举措，充分体现了这一点。“自强者，人恒强之”，中国企业应该坚持自主创新，强化知识产权保护，转变企业发展方式，从产业链、价值链中低端向高端跃升，如此才能占据市场主动，形成无法替代的需求和优势。

四是充分利用规则。中国企业因不熟悉、不善于利用国际贸易规则，经常受到反倾销诉讼，遭受不公平待遇，蒙受不同程度的损失。当中国涉案企业面临诉讼时，应当积极应对，敢于、善于拿起法律武器，利用国际贸易规则，切实维护自己的合法权益。一旦获胜，不仅可以挽回相应的损失与声誉，增强中国企业依法维权、保护自身合法权益及“走出去”开拓国际市场的信心，还能为其他企业应对类似诉讼提供有益参考。

03 新冠肺炎疫情冲击全球供应链

2020 年初，新冠肺炎疫情暴发并迅速蔓延至全球，致使世界经济出现大萧条以来最为严重的衰退。各国为防控新冠肺炎疫情所采取的停产停运等举措，打乱了全球供应链的节奏，制约了各国经济的恢复与发展。新冠肺炎疫情期间，呼吸机、检测仪、新冠疫苗等医疗物资所暴露出来的供应风险，使各国开始反思基于国际分工及产业优势所进行的产业链供应链布局，加强了对产业链自主安全可控的重视程度，供应链的分散化、多元化、本土化成为趋势。

（一）新冠肺炎疫情对全球供应链带来的影响

此次新冠肺炎疫情对全球供应链产生了深远影响，凸显了以往供应链体系的脆弱性。各国为强化供应链保障能力所采取的系列举措，将极大改变全球供应链格局，现有的供应链体系正加速重构。

一是供应链供给能力受到冲击。各国防控新冠肺炎疫情举措使全球供应链体系受到强大冲击，生产与物流受阻，贸易成本增加，一些企业面临供应链中断风险。2022 年 3 月上海新冠肺炎疫情暴发，导致跨国物流效率大幅下降。中国德国商会（AHK）调查显示，51% 的在华德国公司表示自己面临着物流和仓储方面的障碍，46% 的公司在遭受供应链中断的困扰。特斯拉上海超级工厂也因新冠肺炎疫情导致供应不畅、产能受限，四五月份销量暴跌，其中 4 月在中国市场的销量仅为 1512 辆，较 3 月大幅下滑 97.7%，5 月销量虽然提升至 10338 辆，但同比仍下降了 53.2%。

二是全球供应链将更趋分散。以往全球供应链的布局主要出于经济因素考虑，即综合考虑物料成本、劳动成本、运输成本、设备成本和其他变动成本等因素，追求效率效益，供应链集中度比较高。新冠肺炎疫情的暴发及反复，给全球供应链带来诸多不确定性，成为全球供应链重构的催化剂。为避免对单一供应商的过度依赖及由此面临的断链断供风险，各国开始对供应链进行重构，在考虑效率效益的同时，更加侧重供应链的安全稳定，更多地开始考虑地缘政治、产业竞争、经济独立等因素，对供应链进行调整，全球供应链呈现去中心化趋势。例如，为降低对中国市场集中采购的风险，美欧等国一方面试图让东盟、印度等国家和地区承接中国产业链供应链，另一方面大力推动产业链供应链向自己周边国家转移，希望从上述国家和地区增加采购和生产。

三是全球供应链脱钩风险蔓延。新冠肺炎疫情还放大了中美矛盾，加剧了美欧诸国对中国供应链过于依赖的担忧，从而推动供应链与中国的脱钩。新冠肺炎疫情影响叠加中美贸易争端，美国采取了一系列贸易保护主义措施，通过原产地规则及排他性“毒丸”条款，限制中国产品进入美国市场，阻止其他国家与中国达成自贸协定。美国还大力推动重要供应链“去中国化”，一方面试图降低对中国供应链的依赖，削弱中国在全球供应链中的地位；另一方面希望摆脱或限制中国的反制措施，以便在贸易争端及竞争中占据主动。2021 年，美国拉拢欧洲、日本、韩国等国家和地区的 64 家半导体企业成立美国半导体联盟（SIAC）。美国希望通过这一举措把控全球半导体的生产与供应，遏制中国半导体产业的发展，使中国难以摆脱由美国主导的全球半导体供应链。

（二）全球供应链体系变更对中国的影响

中国是当前全球供应链的中心。新冠肺炎疫情使全球现有供应链体系发生深刻改变，对中国的影响自然不言而喻。综合来看，对我国的影响主要体现在以下两个方面：

一是对经济及产业产生负面影响。新冠肺炎疫情导致的供应链危机，造成部分公司开工不足、产能下降，加之运输受限，部分外贸订单流向其他国家，影响了国内相关企业的发展，进而影响相关产业及经济的运行。新冠肺炎疫情引发的断链危机还导致物价飞涨，通货膨胀率持续攀升，增加了人们的生活成本。例如，受新冠肺炎疫情影响，近几年汽车行业深受“缺芯”影响，全球汽车市场减产幅度惊人，中国市场也深感“芯”痛，多家企业因“缺芯”被迫减产停产，蔚来、小鹏、理想等造车新势力多次因“缺芯”致使产量下滑。

二是部分产业加速外迁。近年来，随着劳动力、原材料、土地等要素价格的上升，我国供应链成本持续升高，降低了我国供应链在国际市场上的竞争力。与此同时，美国大力推动与中国“脱钩”，东盟和印度等国家和地区也利用其较低的生产要素成本，吸引大量的国际资本，开展基础设施建设，提高供应链在国际市场上的竞争力，与我国形成直接竞争。近年来，苹果、三星、富士康纷纷降低对中国市场的依赖，转在越南、印度投资投厂就是最为明显的案例。不过，我国拥有强大的供应链整合能力，在全球供应链的地位举足轻重，几乎所有行业的原材料、零部件都能在中国得到供给，且中国还拥有更加完善的产业体系、更加熟练的技术工人，这些都有助于将产品的综合生产成本控制在较低的水平，中国仍然是跨国公司的投资首选地，也是他们最重要的市场之一，东盟及印度想要替代中国绝非易事。

（三）企业的应对举措

新冠肺炎疫情在扰乱全球供应链体系的同时，也为企业在供应链的发展与建设方面创造了机会。中国企业需要提高供应链抵御风险的能力，避免把鸡蛋放在同一个篮子里，推动供应链的多元化、区域化、本土化，打造智慧供应链，如此才能从容应对不断变化的供应链环境。

一是打造多元化供应链。无论是新冠肺炎疫情、中美贸易争端还是俄乌冲突，均显示出供应链多元化布局的必要性与重要性。中国企业应当增强供应链弹性，积极拓宽供应链渠道，主动“走出去”配置全球资源，深度布局供应链上下游，在全球进行原料、半成品及产品的采购、加工与运输，避免突发事件对供应渠道破坏所带来的经营风险，切实保障供应链安全可控。在布局供应链时，要把效率与安全稳定而非价格作为首要因素，争取与供应商建立互利共赢、长期稳定的战略合作关系。以宁德时代为例，该公司为打造更完善的新能源锂电产业链，引入多家行业巨头共同勘查开发锂矿资源，并积极布局海外锂矿，通过参股国外矿业公司，形成稳定的锂矿供应渠道，这就为自身的持续快速发展奠定了坚实基础。

二是建立区域化、本土化供应链。在此次新冠肺炎疫情中，现有的全球供应链体系凸显出它的脆弱性。为保障供应链安全可控，中国企业可以收缩供应链，即将原来分布在多个国家和地区的工序与环节，收缩到一个或几个主要的基地进行集中生产。此外，中国企业还可以在需求较大、供应链较成熟的区域投资设厂，一方面可充分利用当地较为完善的供应链，保障原料及半成品的供应、提升成本竞争力；另一方面还可在当地“自产自销”，满足当地市场需求，节省运输成本。中国家电品牌领导者海尔从 2005 年起，便将销售重心转移至本土，2022 年 5 月，海尔智家股份有限公司宣布 2022 年将在海外市场推进本土化供应链建设。同样是在 2022 年 5 月，宝洁公司欧洲区总裁表示，该公司正在考虑将其供应链重新区域化，使 90% 以上在欧洲销售的商品在欧洲生产。

三是推动智慧供应链建设。近年来，信息技术快速发展，供应链与物联网、大数据、人工智能深度融合，开始步入智慧供应链的全新阶段。2017 年，国务院办公厅印发《关于积极推进供应链创新与应用的指导意见》，提出到 2020 年要基本形成覆盖我国重点产业的智慧供应链体系。2020 年，国务院办公厅印发《关于推进对外贸易创新发展的实施意见》，提出要推进供应链数字化和智能化发展。可见，智慧供应链已经成为未来发展趋势。企业可通过信息技术对业务流程进行优化，利用大数据精准匹配市场供需，提升市场响应速度，降低企业运营成本，使供应链成为企业的核心竞争力。在 2022 年“6·18”电商节到来之前，菜鸟推出海外仓智慧供应链系统——“货运参谋”，据悉，该系统可为跨境商家提供全链路端到端数字化的物流解决方案，能随时对海外仓配进行全方面指导。

04
俄乌冲突重塑世界秩序

2022 年 2 月 24 日，俄乌冲突爆发，引起国际社会的广泛关注并引发连锁反应。美国、欧盟、日本等国家和地区纷纷对俄实施大范围制裁，俄罗斯随之进行反制。围绕俄乌冲突，美欧与俄罗斯之间的角力深刻影响全球政治经济格局，双方之间的制裁与反制裁引发国际金融市场的剧烈震动，粮食、原油等大宗商品价格暴涨，全球通胀压力持续攀升，世界供应链面临重大冲击，给全球经济的复苏蒙上了一层阴影……

（一）俄乌冲突将改变全球政治格局

作为冷战之后世界最严重的地缘政治危机，俄乌冲突所带来的影响绝不仅局限于俄乌两国，而是波及全球，对全球政治格局产生了深远影响。

俄乌冲突的爆发及西方与俄罗斯的博弈，加剧了大国关系的调整。美欧掀起反俄政治风暴，并将反俄作为一种政治正确，逼迫其他国家进行站队。美国继续将俄罗斯视为“严重威胁”，试图通过俄乌冲突对俄进行“放血”，向乌克兰提供武器、训练和各种援助，对俄罗斯进行各种制裁，操纵国际舆论对俄进行谴责，令各国看清了美国的真面目，美国的信誉与形象受到严重损害。欧盟的“战略自主”遭遇重挫，各国强化对美军事依赖，德国提出大幅度增加军费开支，瑞典、芬兰两个传统中立国申请加入北约，希望获得美国的军事保护。

此外，日本、加拿大、澳大利亚、韩国等国家也纷纷宣布对俄罗斯实施制裁。日本在“二战”之后首次向处于冲突中的国家提供防卫装备，积极推进修宪力图实现“国家正常化”，甚至提出修改“无核三原则”，不仅对东亚局势的稳定构成了威胁，也挑战了“二战”之后形成的国际秩序。

更多的国家对俄乌冲突有着清醒的客观认识。在联合国 190 多个成员国中，包括中国在内的绝大多数国家保持中立，不赞成采取单边制裁和长臂管辖，反对选边站队和阵营对抗。此外，沙特阿拉伯、阿联酋等产油国拒绝按照美欧要求增加原油产量，印度更是不顾美国警告，大量进口俄罗斯原油与煤炭，削弱了美国对俄罗斯的制裁力度。这一切都显示，美国的霸权越来越不得人心。

总之，俄乌冲突对全球政治经济秩序形成了较大冲击，加剧了阵营对立，民族保护主义日益高涨。

（二）冲突或催生全球经济新秩序

美国及其盟友对俄罗斯实施的各种制裁，使全球经济金融秩序受到重大冲击，或将催生全球经济新秩序。

一是国际金融秩序遭受严重冲击，加速去美元化进程。俄乌冲突爆发之后，美国祭出“金融核弹”，将部分俄银行移出环球银行金融电信协会（SWIFT）支付系统，冻结俄央行的 3000 亿美元外汇储备，以及俄罗斯富豪的海外资产。英国、法国、瑞士等国家也宣布冻结俄罗斯资产。作为应对举措，俄罗斯祭出“卢布结算令”，把基准利息率从 9.5% 提升到 20%，并采取了一系列临时资本管制措施，以保障俄金融体系的稳定。在一系列举措的作用下，俄罗斯卢布汇率迅速恢复稳定，目前汇率已超过冲突之前水平。美国及其盟友金融“武器化”的做法不仅未能达到预期目的，还令世界各国“警醒”，意识到现有金融秩序的脆弱性，以及贸易结算体系、货币储备体系所蕴含的风险，从而推动国际金融秩序重构，加快去美元化进程，撼动现有以美元为主的全球货币体系和金融体系的基石。

二是全球通胀压力持续加剧，多国通货膨胀创历年新高。俄乌两国是全球谷物、原油、天然气、有色金属的重要出口国。数据显示，2021 年，俄罗斯和乌克兰小麦产量占全球的 14%，小麦出口量占 29%，玉米占 19%，葵花子油占 80%……冲突导致两国粮食出口受阻，全球粮价飙升，叠加新冠肺炎疫情反复，全球粮食危机隐现，其他主要粮食出口国也开始限制粮食出口，先后有 20 多个国家宣布实施粮食出口限制令。俄罗斯还是世界第一氮肥出口国，也是第二大磷、钾肥出口国，化肥贸易占全球约 13%，此次冲突将推高农作物种植成本。此外，俄罗斯天然气和原油的产量分别占全球的 17% 和 14%，钯、镍、铝、铜产量分别占全球的 40%、10%、6%、4%。美国及其盟友对俄罗斯的制裁，严重影响了全球能源及有色金属的供给并显著提升其价格，推动全球通胀率不断走高。

三是全球供应链面临断链风险，冲突或将重塑供应链体系。俄乌冲突及由此引发的制裁与反制裁，严重影响了全球供应链的正常运转，使全球统一市场出现割裂，令全球贸易面临萎缩及分化风险。如前文所述，俄乌两国是全球重要的粮食、能源及有色金属供应国，特别是金属钯及氖、氪、氙等特种气体是生产半导体芯片的重要原材料，冲突导致的供应中断不仅推高了相关贵金属的价格，更令全球"芯片荒"雪上加霜；镍、钛、铝等金属被广泛应用在航空、汽车、化工等领域，供应受阻将极大影响上述产业的正常运行，进而影响全球经济的恢复与发展。此外，美国及欧盟多个国家宣布对俄禁飞禁航，俄罗斯随之宣布反制，此举不仅造成物流中断，还进一步推升了物流成本，使全球供应链再受打击。从长远来看，俄乌冲突进一步暴露了现有供应链体系的脆弱性，各主要经济体开始重塑现有供应链体系，从过去主要侧重成本考虑转向安全与成本兼顾。

俄乌冲突使世界经济面临切割与脱钩风险，全球经济增长前景变得更加暗淡。2022 年 6 月 7 日，世界银行发布最新一期《全球经济展望》，预测 2022 年全球经济增速将放缓至 2.9%，这一数据大幅低于 1 月份 4.1% 的预测。

（三）俄乌冲突对中国的影响

俄乌冲突战场虽然在乌克兰，但影响却遍及全球，中国也将受到波及。对中国而言，俄乌冲突的影响主要体现在以下三个方面：

一是冲击大宗商品供应，推升国内通胀水平。如前文所言，俄乌两国在全球大宗商品供应方面发挥着难以替代的作用，两国之间的冲突使全球供应受到扰动，大宗商品价格飙升，不可避免地传导至国内，输入性通胀压力加大。目前，国内成品油接连调整，截至 2022 年 6 月中旬迎来年内第十涨，部分地区 95 号汽油进入“10 元时代”。俄乌冲突还使特种资源和稀有气体供应受阻，全球半导体“缺芯缺料”现象加剧，将进一步影响对汽车芯片的供应，芯片成本或将继续上涨，从而对我国汽车产业形成冲击。此外，油价及化肥价格的上升，还将推升我国农作物的种植、生产和运输成本，加大粮价上涨压力。

二是金融市场震荡加剧，人民币国际化迎来利好。俄乌冲突爆发之后，全球资本市场反应强烈，中国股市出现暴跌，上证指数从冲突爆发之前 2 月 23 日的 3463.01 点，一路下跌至 4 月 26 日的 2886.43 点，投资者损失惨重。不过，从中长期来看，俄乌冲突对人民币国际化是个利好。为免重蹈俄罗斯覆辙，一些国家开始寻求减少对美元的依赖，对外贸易推行“去美元化”，人民币国际化开始加速。例如，沙特阿拉伯就在与中国积极磋商，讨论将其向中国出售的部分石油以人民币计价。

三是外贸增长放缓，影响中国经济发展。欧盟是我国第二大贸易伙伴，也是第二大出口市场。数据显示，2021 年我国累计对欧盟出口 3.3 万亿元，同比增长 23.7%，高于整体出口 21.2% 的增幅。俄乌冲突致使国际资本逃离欧洲，加之欧盟跟随美国对俄制裁，放弃俄石油及天然气，导致大宗商品价格上涨，经济遭受打击。世界银行预计，欧元区经济增长率 2022 年或放缓至 2.5%，俄罗斯与乌克兰经济 2022 年将出现萎缩，分别下滑 8.9%、45.1%。俄乌冲突还将影响中国与欧洲的贸易往来，同时，由于美国及其盟友实施“长臂管辖”，也影响了中国与俄罗斯及“一带一路”沿线国家的经贸合作，不利于国内企业对上述地区的出口。

（四）对中国企业及高净值人士的应对建议

对于中国企业及高净值人士而言，在俄乌冲突的大背景下，需要注意以下两点：

一是积极应对俄乌冲突可能带来的涉外风险。美国及其盟友对俄罗斯制裁力度持续加大，并通过“长臂管辖”确保其制裁在全球执行，拜登还威胁称若中国不遵守对俄制裁将实施报复性措施，这将使中国企业特别是与俄罗斯有经贸关系的企业面临一定的制裁风险。对于涉俄业务的中国企业而言，需要持续关注和监控美国及其盟友所实施的管制与制裁，研判评估与俄经贸往来中可能存在的商业风险与法律风险，建立合规体系梳理风险要素，交易及合作需要综合考虑中、俄法律法规及美、欧制裁相关规则，以免触发制裁风险。

二是慎重进行对外资产配置。俄乌冲突之后，美国及其盟友宣布冻结部分俄罗斯个人和实体资产，打破了“私有财产神圣不可侵犯”原则，一些国家的富豪开始将资产从西方转移至自己的国家或其他新兴市场，以规避西方国家的制裁和掠夺。这提醒我们，在对外进行资产配置时需要更加谨慎，充分考虑地缘政治风险及其附带影响，采用多元化投资策略，优化境外资产配置结构，有效管控境外投资风险。

05
全球通胀阻碍经济复苏

进入 2022 年以来，受新冠肺炎疫情反复及俄乌冲突影响，大宗商品价格暴涨，全球供应链体系受到较大冲击，各国物价水平持续上涨，多个国家通胀率创近年或历史新高，全球经济大通胀愈演愈烈。本轮通胀为何来势如此凶猛？中国是否会加入高通胀行列？在大通胀背景下，我们又该采取哪些举措？本节将对上述问题进行解答。

（一）全球经济大通胀来袭

全球性通胀已经成为当前世界经济最为严峻的挑战，不仅涉及范围广，通胀率持续高位运行，且持续时间也比较长，引发了人们对经济复苏的担忧。

作为全球第一大经济体，美国的通胀水平也在发达国家中“领跑”。数据显示，美国 2021 年消费者价格指数（CPI）上涨 4.7%，超过此前预期。进入 2022 年以来，美国 CPI 持续高位运行，连续四个月超过 8%，其中 6 月 CPI 同比上涨 9.1%，创 41 年来新高，通胀已成为美国当前最大的经济问题。美联储高度关注通胀风险，迄今已经进行了三轮加息，其中 3 月 17 日加息 25 个基点，5 月 5 日加息 50 个基点，6 月 16 日加息 75 个基点，特别是最近一次加息的幅度为 1994 年以来最大，但这并未抑制住高企的通胀水平。美联储表示，下次或将加息 50 个基点或 75 个基点。

高通胀也在席卷欧洲。欧元区 6 月通胀率年增 8.6%，再创历史新高。欧元区最大经济体德国 5 月通胀率为 7.6%，仍处于较高水平。法国 5 月 CPI 同比上涨 5.8%，创 1991 年 6 月来新高。此外，西班牙、爱尔兰等国通胀率为

10% 左右，爱沙尼亚、立陶宛等国更是超过 20%。为应对通胀，欧洲央行宣布终结量化宽松政策，计划在 7 月加息 25 个基点，并将视情况在 9 月进一步采取行动。此外，俄罗斯的通胀率也维持在较高的水平，预计 2022 年通胀率将达 17.5%，这一数据远超 2021 年 8.4% 的水平。

国际货币基金组织（IMF）在 2022 年 4 月发布的《全球经济展望报告》指出，2022 年发达经济体、新兴市场和发展中经济体的平均通胀率分别为 5.7%、8.7%，均明显超出 1 月时的预期。世界银行则在 6 月 7 日发布的最新一期《全球经济展望》中称，发达经济体和新兴市场国家的通胀都在加速，认为全球经济可能正在进入一个漫长的增长乏力、通胀高企的时期。

（二）“通胀潮”产生的原因

全球多个经济体不约而同深陷“通胀潮”，其原因主要是各国为刺激经济采取超宽松的货币政策、全球供应链受阻及俄乌冲突导致粮食和能源价格暴涨。

一是超宽松货币政策与财政刺激政策的实施。新冠肺炎疫情的蔓延及持续，令全球经济陷入 20 世纪大萧条以来最为严重的衰退，为刺激经济，各国政府纷纷采取扩张性货币与财政政策。以美国为例，美国 2020 年 3 月两度降息后进入“零利率”时代，并宣布实施无上限的量化宽松政策，美联储疯狂印钞，短短两年的时间印钞近 5.9 万亿美元，与此同时，美国政府还大力推行积极的财政政策，进一步上调债务上限。凭借美元国际货币地位及高流通性特点，美国将国内通胀压力转嫁至其他国家，引发国际“通胀潮”。

二是全球供应链受阻。为应对新冠肺炎疫情的蔓延，各国采取了停工、停产、停运等措施，导致产能下降、供应不畅、物流成本上升，并通过产业链传导至其他领域引发次生损害，使全球通胀压力上升。新冠肺炎疫情之后，贸易保护主义与逆全球化抬头，以美国为代表的发达国家人为切断供应链，引发供应链危机，提升了生产成本与物流成本。此外，为保持自身霸权地位，美国对中国悍然发起贸易战，对中国商品征收巨额关税，推动对中国经济脱钩，希望以此遏制中国的崛起。但穆迪公司的报告显示，美国消费者承担了 92.4%的关税，贸易战不仅未能达到预期目的，还大大增加了消费者的负担，对高通胀起到了推波助澜的作用。

三是俄乌冲突加剧了通胀风险。在前一节中，我们阐述了俄乌双方在全球供应链中的重要地位，特别是在谷物、原油、天然气、有色金属等大宗商品的出口短期内难以替代。俄乌冲突的爆发，以及美国及其盟友对俄罗斯的制裁使大宗商品价格暴涨，迫使整个国际社会进行买单，令本就高企的通胀水平雪上加霜。例如，2 月 24 日冲突爆发后，国际原油价格飙升，布伦特原油期货报价最高涨至 139 美元 / 桶，虽然目前有所回落，但仍高于冲突爆发之前的水平。

（三）全球通胀对中国经济的影响

在全球经济一体化时代，“牵一发而动全身”，中国会不可避免地受到国外通胀压力的影响。不过，国内发生通胀的概率并不大，这种影响更多地体现在外部需求及人民币汇率方面。

一是输入性通胀压力加大。2022 年《政府工作报告》指出，我国面临“大宗商品价格高位波动”“输入性通胀压力加大”等问题和挑战。如前文所述，今年以来，国际大宗商品价格大幅上涨，这也传导至国内。2022 年夏收期间，多地小麦单产、总产创历史新高，而在夏粮丰收的同时，小麦价格也强势上行，一些地区甚至突破 1.6 元 / 斤。不仅仅是粮食，国内原油价格也在持续上扬，国内 92 号汽油全面进入“9 元时代”，部分地区 95 号汽油则进入“10 元时代”。不过，由于国内新冠肺炎疫情防控形势持续向好，产业链供应链畅通稳定，国内通胀水平整体可控。国家统计局公布的数据显示，2022 年 6 月，我国 CPI 同比上涨 2.5%，1 月至 6 月平均 CPI 同比上涨 1.7%，物价运行总体平稳。

二是外部需求减弱。为应对通胀，美欧各国开始实施经济收缩政策，纷纷开启加息周期。进入 2022 年以来，美国已经启动两轮加息，欧洲央行也宣布在 7 月加息 25 个基点，澳大利亚央行、印度央行也纷纷宣布加息。各国所采取的收缩政策，将导致投资与需求下降，不利于我国出口。海关总署公布的数据显示，2022 年上半年，我国外贸进出口同比增长 14.3%，其中，出口同比增长 13.2%，进口同比增长 4.8%。与之相比，去年同期这三组数据分别为 27.1%、28.1% 和 25.9%。外需减少、出口放缓，增大了我国经济承压前行的难度。

三是人民币汇率贬值压力加大。如前文所述，美国为对抗通胀采取了加息策略，而中国为促进经济增长开始降准降息，国债收益率一升一降，中美国债收益率利差出现倒挂，中国面临的跨境资本流出压力加大，人民币汇率贬值压力上升。数据显示，2022 年第一季度，人民币汇率基本保持稳定，但从 4 月开始，人民币兑美元汇率快速贬值，半个月的时间里跌幅超过 3000 基点。不过，人民币汇率贬值，有助于增强我国出口企业的市场竞争力，增加海外订单承接能力，冲抵外需减弱带来的不利影响。

（四）对国内企业及投资者的建议

面对全球经济大通胀，国内企业及投资者需要统筹考虑国内、国外经济发展形势，从应对通胀视角把握能源资源布局机会与投资机遇，加大对国内资产的配置力度。

一是布局能源资源赛道。2021 年我国多个省份因“缺煤少电”而引发拉闸限电，2022 年因俄乌冲突影响煤炭、石油、矿产品等价格快速冲高。国家发改委在 2022 年 5 月召开的新闻发布会上强调，全力做好大宗商品保供稳价工作，以煤炭为“锚”做好能源保供稳价工作，做好矿产品保供稳价工作。此前，国常会提出把稳增长放在更加重要的位置，多地随之开始发力基础设施建设，能源资源类板块有望继续保持较高景气。对于企业而言，通过参股控股能源资源类公司，不仅可以降低运营成本，还能避免原材料短缺问题；对于投资者而言，在能源资源赛道布局有助于获取稳定收益。

二是加大国内资产配置力度。面对通胀压力，多国央行实行货币紧缩政策，新冠肺炎疫情以来实施的量化宽松政策宣告终结，相关国家股市接连下跌，并将进一步延缓经济增长步伐。与之相比，中国通胀压力较小，且新冠肺炎疫情防控形势逐渐好转，把稳增长放在更加突出位置，国务院印发《扎实稳住经济的一揽子政策措施》，提出 6 个方面 33 项措施推动经济回升。在这种情况下，投资者可适度超配中国资产，选择受益于通胀的粮食、能源、资源等进行分散投资。此外，虽然近期人民币汇率出现回调，但从中长期来看，人民币汇率仍呈升值趋势，且越来越多的国家和地区将人民币纳入外汇储备并与中国开展人民币跨境业务，投资者若对外进行资产配置，投资收益率未必能跑赢人民币汇率升值的幅度。

06

全球重大技术进步及其影响

科学技术是第一生产力。当前，全球新一轮科技革命与产业革命正在蓬勃兴起，新技术、新应用、新业态层出不穷，深刻影响各国竞争力与世界竞争格局。为抢占发展的制高点，下好创新的先手棋，世界各国都在把科技创新作为引领发展的重要战略，全球科技持续取得突破。中国也在实施创新驱动战略，采取多种举措建设科技强国。

（一）全球科技取得重大进步

进入21世纪以来，全球科技创新取得重大进展，以信息技术、生命科学技术、先进制造技术等为代表的前沿技术持续涌现。

信息技术实现重大跨越。信息技术是当前全球技术创新的竞争高地，世界主要国家都把信息技术作为创新的重点。进入21世纪以来，以人工智能、移动通信、区块链、量子信息等为代表的新一代信息技术加速突破应用。在人工智能方面，机器人技术、机器学习、语言识别、图像识别等技术取得长足发展，有力推动了人工智能的应用与发展，Alpha Go战胜世界围棋大师李世石和柯洁声名大噪，微软公司的机器人小冰、小米公司语音智能机器人小爱同学也广为人知。在移动通信方面，经过第一代（1G）、第二代（2G）、第三代（3G）、第四代（4G）的迭代发展，目前已经进入第五代（5G），5G在全球的商业化应用正加速推进，第六代（6G）也已提上日程。我国华为、中兴在5G方面拥有明显优势，行业专利分别位列全球第一和第三。在区块链方面，通过分布式网络、加密算法和共识机制三大核心技术，实现了去中心化，让数据难以被篡改，其典型应用是比特币，其历史最高价达 6.89 万美元。在量子信息方面，各国竞相推动量子信息技术的研究与应用，投入了大量的资金，对量子计算、量子通信、量子传感等量子科技密集布局，2016 年我国成功发射全球首颗量子科学实验卫星“墨子号”，2021 年美国国际商业机器公司（IBM）宣称制造了全球最大的超导量子计算机，含 127 个量子比特……

生命科学技术加速发展。有人认为，21 世纪是生命科学的时代，很多国家将生命科学技术作为研究与开发的战略重点。目前，全球生命科学研究领域的投入资金持续增长，从 2016 年的 1247 亿美元增加至 2020 年的 1576 亿美元，其中，美国研究资金约为 774 亿美元，几乎占全球总研究资金投入的 1/2，欧洲、中国分别位列第二、第三位。2003 年，人类自然科学史上三大科学计划之一的人类基因组计划（其余两项为曼哈顿原子弹计划及阿波罗登月计划）在历经 13 年时间、花费 38 亿美元之后终于完成，该计划旨在破译人类遗传信息，通过基因组学研究改善人类健康。值得一提的是，我国华大基因承担了该计划的“中国部分”（1%）。随着基因测序技术的快速发展，基因组测序成本直线下降，目前已经下降至 1000 美元。干细胞疗法是继药物治疗、手术治疗后的一种新的治疗途径，是生命科学的前沿，在白血病、脑卒中、帕金森和脊髓损伤等疾病的治疗研究中得到广泛使用。截至 2020 年，全球获批的干细胞产品已达 12 个，干细胞临床试验总数达 7924 个。在新冠肺炎疫情发生后，间充质干细胞成为抗疫的有力武器，据美国统计 2020 年全年共有 68 项间充质干细胞治疗新冠肺炎相关项目登记注册。

先进制造技术持续取得突破。先进制造技术是指微电子技术、自动化技术、信息技术等先进技术给传统制造技术带来的种种变化与新型系统。近些年来，计算机技术、信息通信技术、自动化技术、新材料技术等迅速发展并不断成熟、应用，进一步丰富了先进制造技术的内涵与外延。目前，上述技术已经渗透到制造业的各个领域，广泛应用在生产制造的各个过程中，创造了良好的经济效益与社会效益。世界主要制造业大国都在大力发展先进制造业，2012 年美国奥巴马政府提出“先进制造”战略，此后特朗普政府发布《先进制造业领导力战略》、拜登政府提出《美国创新与竞争法案》，希望维持其在高端制造业的竞争优势。德国在 2013 年提出“工业 4.0”，2016 年发布“数字化战略 2025”，2019 年发布《国家工业 2030 战略》，以提升制造业的智能化水平。

日本在2017年提出“互联工业”战略，以推动日本制造业数字化转型。我国在2015年提出《中国制造2025》，强调通过信息化和工业化“两化”深度融合推动实现制造业升级，并明确了新一代信息技术产业、高档数控机床和机器人、航空航天装备等十个重点领域。

除此之外，全球在航空航天技术、能源技术、环境技术等方面也取得长足进展，为世界经济发展提供了强有力的支撑。

（二）全球科技创新趋势与方向

当前的国际竞争很大程度上是科技的竞争。世界各国都已意识到科技在促进经济社会发展和综合国力提升方面的积极作用，采取多种举措推动科技创新，希望在国际竞争中占据有利位置。从目前来看，全球科技创新主要呈现以下趋势：

一是科技创新步伐将进一步加快。各国都在强化创新，纷纷制定科技创新政策、人才政策及激励政策，加大科技投入力度。与此同时，企业的创新主体作用持续强化，高校原始创新能力不断增强，全球高科技人才数量持续增加，共同推动了科技进步。

二是科技创新交叉融合。目前，科技创新领域的学科交叉融合逐渐成为常态，信息技术、能源技术、材料技术等正深度融合。从一百多年来的诺贝尔奖获得者来看，超过半数获奖项目是学科交叉融合的产物。此外，近年来一些重大原创性技术也是交叉学科融合的结晶。

三是科技创新资源加速流动。全球技术移民数量快速增加，以美国、英国、加拿大等为代表的移民大国开始调整移民目标群体方向，从以往主要吸引投资移民转向技术移民。此外，跨国公司纷纷在东道主国家设立研究机构，利用当地的人才资源从事新技术新产品的研发，目前其海外研发经费已经占全部经费的三分之一以上。

四是科技创新博弈加剧。近年来，“逆全球化”兴起，以美国为代表的发达国家为保持优势地位，开始人为限制科技合作、人才交流及留学生求学等，“科学无国界”理念被打破。同时，国家之间围绕高新技术的竞争越发激烈，美国、欧盟、日本等国家和地区纷纷出台创新扶持政策，制定创新战略，改革科技创新体制，扩大在高新技术方面的投资，力图保持其在科技创新上的优势地位。

关于未来的科技创新方向，主要集中在人工智能、生物医学、人机交互和仿生、宇航技术、智能制造、新能源和新材料方面。例如，在人工智能方面，主要集中在增强现实（AR）和高光谱成像技术等领域，前者在医疗、军事、古迹复原等领域有广阔应用前景，后者则在食品安全、医学诊断、航天等领域应用广泛。在生物医学方面，主要集中在基因编辑、3D 生物打印机等领域，其中，基因编辑通过对生物体基因组特定目标基因进行修饰，可应用在植物、动物和人类身上；3D 生物打印机可在人体器官的打印与植入方面满足患者的需求。在人机交互和仿生方面，主要体现在神经形态芯片、脑机接口等方面，神经形态芯片模拟人脑同步处理多种数据，使用极少能量就能做出正确决策，脑机接口是研究如何用神经信号与外部机械直接交互的技术，可帮助人类特别是残障人士超越生物学极限……

（三）我国高度重视科技创新

国家把创新作为引领发展的第一动力，大力实施创新驱动发展战略，“十三五”期间，我国科技创新取得显著成就。

国家把创新放在更加重要的位置。在我国新发展理念中，“创新”位列首位。党的十九届五中全会首次明确提出“坚持创新在我国现代化建设全局中的核心地位”，强调“把科技自立、自强作为国家发展的战略支撑”。“十四五”规划将创新单列篇章，提出“坚持创新驱动发展，全面塑造发展新优势”，并从强化国家战略科技力量、提升企业技术创新能力、激发人才创新活力、完善科技创新体制机制四个角度推动创新。在各地方的“十四五”规划纲要中，也均有专门的篇章来阐述创新驱动战略。

科技创新能力持续增强。国家持续完善科技创新体制机制，不断健全科技创新人才发展培养激励机制，组建国家重点实验室，营造更加开放、优质、高效的科技创新环境。国家还持续加大科技创新投入力度，“十三五”期间，全社会研发投入增加了 1 万亿元，从 2015 年的 1.42 万亿元增长到 2020 年的 2.44 万亿元左右，研发经费总量继续保持在世界第二位。2020 年我国 R&D

经费投入强度（与 GDP 之比）达 2.40%，位居全球第 12 位，接近经合组织（OECD）平均水平。此外，我国科技创新主体也在快速增加，2020 年我国高新技术企业突破 20 万家，企业研发经费约 1.87 万亿元，研发人员全时当量超过 480 万人……

科技创新成果不断涌现。统计数据显示，2020 年我国科技进步贡献率超过 60%，科技在我国经济高质量发展中的支撑作用进一步强化。“十三五”期间，我国涌现出了一大批原创成果，北斗导航全球组网、“嫦娥四号”成功登陆月球背面、首颗火星探测器“天问一号”成功发射、C919 国产大飞机成功首飞……

（四）对企业和投资者的建议

对于很多企业来说，科技创新是生存和发展的关键，但科技创新投入大、耗时长，且科技成果转化及产业化方面也存在一定的风险，建议企业瞄准国家需求，强化“产学研用”联合，推动科技成果转化。

一是瞄准国家需求，争取国家资金支持。企业应尽可能将自身发展与国家需求结合起来，将科技研发项目与国家战略、经济和产业发展需求相结合，聚焦世界技术前沿、围绕国家战略急需领域进行科技创新，填补国内空白。科技创新需要大量的资金与资源，企业很难独自承担，可努力争取国家产业政策的扶持资金与税收优惠，积极参与国家重大科技项目建设，充分利用国家重点实验室等创新机构的仪器设备，推动实现关键核心技术自主可控。

二是强化“产学研用”联合。企业可汇集各方创新资源，联合高等院校、科研院所协同开展技术攻关，通过强强联合组建“风险共担，利益共享”的创新联合体，降低科研投入，共享共性技术，提升科技创新效率。

三是推动科技成果转化。目前我国科技成果转化率仅为 10% 左右，大量的成果停留在实验室。企业要以市场为导向，紧贴市场需求进行科技创新，与社会资本、政府引导资金共同成立孵化基金、科技成果转化基金，并可通过科技成果展览会等方式促进科技成果转化。企业和投资者还可结合自身需求，从其他企业、国家 / 地方实验室及其他科研机构购买科技成果，或采取资金、设备等资源入股的方式，快速推动现有科技成果市场化、产业化。

第二章

政策篇：穿透迷雾的阳光

站在“百年未有之大变局”的历史方位，党中央、国务院高瞻远瞩、审时度势，做出了新的重大战略部署，提出要加快构建以国内大循环为主体、国内国际双循环相互促进的新发展格局，举全社会之力推动乡村振兴，在高质量发展中促进共同富裕，同时宣布“碳达峰、碳中和”目标与愿景，并相继出台了一系列推动经济社会发展的规划和政策。这些战略部署、规划和政策的实施，对每个企业、家庭和个人都将产生深远影响。我们有必要深入了解其内涵和逻辑。唯有如此，才能找准自身的站位与发展方向，经营好我们的企业与家庭。

01

新发展格局带来新机会

早在2008年全球金融危机之后，为应对新的发展形势，中国开始加快调整外向型经济发展格局，转向以内循环为主的发展模式。中美贸易争端发生后，中国经济的外贸依存度逐渐降低至25%左右。2020年4月，习近平总书记提出建立以国内大循环为主体、国内国际双循环相互促进的新发展格局，党的十九届五中全会对构建"新发展格局"做出全面部署。2020年7月，习近平总书记在企业家座谈会上进一步阐释了"双循环"新发展格局的基本内涵。同时，党中央、国务院相继出台一系列指导性文件和规范方案，推动"双循环"新发展格局的落地实施。应该说，加快构建以国内大循环为主体、国内国际双循环相互促进的新发展格局，是适应我国发展阶段和形势变化的主动选择和战略布局，对我国经济和社会的未来发展起到十分重要的指导意义和促进作用。

（一）"双循环"新发展格局的内涵

为什么要加快构建以国内大循环为主体、国内国际双循环相互促进的新发展格局？从本质上说，就是要实现高水平的自立、自强。自立，是要立足国内，实现自主可控和安全发展，对应的是大力发展国内大市场，以国内大循环为主体和基础；自强，是要在保障自主发展的前提下，实现高水平的技术创新和产业创新，为畅通国内国际双循环提供强大动力。当前，我国经济社会发展的内外部条件都发生了显著变化，特别是劳动力成本上升，资源环境承载能力达到了瓶颈，产业升级的动力和压力都很大。在此情况下，我们必须实现自主发展、自主可控和自主创新，不能任由被其他国家“卡脖子”的现象重复出现。依托强大的国内大市场生态，以更灵活的方式畅通国内国际双循环，我们必将越过所谓“中等收入陷阱”，实现更高水平的自立、自强。

构建新发展格局，并不意味着我们要封闭自守，关起门来搞建设。有些人片面地理解“双循环”新发展格局提出的背景和用意，担心我国会在对外开放上进行大幅度收缩，国际贸易和国际交往会大踏步后退。很显然，这样的忧虑是多余的。历史经验告诉我们，中国对外开放的大门是不可能关闭的，只会越开越大。在经济全球化的大背景下，广阔的全球市场为中国制造业发展壮大提供了广阔的舞台。作为拥有超过 14 亿人口的全球最大规模市场以及唯一拥有全部工业门类的国家，中国仍将需要通过扩大开放，吸引更多的外资企业，稳定和发展产业链、供应链。以国内大循环为基础，促进“国内国际双循环”更加顺畅，是新发展格局的重要组成部分。

“双循环”新发展格局必然是以国内大循环为主体和基础，内需成为带动经济社会发展的主要动力，国家对整个生产、分配、流通和消费循环的全链条具有强大的控制力。“双循环”新发展格局的构建拥有现实的优势条件，那就是我国超大规模国内市场的存在。放眼世界，最稀缺的资源就是市场资源。我国 14 亿人口所形成的庞大市场规模及其内在需求动力，能够有力推动产业规模扩大、技术深化创新、生产成本压降，这些既为我国应对不确定性因素提供了充足有效的回旋余地，也为经济持续稳定发展提供了巨大潜力和强力支撑。扩大内需不是应对外部不确定性的一时之策，而是非常具有前瞻性的战略布局。只要我们通过有效的市场制度建设，释放内需潜力，加强需求侧管理，充分展现我国超大规模国内市场的发展韧性，以国内大循环为主体、国内国际双循环相互促进的新发展格局就一定能够变得更加坚实。

构建“双循环”新发展格局，以更深层次改革和更高水平开放为动力，努力提升国际循环质量和水平。在“百年未有之大变局”下，我国的改革又走到了新的历史关头，深化改革的复杂度、敏感度和难度不亚于改革开放之初。从外部环境看，经济全球化虽然遭遇到了一些逆流，但大趋势不可阻挡，开放合作仍然是世界主流。立足当下，必须首先巩固我国参与国际循环的力量和优势，提升对方开放和合作的质量与水平。我们不仅不能实行封闭政策，主动与外部脱钩，还要积极维护全球多边合作体系，同时推动自身的对外开放水平。

我们要从商品和要素的流动型开放阶段，升级到制度型开放阶段。所谓制度型开放，就是要进一步完善国内法规和治理体系，优化营商环境，与国际高标准的经贸规则进行对接，形成对外开放与国内改革、引进来与走出去、外部需求与国内需求相互促进、协调发展的新格局。为此，必然要打破联通内外循环的制度性壁垒，促进资本、技术、人才、数据等要素跨境流通的自由化、便利化，使企业更好利用国际国内两个市场、两种资源，通过国际循环更好地促进国内大循环。

（二）"双循环"新发展格局带来哪些新机遇

加快构建以国内大循环为主体、国内国际双循环相互促进的新发展格局，是中国经济今后相当长时期内最大的主题之一。作为深度参与中国经济发展的企业家们，一定要真正理解"双循环"新发展格局的内在逻辑和要求，密切关注"双循环发展格局"蕴藏的发展机遇，并以此作为指导企业转型发展的指针。正所谓，唯有顺应大势，才能成就大事。

构建"双循环"新发展格局的主要潜力是扩大国内消费市场。我们都知道，消费是市场经济发展的内在动力，也是拉动经济增长的主要引擎。新发展格局要以国内大循环为主体，消费拉动的重要性不言而喻。在外部环境不确定性、不稳定性上升的新情况下，要坚持扩大内需这个战略基点，使生产、分配、流通、消费等环节更多地依托国内市场，形成良性大循环。而消费拉动的两个重要发力点，一个是消费下沉，另一个是消费升级。消费下沉方面，广大中低收入及农民群体的消费潜力不可小视，相关企业应该积极推出针对这一市场的产品和服务，以赢得消费者。近年来，国家实施的家电补贴、农机补贴、汽车补贴的优惠政策就取得了很好的效果。

科技创新是构建"双循环"新发展格局过程中的突破性因素。畅通国内经济大循环，既有制度性壁垒需要破解，也有技术性障碍需要跨越。从需求侧来看，消费升级不会自然发生，而是在一系列技术突破和商业模式创新的引领下实现的。智能手机、新能源汽车消费市场的火爆，很大程度上得益于这一点。但更多的科技创新还在路上，有待于国内企业的进一步奋斗。从供给侧来看，我国虽然制造业规模大、门类齐全，但技术附加值不高，目前普遍面临着转型升级的问题，这既是一个重大机会，同时也面临较大的难度，有赖于政府和企业共同努力。同时，为了应对发达国家对芯片技术、尖端材料、高端设备等的垄断和“卡脖子”问题，也需要国内科技企业做出实质性的技术突破。在这方面，国家的政策和扶持力度是相当大的，为企业带来了难得的发展机遇。

投资是构建“双循环”新发展格局的先导力量。投资、消费和出口被誉为拉动经济发展的“三驾马车”，其中投资摆在第一位。投资，无论对扩大内需还是技术升级都是十分重要的。为了畅通国内大循环，必须弥补产业链、供应链短板，打通统一大市场堵点，这些都需要巨额投资。投资的来源有两个：政府和社会。从国家角度来说，重点投资方向是“两新一重”，即新基建、新型城镇化和重大工程。从社会资本角度来说，一方面要紧跟国家重点投资方向和重大工程；另一方面也要找准投资赛道，进行合理投资、有效投资。总的来说，消费和科技是两个值得重点关注的投资领域。当然，企业家在进行投资决策时，一定要选择自己熟悉的、看得懂的领域，避免盲目乱投资。企业在转型升级时，最好也要在兼顾本业的基础上，从周边新兴领域切入。

构建“双循环”新发展格局，外贸行业仍然是“排头兵”和“生力军”。外贸作为连接国内国际两个市场的纽带，在发挥“双循环”新发展格局的联动效应、增强中国经济和软实力的全球影响力等方面起到非常重要的作用。尽管中国经济整体的外贸依存度只有25%左右，但在东南沿海的部分地区却高达90%以上。当前，国际贸易争端、新冠肺炎疫情、俄乌冲突、能源价格暴涨等因素相互叠加，倒逼国内外贸企业积极转变思路，寻求转型。相较于一些大型综合性龙头外贸企业而言，附加值低、抗风险能力弱的中小型外贸企业的生存空间越来越小，极容易被淘汰出局。要想在新的竞争环境中生存下来，就必须生产出更好的产品，采用更新的技术，或者转战新的市场。例如，有些企业加快了产品研发升级的速度；有些企业运用“出口兼内销”的思路，开拓国内国际两个市场；有些企业把业务重心转移到东南亚国家，都是积极可行的办法。

（三）企业如何把握“双循环”发展机遇

在“双循环”新发展格局下，企业应重点围绕“技术＋消费”两个方向发展。

首先，技术创新是企业立足“双循环”大格局的根本。特别是现在，国内制造业技术升级、产品升级有着比较强的紧迫感。在出口导向型时代，国内制造业企业可以通过劳动力成本优势实现可观的企业销售额和净利润。但是，长期固守劳动力成本优势是不可取的，不仅是因为国内出生人口下降，劳动成本提高，更是因为劳动密集型的企业属于产业链分工的中下游，利润薄、抗风险能力差，长期受制于产业链上游企业。

比较明显的一个例子就是这些年国内企业在芯片、发动机等核心技术领域上所遇到的“卡脖子”问题。仅仅是因为芯片生产受限，华为手机跌出了全球手机销量前三，甚至出售旗下荣耀品牌，原有的中高端市场份额也被苹果迅速占领。

除芯片外，通信技术、碳达峰、碳中和、大数据技术、新能源技术等相关核心领域都将成为国内经济机构转型、创新的主要突破口。对于国内制造业企业而言，需要在数字化、智能化、低碳化等方面保持足够的紧迫感，特别是强化企业自身发展理念的转型，注重国内相关专业技术人才的引进，积极吸引国际化人才，做到个人、企业、社会层面的多赢。

其次，面向大众解决消费诉求，打造流量生态。国内经济发展的“三驾马车”，消费、投资、出口中，消费在经济发展中的所占权重越来越大。而消费市场升级所带来的高端化、个性化、多样化特征，也为企业提供了更多的发展机会。

“双循环”的关键不在于“内外”，而应该是“循环”。既包括产业链端的生产、运输、消费循环，也包括地区之间物流、库存、经销等多个环节的循环。对于企业而言，每一个环节都充满了挑战，也充满了机遇。未来，企业需要面向消费端，提高产品市场竞争力，创新消费服务和营销方式，打造品牌口碑和流量生态。

最后，紧随政策导向，做好外向型经济。“双循环”格局下，外向型经济的地位仍然十分重要。过去的几十年，国内众多企业通过外向型发展战略，取得了长远的进步，充分对外展示了中国企业的良好风貌，以及中国制造、中国品牌的独特魅力。

新时代，国际贸易争端日趋频繁，致使在过往数十年中建立的经济全球化的框架、制度、规则受到较大的冲击。但是，国际贸易往来仍然是实现全球资源与资产优化配置的必要途径。此外，随着“一带一路”倡议的实施，RCEP协议的签署，国际贸易红利仍在持续释放。

国内外贸企业应紧随政策导向，积极参与相关重大规划、重大项目、重大工程、重大活动，积极参与国际竞争和全球资源配置，发现新契机，拓展新的发展空间。此外，企业还应注重技术创新、业务创新和服务创新，拓展全球化视野，提升企业的国际竞争力。

02

“共同富裕”的内涵与重大意义

“治国之道，富民为始。”《中共中央　国务院关于支持浙江高质量发展建设共同富裕示范区的意见》指出，“共同富裕”是社会主义市场经济发展的重要目标。目前，我国已全面建成小康社会，为实现“共同富裕”创造了良好的条件，国内经济社会发展已步入扎实推动“共同富裕”的新阶段。然而，我国经济发展的不平衡、不充分问题仍较为突出，实现“共同富裕”是一项长期艰巨的历史任务，需要体系化的政策来促进和加以实现。在这一过程中，应借助技术创新，促进产业结构的调整，实现地区、产业间的整合与协调，拓展收入来源。

（一）“共同富裕”的内涵

“共同富裕”是指全体人民通过辛勤劳动和互帮互助达到丰衣足食的水平，是建立在两极分化消除基础上的普遍富裕。这是中国特色社会主义的本质规定和奋斗目标，也是发展社会主义和实现共产主义的根本原则。

共同富裕不是同时富裕，而是一部分人一部分地区先富起来，先富的帮助后富的，逐步实现共同富裕。要实现共同富裕，需要坚持如下基本原则：

首先，实现共同富裕需要推进技术创新与升级，实现高质量发展，并在这一过程中优先解决地区差距、城乡差距和收入差距，推进产业结构的调整与升级，着力发展高附加值产业，提高生产效率，实现以技术创新为主导的内向型发展。

其次，实现共同富裕需要坚持社会主义基本经济制度，持续推进农业、制造业以及金融等各类产业的政策创新与变革。实现共同富裕，需要调动、激发市场各类主体的活力，统筹经济活动中的效率与公平，创新完善各类经济体制、产业制度，兼顾经济发展效率与公平。

最后，实现共同富裕是一个长期的历史过程，要靠全体人民的共同奋斗。一方面，要树立以人民为中心的发展思想，注重提升广大群众的获得感、满足感，实现社会财富创造由全体社会居民共享。另一方面，要注重提升社会大众的受教育程度，树立正确的发展理念。要为大众提高就医水平、受教育程度，以及专业素质的提升创造条件，畅通向上流动通道，为大众提供更加丰富的致富机会，形成人人参与的发展环境。

（二）“共同富裕”下的发展机遇

“共同富裕”已写入“十四五”规划与2035年远景目标纲要之中，它既是指导方针，也是经济社会的发展目标，蕴含着很多发展契机。

第一，发展政策支持、引导类产业。从2021年发布的《关于支持浙江高质量发展建设共同富裕示范区的意见》来看，“共同富裕”下，政策鼓励发展的产业包括新材料、新能源、集成电路、大数据、互联网+、生命健康，以及一些“专精特新”类的产业、企业。此外，立足于浙江优势，积极发展跨境电商、免税产业、农业和农村旅游等产业。这些产业都属于前沿发展产业，领域内企业可以享受税收补贴、财政补贴等诸多优惠，发展前景广阔。

第二，具有高景气和广阔发展空间的领域。“共同富裕”所蕴藏的内涵绝非仅指物质财富的丰富和满足，还包括打破发展约束、社会基础设施建设、精神文化建设等多个方面的发展。只有经济社会的全面发展，才是真正意义地实现“共同富裕”。

在这种发展理念下，有两类投资方向极具发展空间：第一类是已经处于高景气赛道的产业领域，例如新能源、核电、特色小镇建设等；第二类是属于“景气反转”型产业，有着进一步释放发展潜能的空间，如新能源物流、能源、互联网、污水处理等。这两类产业领域都是未来颇具发展潜力的产业领域，存在着估值和盈利双双走高的上升空间。

第三，与“三次分配”高度相关产业。《关于支持浙江高质量发展建设共同富裕示范区的意见》中，对于初次分配、二次分配，以及三次分配的表述进行了一些新的阐释。例如：初次分配上提出着重增加劳动报酬的比例，同时规范发展财富管理行业，使民众分享增值收益的金融产品；二次分配上加大税收、社保、转移支付的调节力度；三次分配相关的则是发展慈善事业、设立各类新型捐赠方式、设立慈善信托、制定公益性捐赠税收优惠政策等。

随着“第三次分配”已经被列入基础性制度安排，国内公益慈善事业迎来发展机遇期。未来，公益慈善事业可以进一步与社区、街道、居委会、村自治委员会进行对接，强化彼此在民生领域的对接合作，精准扶持社区医疗、养老事业，对接相关地区的产业发展，完善特色乡镇建设、生态旅游项目建设，走出一条“慈善＋产业”相结合的“三次分配”新道路。

（三）“共同富裕”下，企业应该怎么做

对于企业发展而言，立足于资本社会化，逐渐推进个人、家族企业向社会企业转变，推进社会发展，实现个人、企业、社会效益的统一将成为未来国内企业发展的一个重要趋势。

就发展而言，企业应着重做好以下四个方面：

一是明确企业股权社会化。通过股权结构改革，民营企业可以在保留企业管理权的情况下，逐步由个人和企业持股为主，转向企业管理层、员工、社会投资人（包括企业和个人）共同持股。实现企业股权结构的社会化，吸引更多的外界投资，同时激发平台员工的工作热情和创新积极性。事实上，国内已经有很多AB股、“同股不同权”的企业存在。

案例

以京东为例，该公司将普通股分为A类和B类两类，其中，京东实际控股人刘强东持B类股，每1股拥有20票投票权；其他股东持A类股，每1股只有1票投票权。尽管刘强东所持有的平台股票份额不足20%，但仍然具有京东平台管理经营的一票否决权。拼多多也是AB股权模式，通过发行A类股和B类股两种股票，赋予股票不同的投票权：A类股1票1个投票权，而B类股

1股10个投票权。B类股由拼多多创始人黄峥唯一持有，A类股则由普通投资者持有。

二是实现企业经营管理的社会化。为了企业的长远发展，家庭与企业资产的持久传承，并给予下一代更大的发展空间，企业所有者可以在自己退休后将企业管理与经营权进行分离。简而言之，子女持有股权但不参与企业经营，企业经营交由可信任的管理者去打理。这样做不仅可以保证家族企业的平稳发展，而且还有助于将企业发展与社会责任有效整合，推进社会公益事业发展，更好地造福社会大众。

三是推动企业经营目的的社会化。"共同富裕"时代，企业发展必须要与社会发展相统一，只有统筹企业效益、员工收益、行业利益，才能实现企业净利润与股东利益的最大化，也才能保持企业的持续、健康发展。具体而言，企业在制定自身发展规划时，应当主动与国家政策、行业趋势相匹配。同时，积极推进技术创新、业务创新，实现产业结构的转型升级，提高国内相关行业在国际市场上的整体竞争力，创造更多的产品附加值。

四是落实企业利润归属的社会化。"共同富裕"时代，在上交相关税收后，企业净利润分为公积金、公益金和股东分红。其中，必要且充足的公积金是企业持续发展的原动力，平台公益金可以强化对平台员工的支持，改善员工福利。股东分红则是企业按照持股多少进行分红，真正实现"社会资本参与，社会群体分红"，落实企业利润归属的社会化。

总之，在推动实现"共同富裕"过程中，无论是地区间市场资源的整合，还是不同产业间的协调，其本质都是经济要素的重新组合和生产关系的调整，蕴藏着全新的经济发展契机。

03 把握“乡村振兴”战略机遇

我国是一个农业大国，推进“乡村振兴”战略是安民之基、固国之要。近年来，国内粮食连年丰收，农业农村整体保持了和谐稳定、快速发展的态势。不过，相较于国内快速推进的工业化、城镇化，农业农村发展速度仍然相对落后。党的“十九大”报告中明确提出，坚持把解决“三农”问题作为全党工作的重中之重，全面推进乡村振兴战略。在推进“乡村振兴”战略过程中，需要坚持农业农村的优先发展地位，夯实农业基础，深化农村改革，把中国人的饭碗牢牢端在自己手中，携手亿万农民一道实现“共同富裕”。

（一）“乡村振兴”战略的内涵

实施乡村振兴战略，需要优先支持农业农村的发展，在产业、人才、文化、生态、社会组织等多个方面实现全面振兴，打造产业兴旺、生态宜居、乡风文明、治理有效、生活富裕乡村新面貌，并着重做好以下几个方面：

第一，缩小城乡之间、居民之间的收入差距。无论是精准扶贫，还是乡村振兴，关键都在于农民收入的增加，减少城乡居民之间的收入差距。从这个角度来看，“乡村振兴”战略也是“共同富裕”战略的一部分，是国内社会经济发展到一定阶段的必然选择。

第二，以人为核心，重建城乡关系。除了提升乡村居民收入，缩减城乡居民收入差距外，以人为核心，重构城乡关系同样也是“乡村振兴”战略的重要内容。“乡村振兴”战略一个重要内容就是要提高乡村居民的物质生活水平、文化生活水平，改进乡村生态文明建设。要统筹城乡之间物质文明、精神文明、生态文明建设，通过政府财政转移支付，逐步实现城乡之间公共服务的均等化，使农民在权利和福利层面与市民等值。

第三，完善顶层配置，优化资源分配。首先，要实现乡村振兴必须要优先完成政策设计，推动人口、技术、资本、信息等生产要素在城乡之间的双向无障碍流动，实现城乡融合。其次，优先保障农村居民的利益，通过土地入股分红、租金以及工资等多元化收入帮助村民富裕起来。此外，在提高乡村居民收入的同时，还需要进一步完善城乡之间公共服务的支出比重，逐步打破城乡二元结构，将户籍与社会保障标准脱钩，推动城乡之间公共服务的均等化。

（二）全面推进乡村振兴怎么做

乡村是自然环境、社会活动、经济活动的地域综合体，兼具生产、生活、生态、文化等多重功能，与城镇互促互进、共生共存，共同构成人类活动的主要空间。要实现乡村振兴，需要统筹物质文明、精神文明建设，做好以下三个方面：

一是推动农业农村产业创新与发展。经济发展、产业兴旺是实现乡村振兴的前提，也是解决农业农村所有问题的根本立足点。产业发展是实现乡村振兴战略的首要任务，推动农业农村产业创新与发展才能为乡村振兴提供原动力，并为脱贫攻坚，实现共同富裕提供强力支持和重要保障。

在实现农业农村产业创新上，各地应该立足于自身的资源禀赋，因地制宜地匹配特色优势产业，推动乡村地区第一产业、第二产业、第三产业的协调发展，形成覆盖乡村居民生产、生活各个环节的全产业链，满足人民群众日益增长的物质文化、精神文化需求。

推进乡村产业创新，一个重要的方向就是发展乡村旅游、休闲康养等新产业，带动农民返乡就业，拓展农民收入，形成乡村经济百花齐放，协调发展的新局面。

二是技术创新是农业农村发展的动力之源。当代经济社会，大数据、云计算、5G 通信、人工智能等新兴技术的不断发展，使得资本要素在各行各业的流动更为迅速，各市场主体之间的联系更为密切。但是，这种密切的联系尚未在乡村振兴中得到充分的展现，广大农村地区依然是技术的孤岛。

要实现乡村振兴，不仅需要严格耕地保护、保证粮食安全、培育优良品种、改造传统产业、推进绿色发展，同时还需要借助新技术、新机制、新模式推进改善乡村基础设施条件，实现农村电网升级、乡村物流体系建设、农村住房质量提升，实现教育、医疗、文化等公共资源的优化配置，建设宜居乡村。

三是推进乡村生态建设和文化建设。“乡村振兴”战略一个重要内涵就是建设生态宜居的美丽乡村，坚持“绿水青山就是金山银山”的发展理念，尊重自然、顺应自然、保护自然，优化生态体系建设，强化资源保护与节约利用，转变生产、生活方式，建设生态宜居的美丽乡村。

在物质生活之外，“乡村振兴”战略另一个重要任务就是积极弘扬乡村文化，弘扬社会主义核心价值观，提高乡村居民的文化水平和道德素质，加强村民团结。同时，借助丰富的精神文化生活提高乡村居民的生活幸福感、满足感，以达到凝心聚力的效果。

（三）乡村振兴战略带来的机遇

在 2018 年 3 月的政府工作报告中，国务院总理李克强表示，要科学制定规划，大力实施乡村振兴战略，健全城乡融合发展体制机制，依靠改革创新壮大乡村发展新动能。在推进“乡村振兴”战略的过程中，伴随着产业转型升级与模式创新等诸多发展契机。

首先，转变营销模式，拓展销售渠道。“乡村振兴”战略一个重要的特征就是推动新技术与传统业务的整合，创新营销模式和销售渠道。例如，新冠肺炎疫情当下，农产品线下销售受到较大的冲击，很多农民选择搭乘互联网电商这个顺风车，开启直播带货模式，掀起农村网红经济热潮。

此外，还有一些互联网平台主动与乡村地区开展合作，设立“抗疫助农”“滞销农货反馈通道”等专区，抑或建立乡镇与连锁生鲜超市长效合作机制，以销定产，继续扩大种植面积。无论是线上网红营销，还是线下以销定产，都是乡村地区新技术与传统业务进行整合的重要表现，农产品电商市场前景一片广阔。

其次，多元产业齐头并进，推进“一村一品”战略。近年来，随着人们物质生活水平的提升，精神生活的诉求越来越丰富。体验乡村生活、养生养老、文化旅游，各种养老度假村、文化小镇、生态村镇群等各种特色的旅游项目纷纷涌现。

在发展乡村旅游项目时，可以借鉴日本的“一村一品”策略：结合乡村自身的资源状况，因地制宜地发展具有鲜明特色的地区产业和产品，形成产业集聚效应。乡村文化产业需要注重自身产品的独特性，不仅树立特色的旅游项目，而且还通过深度挖掘自身文化底蕴，打造独特的“家乡 IP”，让更多的人了解家乡特色文化，以吸引游客前来游玩。

最后，探索新的农业农村产业发展模式。实现“乡村振兴”战略，单纯地依靠农业农村自身的力量还是远远不够的，需要有效地整合外在资源和优势，整合外在的资源，通过“公司 + 农户”“公司 + 基地 + 农户”“公司 + 平台 + 基地 + 农户”等多种方式，打造乡村全新产业链。

当前农村产业园区建设已经成为乡村地区产业发展的新风向，为乡村振兴提供了新机遇。各种物流产业园区、加工产业园区、生态种养殖产业园区、数字产业园区、高科技产业园区、健康产业园区、文旅产业园区等逐渐形成，不仅解决了农村就业问题，而且带动了农村地区经济发展、产业结构的调整。

（四）企业如何参与到乡村振兴中去

“乡村振兴”战略的提出，标志着国内“三农”工作的重心发生了根本变化。以往，农业农村发展更多地关注于农村居民的脱贫。但在脱贫攻坚取得胜利后，加快推进农业农村现代化，全面推进乡村振兴，成为国家“三农”工作的核心所在。

乡村振兴的核心是产业，在乡村特色产业发展过程中，无论是盈利能力、组织能力还是团队凝聚力，企业均扮演着极其重要的角色。通过与企业合作，打造乡村特色产业，创新业务体系，带动乡村经济收入，创造就业机会，保持乡村持续、健康发展，这是落实“乡村振兴”战略的重要举措。

对于企业而言，积极参与乡村振兴应做到以下三个方面：

第一，制定明确的乡村振兴发展规划。企业参与乡村振兴需要有一份明确的活动规划，理清自身行为究竟是公益行为还是企业行为？到底是企业家个体行为还是组织行为？到底是为了盈利还是社会公益……此外，作为一家企业，其所涉及的社会关系非常复杂，包括消费者、经销商、平台员工，以及政府机关等。因此，在制定自身乡村振兴发展规划时，应从多元角度出发，平衡各方的利益关系，参考自身优势制定较为可行的发展规划。

例如，一家医药类的企业可以选择乡村振兴战略中涉及医疗、大健康相关的领域、项目去实施，关注因病返贫、乡村医疗保障体系建设等话题；而一些生态环保的企业，则可以从乡镇企业绿色生产、乡村环境治理等课题出发，设计自己的乡村振兴项目。

案例

以岭药业是中国中药 TOP 10 企业，该企业通过自建、共建方式建立了 30 余个符合 GAP、GACP 等高标准的中药材种养殖基地，涉及品种 30 多个，覆盖全国 18 个省区，这一模式不仅保证了以岭药业对药材质量和数量的要求，还带动了当地百姓的经济收入。除自建基地方式外，以岭药业还同各道地药材产区的经营商、种植大户等合作，通过建立定制药园，推动药材标准化、规模化种植，该模式不仅从源头上保障了药材的质量，还能帮助农民增收致富。

第二，要有明确的投资规划和完备的实施方案。乡村振兴战略是一项长期的发展规划。在这个过程中，企业需要有一份明确的投资规划和完备的实施方案，寻求企业投资短期效益与长期效益的统一。

具体来看，企业需要了解自身所掌握的关键资源，具备哪些能力，相关的经营模式、管理体系、流程设计等如何搭建、如何运营，以及平台自身的人力资源储备、技术储备、知识储备等，制订相关风险下的应急解决方案。

第三，要有合理的投资收获预期。乡村振兴是一个长期的过程，牟取暴利、赚快钱不仅违背了乡村振兴的初心，也脱离了企业投资的客观规律。所以，企业在参与乡村振兴的过程中，需要潜心规划投资收益，权衡投资风险与收益，甚至要为微利甚至很长时间见不到利润做好准备。

尤其是一些相对偏僻的乡村地区，往往存在着基础设施落后、村民观念落后、受教育程度较低、劳动力工作效率低等一系列问题。在规划未来投资收益时，企业应该充分考虑相关制约性因素，全面考量社会公益与企业收益之间的关系。

04 新型城镇化与房地产政策调整

诺贝尔经济学奖获得者斯蒂格利茨曾经预言：21 世纪影响世界的两件大事是美国的高科技发展和中国的新型城镇化。2022 年 5 月，中共中央办公厅、国务院办公厅印发了《关于推进以县城为重要载体的城镇化建设的意见》，我国新型城镇化建设进入加速期。未来，城镇化仍将是我国经济社会发展的重头戏。不仅仅是因为相较于欧美 80% ～ 90% 的城镇化率，国内城镇化水平仍有不小的差距，更是因为新型城镇化肩负着扩内需、促转型，带动经济发展的重任。尤其是要统筹城镇化、信息化、工业化与农业现代化的协调发展，“以人为核心”，注重大众生活质量的提升和社会财富的快速积累。

（一）新型城镇化的内涵

新型城镇化注重统筹城乡一体化发展，以城乡一体、产业互动、集约节约、生态宜居、和谐发展为基本特征，注重大中小城市、小城镇、新型农村社区之间协调发展，互相协调，共同促进。

2019 年 3 月，国务院总理李克强在当年的国务院政府工作报告中指出：要促进区域协调发展，提高新型城镇化质量。2019 年 4 月，国家发改委发布《2019 年新型城镇化建设重点任务》，规划出“深化户籍制度改革”“促进大中小城市协调发展”等一系列新型城镇化发展任务，明确了国内城镇化基本布局与形态，侧重城乡一体高质量协调发展。

2022 年 4 月，国家发改委发布《2021 年新型城镇化和城乡融合发展重点任务》。作为“十四五”期间第一份新型城镇化文件，首次明确了国内“新型城镇化”阶段性重点任务，并对各城市和房地产发展产生重要影响。

2022 年 5 月，国务院印发《关于推进以县城为重要载体的城镇化建设的意见》。文件中明确提出发展目标与规划：到 2025 年，以县城为重要载体的城镇化建设取得重要进展，县城短板弱项进一步补齐补强，一批具有良好区位优势和产业基础、资源环境承载能力较强、人口经济条件较好的县城的发展，建设取得明显成效，其公共资源配置与常住人口规模基本匹配，特色优势产业发展壮大，市政设施基本完备。

（二）新型城镇化与房地产政策协同

在《2021 年新型城镇化和城乡融合发展重点任务》中，国家明确提及要“统筹做好放开放宽落户、人才引进和房地产调控工作”。这表明，新型城镇化推进必须要处理好与房地产调控政策的关系，妥善做好新型城镇化与房地产调控政策的协同。

事实上，近些年来，一些地区在推进新型城镇化的时候也会或多或少地与房地产政策发生关联。例如，有些城市将人才引进与购房资格、购房补贴相挂钩，变相推高房价，令其房地产调控政策实施效果大打折扣。还有一些小城镇，在推进新型城镇化建设的时候，过度依赖土地财政，未能做好产业发展融资工作等。

从这个角度来看，在推进新型城镇化建设过程中，需要统筹房地产政策调控，既要坚持“房住不炒”，杜绝过度依赖房地产行业，又要扎实推进积极稳定的房地产政策，引导房地产市场发展与新型城镇化建设相协调。

具体来说，要做好以下三个方面：

第一，要保证房地产市场发展与区域内城镇化水平相适应。房地产行业是新型城镇化的重要物质载体，在推进新型城镇化战略过程中，既要坚持城乡统筹发展，推进城乡产业结构调整与协调发展；又要注重房地产行业与相关产业的发展协调：如果房地产发展滞后，会影响到新型城镇化的进程；如果房地产行业发展过快，则会出现社会资源和能源的浪费，不仅会推升房价，还会透支社会未来发展潜力。

第二，加快构建“多主体供给、多渠道保障”的住房供应体系。新型城镇化建设应坚持“以人为核心”，在稳房价、稳地价、稳预期的基础上，需要面对多元化的消费诉求，结合养老、教育、医疗等多方面因素，落实新型城镇化相关任务，统筹租售两个市场，构建“多主体供给、多渠道保障”的城镇住房供应、保障体系。

第三，落实生态文明理念，统筹智慧、低碳、绿色节能的发展要求。新时代，绿色、低碳、智慧生活成为时代发展主流，在新型城镇化建设中，需要注重节能减排、绿色低碳、大数据技术的运用，合理规划住房保障与生态城镇建设，将智能生活圈、宜居生活圈作为房地产转型发展的目标。

（三）新型城镇化所带来的机遇

在新型城镇化推进过程中，会伴随着区域内的产业、人口、财政资源向城镇集中，人们的生活方式、基础设施、公共服务都会随之而改变，将释放出巨大的需求潜能。这些需求潜能释放的过程，也是城镇化发展的机遇所在。

国家统计局数据显示，2021 年，城镇居民人均消费支出 30307 元，农村居民人均消费支出 15916 元。尽管城乡居民收入差距逐渐缩小，但城镇居民的人均消费支出仍是农村居民的两倍左右。伴随着新型城镇化的推进，城镇人口的增加，我国整体消费规模和能力都将迎来进一步的提升。

具体来看，新型城镇化建设主要的机遇有：

一是基础设施建设与改造升级。新型城镇化以提升城市发展质量为目标，注重城市交通、通信、教育设施、医疗卫生设施，以及市政基础设施的高质量建设。同时，要完善社会福利设施与社区综合服务设施等，补齐短板，提升新城镇化后，居民对于高品质生活的满足感。

从具体实施上看，在新城镇化建设中，政府一方面会解决投融资问题，为基础设施建设、社会公共服务建设注入动力；另一方面，会出台相关政策，引导相关产业企业落地，做实新城镇产业生态，解决居民的就业问题。此外，在新城镇建设过程中，还会存在老旧小区改造、生态环境治理、产业升级与技术创新等问题。新城镇化政策实施过程中，同样需要企业参与，完成相关配套工作。

总体来看，新城镇化是一个历史任务，也是一个复杂的系统工程。在这一过程中，需要不断完善要素市场供给、分配，协调统筹人口、土地、投融资多个领域的改革，培育地方产业优势，构建可持续的“投融资＋产出”的产业机制，形成经济良性循环。

二是生态建设与文旅产业。新城镇建设中需要妥善处理好产业发展与环境保护之间的辩证关系。首先，不能像以往那样设立各种产业，只顾经济发展不管环境保护，需要整体规划地区产业发展与生态环境保护；其次，要统筹产业竞争优势与地方就业，既为地方经济发展注入活力，同时也要保证城镇化后劳动就业率；最后，要结合地区优势，积极发展文旅产业。

在新城镇化建设中，文旅产业作为低能耗、高就业、高附加值产业，在拉动内需、扩大就业、弘扬区域文化等多个方面都有着重要的作用，能够起到串联供需两端，推动经济循环的作用，是新城镇化建设中不可或缺的一环。

三是养老、体育、健康等产业发展。新型城镇化建设并非只是简单的经济发展规划，还需要一整套的生活配套服务产业。其中，尤以养老、健康、体育等产业为甚。

以老龄化为例，近些年，随着城乡社会经济快速发展，农村老年人的物质生活得到了较大的改善，老年人群体对于精神文化生活的追求越来越高。我们在新型城镇化推进过程中，不仅要满足老年人的物质生活与服务体验，更应该注重对于老年人群体精神生活的保障和满足，着重引入一些带有老年人群体特征的精神文化企业。

（四）新型城镇化建设下的企业发展规划

在新型城镇化过程中，企业扮演着重要的角色：一方面，企业是技术创新的主体，应不断强化自身技术创新、运营创新、服务创新。另一方面，要找准自身的产业定位，顺应政策趋势，发挥产业集群优势，不断提升大众消费满意度。

新型城镇化建设的实施，为众多企业提供了发展机遇，尤其是在《关于推进以县城为重要载体的城镇化建设的意见》出台后，新型城镇化建设进程加快，更多的发展机遇将不断涌现，成为企业新的利润增长点。

对于企业而言，在新型城镇化进程中，需要统筹自身发展特征、产业链条分布与行业发展趋势，把握发展机遇，合理推进平台自身发展。

第一，推进技术创新，完善城乡产业链。在新型城镇化进程中，企业需要不断推进自身技术创新和产业链条的完善，满足新型城镇化下消费升级的需求，并在这一过程中推进技术创新，强化自身竞争优势。一方面，企业需要结合市场需求推进自身技术创新、产品创新、服务创新，面向新型城镇化建设过程中的基础设施建设、社区配套服务提供优选解决方案和产品，提升大众生活质量，塑造平台市场口碑。另一方面，企业需要在完善、优化产业链的过程中，根据自身产品特点、产品类型、市场需求特征，逐步构建起完整的营销体系，搭建起自身的消费圈子，从生产、营销、消费、反馈服务等多个环节强化竞争优势。

第二，立足农业升级，优化土地利用。新型城镇化建设不可避免地要涉及土地的管理与开发。在实现新型城镇化的过程中，一方面，相关企业要重点规划农业现代化的机械设备研发，引进并开展农业科学技术工作，在新型城镇化的过程中同步跟进农业现代化、集约化管理水平。另一方面，相关房地产企业应立足于土地高效利用与城镇化实际需求，配合相关机构制定合理的土地开发建议与规划，特别是在规划方案中，明确自身项目的独特优势与区别特征，强化项目社会意义与投资价值的统一。

新型城镇化建设关系到国内农村地区土地承包制度的转让，企业需要制订合理、完善的项目实施方案，尊重农民权益，妥善处理好资源的协调与配置。

第三，遵循区域政策，完善发展规划。政策性因素是企业制定自身发展规划时重要的参考要素。企业在制定自身发展规划时，应确保能够按照新型城镇化规划内容和情况，结合当地发展的独特区位因素，设计专属的企业自身发展规划。对于企业而言，应尽量规避与所属区域新型城镇化建设规划相冲突，预防出现与地区规划相矛盾的问题，以免对企业自身规划方案的落实效果造成不利影响。

不难看出，在新型城镇化过程中，企业扮演着非常重要的经济角色，同时也面临着绝佳的发展契机。为适应新型城镇化的发展要求，企业需要不断地强化自身技术水平，创新技术发展和经营方式，确保能够在新型城镇化建设进程中，加快企业的经济发展速度，为自身后续的健康、稳定、进步夯实基础。

05 “双碳”目标倒逼绿色转型

作为生态文明建设的倡导者与践行者，2020 年 9 月，中国正式对外宣布：力争于 2030 年前，使二氧化碳排放达到峰值，2060 年前实现“碳中和”。“双碳”目标的确认，是党和国家统筹国内、国际两个大局做出的重大战略决策，也是推动高质量发展，构建新发展格局的内在要求。“双碳”目标的确认，明确了未来国内产业发展的主基调，同时也在倒逼相关企业转型升级，构建绿色供应链已经成为企业发展的新选择。而就企业自身来说，关键是要有一份完整的绿色低碳发展规划，推动自身技术创新。

（一）“双碳”目标的内涵

从本质上看，“双碳”目标是一场广泛而深刻的经济社会系统性变革，是对国内产业结构、能源结构的一次重大调整。在这个过程中，技术创新重点将从“效率优先”转变为“循环可持续”，并伴随着人们价值理念、生活方式、消费偏好的调整与变化。

首先，“双碳”目标是供给侧结构性改革，实现高质量发展的必然要求。改革开放四十多年来，国内经济快速发展，人民生活水平快速提升。同时，国内经济发展也面临着传统制造业占比较高的问题，战略性新兴产业、高新技术产业发展有待提升。“调结构”“促转型”的任务仍然比较繁重。

以“双碳”目标为突破口，推动国内产业链、供应链向中高端迈进，持续发展壮大绿色低碳产业，形成新的产业发展动能和市场需求，拓展经济发展空间，已经成为当下国内经济发展的一个重要的可持续增长点，并引领未来经济社会发展。

其次，“双碳”目标也必然会带来消费偏好、消费理念的转变。“双碳”目标的提出，展现了我国在国际社会上的大国担当，也是我国践行“人类命运共同体”发展理念，积极应对气候变化的重要举措。全面推进“双碳”目标的实现，需要大众践行绿色低碳的生活方式，注重实现社会发展绿色转型，尊重生态环境规律，更好地理解人类命运共同体理念。

最重要的是，“双碳”目标的实现带动了整个经济社会的系统性调整。以往，我国产业分布以劳动密集型产业为主，并在相当长的时间内促进了经济增长。但随着国内劳动力价格的上升，以及生态环境的恶化，再加上一些国家、组织在国际市场上对我国企业实施的技术性壁垒与反倾销调查等，让我国面临着较大的技术创新压力。

与此同时，全球经济环境变量较多，国际资本也更多地集中在增值空间较高的高新技术领域和企业，如苹果、亚马逊、特斯拉等技术创新企业吸引了众多投资者的青睐。国内资本市场正处于深度变革中，通过技术创新吸引和利用外资，对于国内产业发展、资本市场顺利变革都有着十分重要的意义。

（二）如何推进“双碳”目标的实现

“双碳”目标的实现关键要看技术创新，一方面要发展绿色低碳技术，推动供给侧绿色改革，转变社会生产方式。另一方面，要强化绿色能源研发与生产，以可再生能源替代化石能源消费，积极构建新能源消费体系，推进生态优先、绿色低碳的能源消费。

具体来看，需做好以下三个方面：

一是推动产业结构的绿色转型。以绿色低碳技术推进供给侧结构性改革，着重推动钢铁、冶金、石化等行业的“碳达峰”，切实减少工农业生产过程中的碳排放。同时，积极培养战略性新兴产业，大力发展第三产业，培育并推动产业结构的绿色转型。其中，推动智能通信技术、大数据技术与绿色低碳技术的深度融合，引导原有的工业企业向集约化、低碳化发展转型至关重要。

二是实现能源结构的绿色转型。要在保障供给的前提下，控制化石能源增长速度，并早日实现化石能源消费达峰。同时，积极发展天然气、核电、风电、水电、太阳能等非化石能源，逐渐提升相关能源所占比重，改善能源结构，形成“少排碳”“不排碳”的能源供给与使用模式。

三是完善“双碳”政策体系。一方面，国家要出台相关的“双碳”实施政策，对于财政补贴、生态补偿等设立明确的生态补偿条例，并建立完善水权、用能权、碳排放权、排污权交易等生态环境权益市场化运作机制，完善碳排放权交易制度。另一方面，企业需要遵循国家政策要求，完善自身产品体系，加强生态产品资格认证。在引领行业发展的同时，以高质量生态产品打造客户口碑，赢得消费者的认可。

（三）“双碳”目标下的投资机遇

落实“双碳”发展目标，关键是要通过政策扶持、投资实现能源结构调整，将在此过程中出现的新技术、新模式转化为生产要素，推动产业升级。在这个过程中，企业可以把握的机遇有很多：

第一，引领能源转型技术创新。企业应大力推动清洁能源技术领域的技术研发，尤其是风电、光伏等新能源产业链，未来发展空间较大，相关投资具有很好的回报价值。

企业可以根据自身平台发展特征，匹配行业发展趋势，建立健全自身绿色低碳发展规划，促进自身生产、存储、物流等多个环节的全面绿色转型。对于一些传统能源企业而言，需要不断优化自身能源利用效率，清洁利用技术，推进自身能源结构的不断调整。

第二，积极布局创新产业模式。关注智慧通信、大数据与新能源技术的整合，尤其是在智慧电网、大数据管理等方面应保持足够的技术关注。积极把握技术发展方向，带动业务创新、模式创新。

“双碳”目标下，除技术变革外，还有业务模式、产业模式的调整与升级。特别是在大数据、AI 智能、5G 通信、物联网、智慧城市等技术加持下，推动能源生产的清洁化、能源消费的绿色可循环。在新能源汽车、新能源物流、新能源发电等多个领域建立自身的技术优势和竞争优势，积极布局全新的产业生态。

第三，“双碳”目标下的国际合作。助力国家“双碳”目标的实现，需要完善并强化金融市场体系建设、创新绿色金融产品、健全绿色金融组织机构、完善绿色金融体系等，此外，还需要注重强化国际合作，加大技术交流与碳排放权交易，拓展海外发展空间。

对于企业而言，要立足于自身技术创新，主动参与国际间的能源交流与合作，特别是碳排放权交易。同时，积极推进绿色金融改革创新，更好地参与“双碳”金融国际合作，在助力国家“双碳”目标的实现中担当探索和示范的历史重任。

（四）企业应该怎么做

“双碳”目标的确立叠加全球新能源技术创新使低碳发展成为未来发展的主流趋势，技术创新与发展已经成为企业确立自身竞争优势的关键所在。在“双碳”目标下，顺应产业发展趋势，推动企业自身发展，需要以技术创新为基础，通过产业创新、国际合作拓展发展空间，释放企业发展潜力。具体来说，企业需做好以下三个方面：

首先，做好自身“双碳”规划。全球性“碳达峰、碳中和”阶段性目标的确认，尤其是科技创新、政策创新的推动，加速了“双碳”相关技术的商业化。未来，先进能源和低碳技术将成为国内外下一轮科技前沿、市场重点和竞争新高地，也是企业发展的关键所在。

对于国内企业而言，需要有一份明确的“双碳”目标发展规划，既要严格控制平台高耗能、高排放项目的盲目扩张，同时也要结合自身企业行业定位、所属产业链，加快发展新一代信息技术、生物技术、新能源、新材料、高端装备、新能源汽车、绿色环保以及航空航天、海洋装备等战略性新兴产业，提高能源使用效率，实现平台生产、运输等环节的绿色、环保。在强化企业自身技术创新能力的同时，也要主动引导自身技术创新与国家相关政策的有机整合，借助国家政策优势，形成企业在关键技术上的突破，共同为“双碳”目标的实现努力。

其次，用技术创新解决转型之“痛”。“双碳”目标的确立明确了未来国内产业发展、企业发展的主基调，也明确了技术创新在企业未来发展、行业竞争中的关键作用。

就当下经济发展环境而言，一方面，以苹果、奔驰等国际性龙头企业为例，它们已经提出了自身整个链条的“碳中和”。这种以龙头企业为核心，对于整个产业供应链的各个企业提出“减碳”“减排”的要求，通过核心技术企业的带动，形成全产业协同降耗、减排成为未来相关产业发展的一个主要趋势。另一方面，从属于产业链条上的相关企业，需要通过自身的努力，进行大量的技术创新，致力于提高绿电比例、氢能利用率、化石燃料替代比例等，并在大数据技术、人工智能、5G 通信技术等方面进行创新，既保障生产效率又提高能源和资源效率。

最后，积极开展国际合作。随着“一带一路”“人类命运共同体”等战略的实施，“碳达峰、碳中和”已经成为国际间技术交流与合作的主要内容，不仅关系到技术创新水平的提升，还关乎全球经济发展、人类社会未来共同的命运与发展。与欧美发达国家相比，国内“碳达峰、碳中和”起步较晚，无论是国家政策规划，还是企业技术创新，都存在着相当大的差距。对于国内企业而言，要实现“双碳”目标，既要强化自身技术创新与研发，同时还要加强相关领域国际间的技术交流与合作，要跟一流企业、一流科学家、工程师进行交流与合作，进一步提升技术竞争优势。

在进行国际交流合作的同时，还要特别关注相关国家的政策变化。以欧美为例，欧盟、美国已经开始着手出台“碳关税”，这对于从事国际贸易的企业来说是一个全新的挑战。因此，对于业务范围涵盖国际市场的企业来说，需要强化与相关贸易合作伙伴的交流，积极参与国际贸易规则、贸易标准的制定，发出中国声音，助力国内企业的发展。

总之，实现“双碳”目标，推进国内产业结构的绿色转型是一个长期任务，不能够一蹴而就。相关企业在实现“碳达峰、碳中和”目标过程中，要坚持稳中求进、逐步实现，迈入高质量发展轨道，才能合力谱写好绿色发展新篇章。

06 “中国智造2035”引领技术创新

制造业是兴国之器，也是强国之基。自2010年以来，国内制造业增加值已连续12年位居世界第一。2008年次贷危机后，欧美各国普遍认识到制造业在国民经济中的重要性。以重振制造业为核心，各国纷纷推出“再工业化”发展战略，以发展智能制造为着力点，不断强化在先进制造领域的领先优势。我国也在大力推动制造业转型升级，出台了《“十四五”智能制造发展规划》，提出到2025年，规模以上制造业企业大部分实现数字化、网络化，重点行业骨干企业初步应用智能化；到2035年，规模以上制造业企业全面普及数字化、网络化，重点行业骨干企业基本实现智能化，以加快国内制造业的智能化转型，抢占技术制高点。

（一）国内制造业发展特征

没有完善的工业、制造业体系，就没有国家的经济安全，也没有国家的强大与繁荣。

目前，国内制造业主要呈现出以下特征：

一是门类齐全，规模优势明显。经过数十年的发展，国内制造业成绩斐然。目前，中国是全球唯一拥有联合国产业分类当中全部工业门类的国家，具有完整的制造业供应链，在世界500多种主要工业产品当中，有220多种产量全球第一。

此外，得益于庞大的国民经济规模，国内制造业规模优势非常明显，特别是完整的产业链和产业协同使得不同产业间互为市场，相互补充，不断优化制造业内在结构，强化整体竞争优势，并使制造业保持一定的基本比重成为可能。

二是极具国际制造业投资吸引力。2008 年后，尽管欧、美、日等主要发达国家和地区纷纷推出制造业回流政策，东南亚、印度等国家和地区也纷纷推出自身的制造业发展规划，但国内制造业在基础设施和配套企业上的完备性让国内制造业在国际制造业投资上依然极具吸引力。

考虑到国内数量众多的技术研发人员，以及规模庞大且仍迅速增长的本土市场，国内制造业仍有着非常可观的发展潜力，并持续吸引国际制造业投资的涌入。

三是技术优势明显，国家政策规划支持。目前，国内制造业，如高铁、航天、5G、大数据计算、新能源汽车等很多领域都极具技术优势，并且取得了举世瞩目的成就，相关行业具备持续引领制造业高质量发展的技术基础能力。而在人工智能和大数据等新一代数字技术领域，国内制造业同样发展迅速。以人工智能领域为例，2019 年底，国内人工智能领域技术专利已经超越美国，成为全球第一。

这种快速发展的技术优势得益于国家相关政策的持续支持。尤其是在“十四五”规划和 2035 年远景目标纲要中，国内制造业进一步明确了实现高质量发展的基本目标。相较于“十三五”期间提出的“进一步提高服务业比重”，“十四五”规划更加注重实体经济，特别是制造业经济的高质量发展，尤其是工业技术上的创新。

（二）“中国智造 2035”带来的发展机遇

“十四五”规划中再一次明确要提升制造业核心竞争力。“中国智造 2035”的提出是国内制造业发展的必然趋势，也是强化制造业竞争力的内在要求，更是实现国民经济稳健、持续发展的重要着力点。

在“中国智造 2035”推进过程中，同样蕴藏着非常大的制造业发展机遇：

第一，产业基础再造。实现“中国智造 2035”的既定目标，需要夯实核心制造业基础，尤其是在基础零部件、基础电子元器件、关键基础材料，以及基础制造工艺上补齐短板，完善市场匹配机制，进而实现产业基础再造。

自党的“十八大”以来，国内基础制造业得到了全面的强化。一方面，强化核心技术攻关，实现产业链的现代化升级，培育优质企业。另一方面，加大制造业领域对外开放力度，如新能源汽车领域引进特斯拉，强化行业技术竞争，不断夯实关键制造业领域的产业基础。

第二，实现智能化、数字化转型。作为“中国智造 2035”的主攻方向，发展智能制造已经成为国内制造业企业发展共识。截至 2021 年，国家已经先后成立了 21 家国家级制造业创新中心，2 家国家地方共建中心，带动各地培育建设 203 家省级中心，支持国内制造业向智能化、数字化转型。

在这一过程中，有条件、有实力的国内制造业企业可以通过加大研发投入，不断深化自身数字化、网络化、智能化变革，加快企业的数字化转型，形成一批行业内龙头企业。

第三，推动制造业集群发展。在“中国智造 2035”提出后，围绕大数据计算、人工智能、5G 通信等诸多涉及工业基础、重大技术装备等重点领域，国家提出了一系列提升制造业核心竞争力的政策：强化在数字经济、制造业深度融合等领域的前瞻性布局，强化国内制造业的核心竞争力。

在专项实施中，相关政策采取“赛马”机制，在通信、高端装备、新能源汽车、新材料等领域培育一批国家级、省级先进制造业集群，打造区域制造业发展极。

第四，大力改造提升传统制造业。国内制造业连续 12 年位居世界第一，不仅门类齐全，而且产业间配套机制完备，具备很强的国际竞争力。不过，相较于欧、美、日等发达国家和地区，国内制造业的整体竞争力还是存在着一定的差距，特别是在关键性的传统产业上，缺乏高端技术支持，产品质量竞争力弱，已经成为影响国内制造业升级的制约因素，必须要补齐这些短板。

在“中国智造 2035”中明确提及，要“实施传统产业改造提升行动，紧扣数字化、绿色化、高端化发展方向，引导和支持工业母机、船舶、医疗装备、农机装备等产业加快向技术先进、产品高端升级，扩大优质产品供给”。通过大数据、智能化技术大力改造、实现传统制造业的转型升级，提升生产效率和国际竞争力。

第五，加大优质企业培育力度。值得注意的是，加大优质企业培育力度是实现“中国智造 2035”的重要途径。一方面，可以通过兼并重组，加快培育一批极具行业竞争力的企业。另一方面，积极落地“专精特新”的发展策略，培养一批掌握行业“独门绝技”的中小企业。

自 2018 年以来，国内先后培育“专精特新”企业 4 万多家，掌握关键技术的中小企业 4762 家。其中，90% 以上的“小巨人”企业集中在“四基”领域，即核心基础零部件、关键基础材料、先进基础工艺、产业技术基础领域。这些企业在国民经济活动中发挥着不可替代的作用，成为国内产业链条优化升级的重要支撑。

（三）企业如何参与“中国智造 2035”

“中国智造 2035”是一项系统工程，国内企业是实现这一系统工程的活动主体。对于企业而言，推进制造业高质量发展，不仅立足行业角度，遵循相关产业政策，统筹国内国际两个大局，实现制造业的转型升级，还要从企业自身出发，强化技术创新，培育竞争优势。具体来说，需要做好以下三点：

首先，补短板，突破关键技术，夯实制造业基础。“中国智造 2035”提出后，国内实施了十大领域四基“一揽子”重点突破行动及重点产品和工艺“一条龙”应用计划，重点突破一些关键核心技术、零部件，制造工艺，摆脱对海外市场的依赖，增强国内产业链独立性。具体来说，国内企业需要强化在基础制造业上的关键技术突破。以信息技术为例，国内企业需要强化自身在芯片制造、光刻机生产、液晶屏等制造业领域关键产品、关键技术的研发，切实解决国内制造业发展的“卡脖子”问题，夯实制造业基础。

其次，锻长板，通过技术创新，助力产业链转型。为巩固国内制造业的竞争优势，在“中国智造 2035”实施过程中，要进一步强化在高铁、载人航天、探月工程、量子通信、大飞机、载人深潜、射电望远镜、超级计算机、5G 研发等制造业领域的技术创新，抢占行业制高点。对于国内企业来说，一方面，要继续强化大数据、云计算、物联网等新一代信息技术向制造业的渗透，赋能业务模式创新。另一方面，要通过技术创新，持续推进相关产业的发展，拓展产业链条，助力产业转型。

最后，重塑产业链，实施“产业链 + 创新链”协同发展。“中国智造

2035”的未来是智能化、数字化，国内企业需要积极拥抱制造业智能化、数字化转型的契机，提升产业链的现代化水平，重塑产业竞争优势。

在梳理国内制造业发展趋势的基础上，企业应与高校、科研院所等开展密切合作，以产业链和技术发展的需求为导向，在基础研究、技术创新和产业生态研发上密集发力，高效整合产、学、研、用优质资源，实施“产业链＋创新链”协同发展，提升产业链条的整体价值。

在智能制造的浪潮中，国内企业需要积极拥抱数字化转型的浪潮，把握制造业转型升级中的发展契机，助力国内制造业的整体转型，在强化整体竞争优势的同时，帮助我国从制造业大国转向制造业强国。

第三章

产业篇：赛道转换新逻辑

“产业兴则国兴，产业强则国强。”目前，我国在很多产业上实现了对发达国家的赶超，但这种赶超往往是规模上的赶超，在质量、效率、品牌、前沿技术等方面尚有不小的差距。国家高度重视产业发展与产业安全，采取多项措施推动数字经济、新能源等产业整体进步。同时，我国超大规模市场优势、“双循环”发展战略及新一轮科技革命等利好因素，也为相关产业的发展创造了新的发展机遇。在经济的持续发展、产业的优化升级过程中，也孕育着大量的投资机会，需要我们洞察市场，把握产业风向，觅得投资良机。

01 数字经济成经济发展关键力量

当前，我国经济已经由高速增长阶段转向高质量发展阶段，即从以往追求数量的快速扩张，转为更注重发展的质量与效益。作为新一轮科技革命与产业革命的战略选择，数字经济通过“数字”赋能，将“数字”基因注入到经济的各个领域，有力推动了各个产业的数字化转型，推动了数字的产业化进程，成为驱动我国经济高质量发展的核心关键力量。

（一）数字经济的定义

数字经济是当前的热门词汇，但业内长期以来一直未对数字经济的概念形成统一界定。2016 年 G20 杭州峰会时，《G20 数字经济发展与合作倡议》对“数字经济”给出极具代表性的定义，认为“数字经济是指以使用数字化的知识和信息作为关键生产要素、以现代信息网络作为重要载体、以信息通信技术的有效使用作为效率提升和经济结构优化的重要推动力的一系列经济活动”。

2021 年 5 月，国家统计局在印发的《数字经济及其核心产业统计分类(2021)》(以下简称《数字经济分类》) 中，进一步明确了数字经济的概念界定和分类范围，指出“数字经济是指以数据资源作为关键生产要素、以现代信息网络作为重要载体、以信息通信技术的有效使用作为效率提升和经济结构优化的重要推动力的一系列经济活动”。这一定义，精准阐明了数字经济的“三驾马车”——数据资源、现代信息网络及信息通信技术，以及目标使命——“提升效率和优化经济结构去推动一系列经济活动”。

对于数字经济的分类，业内一般将其分为两部分，即数字产业化和产业数字化。《数字经济分类》从“数字产业化”和“产业数字化”两个角度，界定了数字经济的产业范围，将其分为数字产品制造业、数字产品服务业、数字技术应用业、数字要素驱动业、数字化效率提升业五大类，其中，前四大类为数字经济核心产业，对应数字产业化部分，是数字经济发展的基础；数字化效率提升业为产业数字化部分，是数字技术与实体经济的融合。

（二）数字经济是推动经济高质量发展的重要引擎

数字经济已成为国家间开展战略竞争的前沿阵地，我国高度重视数字经济发展，将其上升为国家战略，从国家层面部署推动数字经济发展，出台了多项政策举措。我国还拥有超大规模市场优势，全球规模最大的网民数量，以及超过 1.5 亿户的市场主体，使我国数字经济主体仅靠国内市场就能获得更多的成长空间和市场机会，有助于在全球竞争中赢得主动。在上述有利条件下，我国数字经济快速发展，对整体经济的“赋能”作用不断增强，已成为推动经济高质量发展的主推力。

我国数字技术创新能力取得长足进展。2021 年，国内发明专利有效量增长最快的两个领域是信息技术管理方法和计算机技术，分别同比增长 100.3%、32.7%。国内基础性、通用性技术研发取得重要进展，集成电路制造装备和材料加快发展，基础软件取得一定突破，5G、人工智能、高性能计算、量子计算等领域取得一批重大科技成果。我国还拥有国际领先的头部数字企业，入围 2021 年《财富》世界 500 强的企业中，有 7 家是互联网公司，其中有 4 家来自中国。

信息基础设施建设规模全球领先。国家互联网信息办公室发布的《数字中国发展报告（2020 年）》显示，我国已建成全球规模最大的光纤网络和 4G 网络，5G 网络建设速度和规模位居全球第一，移动互联网用户接入流量由 2015 年底的 41.9 亿 GB 增长到 2020 年的 1656 亿 GB，国家域名数量保持全球第一位，互联网协议第六版（IPv6）规模部署取得明显成效，北斗三号全球卫星导航系统开通，全球范围定位精度优于 10 米……

数字经济持续领跑国民经济。2020 年我国数字经济同比增速达 9.7%，是同期 GDP 增速（2.3%）的 4 倍多。持续的快速增长，使数字经济在国民经济中的地位越发突出：我国数字经济增加值由 2005 年的 2.6 万亿元，扩张至 2020 年的 39.2 万亿元，GDP 占比由 14.2% 提升至 38.68%，数字经济已成为我国经济增长的强劲动能。有分析认为，2020—2026 年，中国数字经济年均增速将保持在 15% 左右，到 2026 年，数字经济规模有望突破 95 万亿元。此外，我国数字经济还呈现明显的“二八”比例分布，产业数字化快于数字产业化。在 2020 年的数字经济增加值中，数字产业化规模 7.5 万亿元，占比为 19.1%；产业数字化规模 31.7 万亿元，占比达 80.9%。

数字经济已经成为重塑生活方式与经济发展模式的主导力量。当前，数字技术渗透到衣、食、住、行、游、购、娱等各个领域，在我国主流消费场景全面普及，人们的消费形式更加多元化、消费行为更加数字化。与此同时，数字技术还加速向各行业融合渗透，在重塑经济结构、强化产业协同、提升运行效率之余，还通过“上云、用数、赋智”帮助打造数字化企业，引发企业生产、管理、运营等方面发生深刻变革，助力企业高质量发展。

案例

上海宝信软件股份有限公司依托宝钢的信息化经验，打造钢铁行业的通用软件，成为国内钢铁信息化龙头，并积极向工业软件与工业互联网平台市场发展。石化盈科信息技术有限责任公司凭借中国石化的平台资源，将 ICT 技术与传统产业结合，发展成为能源化工行业全产业链信息化解决方案和产品的提供商，通过成立专门对外业务拓展部门，向煤化工、精细化工等领域全面拓展。

（三）新的发展利好助推数字经济发展

近几年，在新冠肺炎疫情、“双循环”战略、“双碳”目标等因素的影响下，我国数字经济面临一些新的利好因素。

一是新冠肺炎疫情成为数字化转型的“催化剂”。在新冠肺炎疫情冲击下，经济社会发展受到抑制，但也在一定程度上推动了经济社会的数字化转型进程，以5G、大数据、云计算、人工智能等为代表的信息技术在新冠肺炎疫情研判、诊疗救治、人群防控、便民服务中得到大量应用，成为新冠肺炎疫情防控与经济发展的有力武器。新冠肺炎疫情还重塑行业风向，数字化转型从之前的“可选项”变为“必选项”，企业传统的业务形态、生产方式与运营模式等发生深刻变革，设计、生产、运营等环节实现全过程的数字化连接与展现，生产经营质量、效率和效益全面提升。传统工作与消费方式也发生转变，网络应用需求激增，移动办公、直播带货、线上娱乐、网络医疗等爆发式增长，并在新冠肺炎疫情后时代延续。

二是“双碳”目标成为推动数字经济发展的“助推器”。实现“双碳”目标，必须依靠科技创新，数字技术在其中发挥着不可替代的作用。一方面，数字技术与能源产业融合应用，深刻改变着能源生产、输送、储能、交易、消费及监管等各个环节，有助于提升能源生产效率，降低能源消耗，助力能源结构绿色低碳转型。另一方面，促进数字技术和制造业、交通、建筑等行业生产技术的融合，协调推进高效生产和节能减排，助力生产过程向清洁低碳的方向发展。此外，做好数字技术自身的低碳绿色发展，以数据中心、5G为代表的新型基础设施在建设过程中会产生大量的能源消耗，通过实施“东数西算工程”，利用西部气候条件、区位特点构建数据中心、云计算、大数据一体化的新型算力网络体系，可有效降低新型基础设施能耗。

三是“双循环”战略为数字经济发展按下“加速键”。我国已从高速增长阶段转向高质量发展阶段，以往那种高度依赖外部市场和外循环的发展模式难以为继，必须更多依靠国内市场，数字经济在助推“双循环”过程中发挥着重要作用，数字化技术的运用可降低交易成本、提高资源配置和市场交易效率，同时，网上购物、直播带货的快速发展，也让国内消费变得更加便捷高效。此外，当前经济全球化遭遇逆流，美国对我国高新技术特别是信息技术领域进行打压，我国在芯片、工业软件等领域面临“卡脖子”困境，为提高产业安全，掌握发展主动权，国家提出增强产业链供应链自主可控能力，推出促进集成电路产业和软件产业等发展的政策方案，在财税、投融资、研究开发、知识产权、市场应用等方面给予一定优惠，包括人工智能、量子技术和半导体等在内的领域前景广阔。

（四）数字经济带来的投资机遇

多年来，数字经济一直是市场上的投资热点，且随着技术的演进、生产生活方式的变革各板块依次进行轮动。最初，中国数字经济靠消费端发力，移动通信、电子商务、“互联网 +”、共享经济依次火爆，中国在消费互联网时代快速增长。如今，中国数字经济开始在生产端发力，进入以产业互联网为主导的下半场，结合未来发展趋势，以下几个方向值得重点关注：

一是工业互联网。作为新一代信息技术与制造技术深度融合的重要载体，工业互联网是实现产业数字化转型的关键基础。国家高度重视工业互联网，早在 2017 年 11 月国务院便印发《关于深化“互联网 + 先进制造业”发展工业互联网的指导意见》，2018 年“工业互联网”首次写入政府工作报告，此后连续五年进入政府工作报告。工信部接连印发《关于推动工业互联网加快发展的通知》等政策文件，为我国加快工业互联网创新发展提供了行动指南。各地方政府也陆续出台政策规划推动工业互联网行业发展，目前已有 30 余个省市明确了对“工业互联网”方向的政策支持。工业互联网不仅有国家政策的支持，也有市场的现实需要。现阶段我国制造业的人力成本优势逐步消失，且人口老龄化不断提升、出生率不断下降，制造业成本跃升、产业效率不足等问题越发明显，工业互联网的应用，有助于推动企业降本、增效、提质。有专家预测，未来 15 年产业规模将超 11 万亿元。

二是智慧能源。近年来，我国同时面临着能源环境和经济发展的双重压力，以 2021 年为例，在经济本就下行的情况下，我国多次出现“拉闸限电”情况，使得经济压力进一步增大。在能源革命与数字革命相融并进的大背景下，深度应用互联网、大数据、人工智能等信息技术，支撑传统能源基础设施升级及信息系统建设的智慧能源，成为能源转型下的重要选项，它的运用，不仅能够满足多元化用能需求、有效提升能源利用效率，还能产生巨大经济效益，前景广阔。业内预计，到 2025 年智慧能源规模将达到 1600 亿元，市场空间较 2019 年扩大一倍，2027 年智慧能源投资规模将超过 2000 亿元。

三是数据中心。在数字经济时代，数据就是生产力，而数据中心则是经济高质量发展的“数字底座”。2020 年 3 月 4 日召开的中央政治局常务委员会会议提出，“加快 5G 网络、数据中心等新型基础设施建设速度”，数据中心由此被中央纳入“新基建”，国家出台了多项政策鼓励数据中心发展，各地也根据自身定位制定了数据中心建设规划，大力推进数据中心建设，2022 年 2 月，四部门联合发文宣布“东数西算”工程正式全面启动，我国数据中心迎来更大的发展机遇。受数字中国、新基建及数字化转型等因素驱动，我国数据中心业务收入持续高速增长，近 3 年复合增长率均超过 30%，2021 年数据中心行业市场收入为 1500 亿元左右。随着各地区、各行业数字化转型的深入推进，我国数据中心市场收入将继续保持增长态势。

02 新能源行业迎来政策红利

气候变化是当前全球最为关注的议题之一，作为近年来节能减排力度最大的国家，中国为应对气候变化做了大量卓有成效的工作。2020年，我国宣布力争2030年前达到碳峰值，2060年前实现碳中和，彰显出我国积极参与全球气候治理的大国担当。实现“双碳”目标，需要从节能减排开始，新能源在此过程中发挥着不可替代的作用。近年来，国家出台了一系列支持新能源发展的政策，受此推动，我国新能源行业快速发展，现已成为利用新能源的第一大国。

（一）政策利好新能源行业发展

加快发展新能源，对于确保我国能源安全、实现经济高质量发展有着重大的现实意义和促进作用。此外，实现“双碳”目标，在短短十年的时间里达到碳排放峰值，之后更要在三十年的时间里实现碳中和，时间紧迫、任务繁重，这也意味着新能源的发展必须进一步换挡提速。国家在新能源方面密集出台了多项政策措施，助推新能源行业发展：

“十三五”规划指出，支持新能源汽车等领域的产业发展壮大，实现新一代光伏、大功率高效风电、生物质能、氢能与燃料电池等核心关键技术突破和产业化。“十四五”规划则强调，聚焦新一代新能源、新材料、新能源汽车、绿色环保等战略性新兴产业；在氢能与储能等前沿科技和产业变革领域，组织实施未来产业孵化与加速计划；加快发展非化石能源，非化石能源占能源消费总量比重提高到20%左右；支持有条件的地方和重点行业、重点企业率先达到碳排放峰值……从最近两个五年规划可以看出，国家对于新能源的发展既有继承也有创新，在一如既往注重新能源技术与产业发展的同时，还制定了明确的发展路径、目标与任务举措，通过新能源产业的孵化促进产业发展，强调结合“双碳”目标、绿色低碳发展需求，推动新能源的开发和利用。

此外，国家多个部委也印发通知，推动新能源发展。2017 年 4 月，国家发展改革委、国家能源局联合印发《能源生产和消费革命战略（2016—2030）》，提出推动能源供给革命，构建清洁低碳新体系，指出实现增量需求主要依靠清洁能源，推动非化石能源跨越式发展；2021 年 11 月，工信部等四部门联合印发《关于加强产融合作推动工业绿色发展的指导意见》，提出支持新能源、新能源汽车等关键技术突破及产业化发展，推动电能、氢能、生物质能替代化石燃料，提升新能源汽车等产业链水平，加快充电桩、换电站、加氢站等基础设施建设运营……可见，国家对新能源的认识在不断加深，且根据新的形势与要求推动新能源与时俱进。

在新能源汽车方面，2020 年 11 月，国务院印发《新能源汽车产业发展规划（2021—2035）》，提出到 2025 年，新能源汽车新车销售量达到汽车新车销售总量的 20% 左右，充换电服务便利性显著提高；2022 年 1 月，国家发展改革委等七部门联合印发《促进绿色消费实施方案》，提出大力推广新能源汽车，逐步取消各地新能源车辆购买限制，推动落实免限行、路权等支持政策，加强充换电、新型储能、加氢等配套基础设施建设……

从上述政策可以看出，国家已经把新能源作为加快培育和发展的战略性新兴产业之一，在发展规划、财税政策等方面给予了大力支持，形成了支撑新能源行业发展的政策体系，特别是通过财政补贴，解决了新能源行业发展初期研发成本、融资成本及应用成本等难题，带动了新能源行业的快速发展。

（二）我国新能源行业发展现状及趋势

在政策驱动下，我国新能源行业取得长足发展。近年来，我国电力能源结构持续优化，以风电、核能、太阳能为代表的新能源对全国电力供应的贡献不断提升，2021 年新能源年发电量首次突破 1 万亿千瓦时大关。与此同时，新能源汽车保持高速增长态势，累计推广突破 1000 万辆大关，保有量在全球占比超过半数。

国家能源局发布的2021年全国电力工业统计显示，2021年全国发电总量为81122亿千瓦时，同比增长8.1%，其中，风力发电量5667亿千瓦时，同比增速29.8%，占比升至6.99%；核能发电量4075.2亿千瓦时，增长11.3%，占比为5.02%；太阳能发电量1836.6亿千瓦时，增长14.1%，占比为2.26%。发电装机容量方面，截至12月底，全国发电装机容量约23.8亿千瓦，同比增长7.9%，其中，风电并网装机容量约3.3亿千瓦，同比增长16.6%，较2016年翻番，风电并网装机容量连续12年全球第一，海上风电装机跃居世界第一；太阳能发电装机容量约3.1亿千瓦，同比增长20.9%，光伏发电并网装机容量连续7年全球第一；核电装机容量5326万千瓦，同比增长6.8%，居全球第三。

在新能源汽车方面，我国新能源汽车产业在被列入国家战略性新兴产业之后，迎来快速发展期。目前，我国已经成为全球第一大新能源汽车生产国和消费国，市场渗透率不断提升。2021年我国新能源汽车销量达352万辆，产销同比增长160%以上，连续4年超过100万辆，连续7年位居全球第一。与燃油车不同，自主品牌在新能源汽车领域占据了大部分市场份额，且在这一市场的主导地位不断加强，传统自主品牌与造车新势力齐头并进。此外，新能源汽车产业配套也进一步完善，充电基础设施快速发展，动力电池、电驱动等关键零部件技术持续提升，宁德时代、中航锂电等动力电池企业成为全球重要供应商。

案例

新能源行业是当前的发展风口，涌现出了一大批新势力企业。蔚来、小鹏、理想、哪吒、领跑等车企从不被人看好，到月销量纷纷突破万辆大关。如今，上述车企已经成为中国新能源汽车领域不容忽视的一支生力军。这些新势力备受资本追捧，彰显出迅猛的发展势头，尽管销量与总营收较传统车企不可同日而语，市值却超出广汽、吉利、长安等国内知名车企。国际电动汽车巨头特斯拉市值更是突破万亿美元大关，遥遥领先于传统车企巨头丰田汽车与BBA。

就未来发展而言，新能源行业有以下几大发展趋势：一方面，新能源发电成本持续降低。随着技术的快速进步与应用规模的持续扩大，新能源发电成本显著下降，据统计，2019 年以来，新能源平均发电成本已低于燃气发电成本，陆上风力发电基本与火电成本接近，很多地区的大型光伏电站度电成本已接近甚至低于当地燃煤标杆电价，且新能源发电成本仍有下降空间。另一方面，“碳交易”将带来更多的商业模式与发展机遇。2021 年 7 月 16 日，全国碳排放权交易市场启动上线交易，发电行业成为首个纳入全国碳市场的行业，这意味新能源发电企业将从“卖电”转变为“卖电 + 卖碳”，此外，随着越来越多的行业被纳入全国碳市场，新能源物流行业也将步入发展的快车道。另外，新能源汽车从政策驱动转向市场驱动。2013 年施行的新能源汽车购置补贴政策，在培育消费市场、降低购车成本、带动产业等方面起到了十分重要的推动作用，但随着补贴政策的退出，新能源汽车将进入以市场驱动为主的发展阶段，市场洗牌在所难免。

（三）新能源行业孕育的投资机遇

作为战略性新兴产业，新能源不仅得到了来自国家层面的政策支持，也成为市场的投资热点，孕育着大量的投资机会。

一是储能。新能源正在以前所未有的速度快速发展，但与传统能源发电不同，新能源发电受气象因素影响较大，具有一定的波动性和间歇性，“极热无风”“晚峰无光”是风电和光伏的显著特征，这就大大增加了电力系统的平衡压力。应用储能技术，新能源并入电网后，不仅能够提升新能源电力的消纳能力，实现实时的平衡，还能降低新能源电力波动对电网产生的不利影响，为我国的能源安全撑起了一把“保护伞”。

二是新能源汽车细分赛道。在“双碳”的大背景下，将会有更多的传统车企向新能源汽车转型。目前，我国新能源汽车整车制造企业将近 200 家，行业整合、兼并重组势在必行，但在一些细分市场，仍有一些不错的投资标的。现阶段，我国新能源汽车市场上的“玩家”主要集中在乘用车领域，新能源商用车特别是客车和物流配送车“玩家”相对较少，且市场渗透率较新能源乘用车为低，未来商用车及物流领域的低碳化转型将加速推进，拥有自主核心技术、具有市场竞争力的产品、完善的营销网络的新能源商用车企业，以及具有新能源运力、新能源仓储及智慧管理平台的新能源物流企业，将步入发展的快车道，值得投资者关注。

三是上游资源和中游材料。新能源汽车市场的快速发展，为上游原材料及中游材料提供了更广阔的发展空间。自俄乌冲突以来，锂、镍、钴等原材料价格暴涨，甚至出现青山伦镍逼空事件，伦镍两个交易日狂飙 248%，刷新历史新高。随着价格的上涨、汽车需求的增加，新能源汽车产业链毛利进一步向资源、材料环节流动，其利润分配占比进一步提升，上述领域将迎来中长期投资机会。

四是充电基础设施。在新能源汽车市场快速发展的情况下，我国充电基础设施需求持续释放。2022 年 1 月，国家发展改革委、国家能源局等部门联合印发《关于进一步提升电动汽车充电基础设施服务保障能力的实施意见》，指出到“十四五”末，要能够满足超过 2000 万辆电动汽车充电需求。充电桩是充电基础设施的重要组成部分，也是电动汽车产业发展不可或缺的重要一环，还是新基建的重点领域之一。截至 2022 年 6 月，全国累计建成各类充电基础设施 391.8 万台，其中，2022 年 1—6 月全国新增充电桩 130 万台，同比增长 3.8 倍。尽管车桩比持续改善（近 2.5:1），但与新能源汽车整体保有量相比供给仍然不足，且存在利用率低、分布不均匀等问题，充电桩尚有很大的发展空间。

近年来，我国新能源行业获得了蓬勃发展，在推动实现“双碳”目标过程中，未来仍存在巨大的发展机遇，并给上下游全产业链带来了机会。我国新能源行业不仅拥有广阔的市场，还有较强的市场竞争力，形成了相对完整的产业布局，这一切都使其成为市场上的热门投资赛道。

03

迎接“银发经济”新蓝海

近年来，随着老年人口数量的持续增加、居民人均预期寿命的不断增长，我国人口老龄化程度逐渐加深。如今，我国已经成为世界上老年人口最多的国家，同时也是世界上人口老龄化速度最快的国家之一。庞大且保持较快增幅、消费潜力持续释放的老年群体，培育出一个巨大的老年消费市场，“银发经济”将逐渐成为我国经济增长的新引擎。

（一）“银发经济”成为现实需求

我国当前已进入深度老龄化社会，且老龄化进程还在加速。中国人口与发展研究中心最新预测显示，我国 60 岁及以上人口将从 2021 年的 2.67 亿增长至 2032 年的 4 亿。与此同时，得益于经济社会的快速发展，我国在医疗卫生事业方面取得长足进步，人均预期寿命也在持续上升，这进一步加剧了老龄化程度。国家卫健委发布的《2021 年我国卫生健康事业发展统计公报》显示，2021 年，我国居民人均预期寿命提高到 78.2 岁，较新中国之初的 35 岁翻了一番还多。更多的老年人，人均更长的寿命，为“银发经济”的发展提供了坚实的基础。

我国老年人的经济状况也在持续好转。与以往老年人相比，这一代的老年人生活更加富足，他们有着相对充足的退休金，可以过一个远比前代老年人更为优渥的晚年生活。《中国老年人金融服务发展报告（2020）》显示，我国家庭月收入超过 4000 元的老年人（60 岁及以上）超过 1.06 亿，家庭月收入超过 1 万元的老年人超 1600 万。除此之外，我国老年人还普遍拥有一套或多套房产，与年轻人相比，他们不仅没有房贷、房租的压力，还能靠出租房屋获得一定的收入，这意味着他们拥有更大的消费潜能。

现在的老年人大多享有养老保险、医疗保险，很多人还通过商业保险为自己增加了一份保障。银保监会方面的数据显示，目前我国老年人商业保险产品供给已覆盖5900万人，65岁及以上老年人商业保险渗透率为35.5%，险种类别主要包括人寿保险、年金保险、健康保险、意外险四大类，基本实现险种全覆盖。基本保险+商业保险，让这一代老年人有充足的底气进行消费，追求属于自己的高品质幸福晚年生活。

更多的人、更多的时间、更多的保障、更多的财富，这一切都使新时期的老年人乐于消费、敢于消费，这也催生出新的消费热点、形成新的消费格局，一个规模庞大的“银发经济”应运而生。全国老龄工作委员会曾预测，2014—2050年，我国老年人的消费潜力将从4万亿元左右增长到106万亿元左右，占GDP的比例将从8%左右增长到33%左右，中国将成为全球老龄产业市场潜力最大的国家。

（二）“银发经济”成为驱动发展的重要力量

当前，我国经济发展正面临需求收缩、供给冲击、预期转弱三重压力，“银发经济”作为成长性高、潜力无限的“朝阳经济”，被国家视作拉动经济增长的重要力量。为促进“银发经济”健康持续发展，国家出台了多项政策措施予以扶持。

2019年，中共中央、国务院印发《国家积极应对人口老龄化中长期规划》，提出积极应对人口老龄化是实现经济高质量发展的必要保障，强调打造高质量的为老服务和产品供给体系；

2021年3月，《中华人民共和国国民经济和社会发展第十四个五年规划和2035年远景目标纲要》正式公布，指出发展银发经济、开发适老化技术和产品、培育智慧养老等新业态；

2021年11月，《中共中央　国务院关于加强新时代老龄工作的意见》印发，强调积极培育银发经济，发展适老产业，大力发展养老相关产业融合的新模式、新业态，营造安全、便利、诚信的消费环境；

2022 年 2 月，国务院印发《"十四五"国家老龄事业发展和养老服务体系规划》，明确大力发展银发经济，发展壮大老年用品产业，促进老年用品科技化、智能化升级，有序发展老年人普惠金融服务……

市场需求推动叠加国家政策支持，将进一步激发"银发经济"的潜能，使其成为未来中国经济的一个重要的增长点。

（三）"银发经济"成为消费升级新蓝海

如今，随着越来越多的老年人拥有改善自身生活品质的消费能力，他们怀揣着对"美好生活"的愿望，推动我国老年消费需求从生存型向发展型、享受型转变，"银发经济"正成为消费升级的新蓝海。

与以往年代的老年人不同，经历过改革开放、拥有更高教育水平的新时期老年人，更富裕、知识素养更高、心态更开放、更注重生活品质，消费观念发生了很大的变化，"便宜"已不再是吸引他们做出购物决定的最大因素。相较于价格，产品与服务的质量和功能更受关注，他们愿意花更多的钱为一份便利、一个功能、一种体验买单，老年人的消费正走向升级阶段。

老人年的消费需求也在向更加丰富、多元的方向发展。一般人的观念中，老年人的消费往往是"柴米油盐酱醋茶"，现而今，他们已开始向安全需求、社交需求、尊重需求，以及自我实现需求转变，除购买保健、养生等服务为健康进行投资外，还对休闲、娱乐、美容、旅游、教育等产生了浓厚兴趣，更注重"老有所为""老有所乐""老有所得"。

信息基础设施的完善与移动支付方式的推广，也极大影响了老年人的消费思维、消费习惯与消费方式，他们不再拘泥于传统的线下购物与现金支付，越来越愿意尝试网上消费和移动支付。阿里巴巴 2020 年发布的《老年人数字生活报告》显示，60 岁老年人"触网"增速比整体水平超出 29.7%，在 2017—2019 年，老年群体消费金额复合增长率达到 20.9%，新冠肺炎疫情期间，消费同比增速第二，仅次于"00 后"。

值得关注的是，"银发经济"的消费群体并不仅仅是老年人，年轻人也是不容忽视的一类消费主体。"80 后""90 后"乃至"00 后"，会为家里的老人购买日常用品、营养用品及医疗保健、护理康复、家政服务等，他们消费的金额与品质往往更高，在关爱老人的同时，也让老人接触到了更多、更便利、更先进的商品与服务。

除了消费侧在升级，“银发经济”的供给侧也在升级。一方面是供给数量的升级，有数据显示，2019—2021年，我国新注册养老相关企业分别约为2.8万家、3.7万家、4.7万家，年度注册增速在33%～36%。另一方面是供给产品与服务的升级，近年来，养老市场上的适老化产品及社区养老、智慧养老等服务不断涌现，让老年人感受到了更多的幸福与快乐……

（四）细分赛道机遇值得关注

庞大的需求，蓝海阶段的市场，以及国家政策的支持，必然会进一步激发市场的供给。如今，“银发经济”多个细分赛道被看好，吸引了各路资本的竞争。就当前而言，市场机会主要集中在以下三个方面：

一是养老服务。养老服务是提升老年人生活品质的关键举措之一，特别是对于失能失智老人而言，由于全部或部分失去自理能力，饮食、如厕、洗澡、活动等均需借助他人的协助方能完成。国家高度重视养老服务体系发展，在《“十四五”国家老龄事业发展和养老服务体系规划》中提出，建立基本养老服务清单制度，对健康、失能、经济困难等不同老年人群体，分类提供养老保障、生活照料、康复照护、社会救助等适宜服务。可以预计，数以亿计的老年人口，以及在更新的消费理念、更强的购买力的加持下，我国养老服务需求将逐步释放，催生出巨大的市场。

二是老年用品。老年用品是满足老年人美好生活需要的物质基础。2019年，工信部等五部门印发的《关于促进老年用品产业发展的指导意见》提出，到2025年，老年用品产业总体规模超过5万亿元。《“十四五”国家老龄事业发展和养老服务体系规划》也提出发展壮大老年用品产业。与庞大的市场需求相比，我国老年用品产业发展相对滞后，有效供给严重不足，且适老化、智能化、数字化水平不足。有统计显示，目前全球老年用品（康复辅助器具）有6万多种，我国仅有2000多种，大量产品处于空白状态，这就为国内有志于从事或正在从事老年用品开发的企业提供了广阔空间。

三是养老金融。在我国养老“三支柱”体系中，第一支柱基本养老保险占据主导作用；第二支柱为企业年金、职业年金是对国家基本养老保险的重要补充；第三支柱个人购买的商业养老险则是个明显短板。目前，我国第三支柱养老市场尚处于起步阶段，占比较少，市场远未成熟。与之相比，西方发达国家第三支柱成熟度较高，在养老“三支柱”体系中占据十分重要的地位，养老商业保险、养老信托等产品极为丰富。在国家“促进和规范发展第三支柱养老保险”的背景下，国内第三支柱将明显受益。

在当前的中国，“银发经济”是由“夕阳红”推动的“朝阳行业”。大力发展“银发经济”，不论是对积极应对人口老龄化、让老年人安度晚年生活，还是对培育经济新动能、推动经济实现高质量发展，都具有十分重要的现实意义。随着人口老龄化的进一步发展，国家的高度重视，社会各主体的积极参与，我国“银发经济”将迎来发展的黄金时期。

04 外贸行业如何实现转型升级

在“逆全球化”抬头、地缘政治风险加大、通胀压力上升等背景下，我国外贸行业面临更多的困难和挑战，不仅订单碎片化、零散化，拉新成本、获客成本、留客成本也越来越高。对于外贸行业而言，通过转型升级适应外部形势变化，增强自身竞争力是必然且唯一的途径。

（一）外贸行业面临多重挑战

改革开放之初，我国提出“两头在外，大进大出”的国际大循环战略构想，通过引入外资，充分利用国内土地、劳动力等低成本优势，以及出口退税等优惠政策，积极参与国际分工与国际经济大循环。在此推动下，我国外贸企业如雨后春笋般涌现，外贸出口迅速发展，成为拉动经济增长的“三驾马车”之一。2001 年，中国正式加入 WTO，我国对外贸易随之出现“井喷”式增长，外贸在国家经济中的重要程度与日俱增。2006 年，我国进出口贸易依存度创历史新高达到 64.24%，这一数字远远高于美、欧、日等发达国家和地区。2009 年，我国成为世界第一大出口国，成为名副其实的“世界工厂”，并于 2013 年成为世界第一货物贸易大国。

2008 年国际金融危机之后，很多之前支撑我国出口导向型发展的有利条件逐渐减弱甚至消失，土地与劳动力成本快速上升，持续扩大的贸易盈余不断引发与主要贸易伙伴之间的摩擦，各国贸易保护主义抬头，“逆全球化”思潮愈演愈烈，这些都使我国外贸告别以往的超高速增长。新冠肺炎疫情发生之后，我国外贸企业开始面临一些新的挑战，突出表现在物流不畅、成本激增等方面。当前新冠肺炎疫情仍在全球多个国家肆虐，物流供应链梗阻现象时有发生，出关、入关时间拉长等现象困扰着外贸企业。此外，新冠肺炎疫情及大宗商品价格上涨还导致生产、运输及库存成本飙升，极大推升了外贸成本，侵蚀了外贸企业的利润，给他们的运营带来很大压力。

此外，外贸企业在品牌与创新等方面的不足也制约了自身的进一步发展。很多外贸企业采用代工或贴牌生产模式，没有自己的品牌或品牌知名度较低，产品附加值低，市场认可度不高。自主研发能力不足也是一些外贸企业的通病，他们主要根据外商提供的款式、规格、型号接单代工生产，本身没有相应的设计能力。在没有获得授权的情况下，贸然将产品销往其他市场很容易引发知识产权问题。

（二）转型升级成必然选择

面对上述种种挑战，外贸行业不能墨守成规，需要积极应变，通过转型升级顺应当下发展格局，提升自己在市场上的竞争力。

一是向价值链高端攀升。一个完整的产业链包括产品研发、设计、原材料采购等前端环节，加工制造、制成品组装中端环节，以及物流、销售、服务等后端环节，各环节所创造的产品附加值呈微笑曲线形态，即附加值更多地体现在研发与销售、服务两端，处在中间环节的加工制造环节附加值最低。我国外贸企业大多集中在加工制造环节，技术含量与价值含量较低，赚取的是辛苦钱。但随着人口结构的变化、劳动力与土地等成本的上升，原有的发展模式已经难以为继。要想在当前形势下取得更大作为，需要充分利用两个市场、两种资源，向产业链两端延伸，强化自主创新能力、设计能力，培育更多具有自主知识产权的产品，不断增加产品的附加值与不可替代性。

二是转战国内市场。以往外贸企业专攻国外市场，很容易遭受外部市场的冲击。“单靠外向型经济支撑不起强国战略，当今发达国家没有一个靠外向型经济成为强国，而是把内需作为一个磁铁，吸引天下各国与之相关联，由此奠定国家强大的基础。”复旦大学特聘教授、重庆市原市长黄奇帆曾如是表示。面对当前国际大循环受阻、产业链供应链受到冲击，十九届五中全会提出，要加快构建以国内大循环为主体、国内国际双循环相互促进的新发展格局。对于外贸行业而言，在巩固国外市场的同时，通过出口转内销，打开国内市场，享受国内市场发展的红利，做到“两条腿”走路便显得至关重要。

新形势下，外贸企业借力“双循环”发展格局，充分利用好国内国外两个市场，通过“出口转内销”方式有助于减少外部市场的巨大不确定性。相比专注于国内市场上的企业，外贸企业因为以外贸接单为主，专注于生产加工制造，资源整合配置能力较强，在生产成本方面拥有一定优势。接单生产的产品在设计方面更为独特新颖，在国内市场更为“吸睛”，有利于相关产品出口转内销。同时，外贸企业还可利用服务国外市场的经验，研究挖掘国内市场需求特点，快速开发、快速试用、快速迭代。此外，接单生产的外贸企业在技术、工艺等方面往往有着不俗的竞争力，较国内同类企业而言竞争优势更大。外贸企业需要扬长避短，利用差异化竞争征战国内市场。

不过，转战国内市场，外贸企业也面临一些不利因素。首先是外贸产品未必完全适合内销。长期以来，外贸企业根据国外市场的特点与技术标准，开发了适应国外客户偏好的产品，但由于中外消费者在生活方式与习惯偏好等方面的差异，海外热销的产品未必能得到国内消费者的认可。其次是内销渠道短时间内难以建立。对于生产型企业而言，渠道为王。外贸企业大多与批发商打交道，往往不需要开拓并建立自己的销售渠道，国内情况有所不同，如果转向内销，需要组建营销网络与渠道团队，开发经销商、批发商、代理商等，之前一些转战国内的外贸企业，由于缺少合作商，主要采用朋友圈营销的方式开拓国内市场，效果难言满意。总之，外贸企业要想在短期内通过开拓国内市场提升抗风险能力、实现稳健发展绝非易事。

案例

深圳是我国外向型经济高地，外贸出口连续29年居内地城市首位，拥有一大批外贸企业数量。在因新冠肺炎疫情肆虐，大批已到手订单被取消的情况下，不少外贸企业将目光转向国内。深圳市兆驰股份有限公司在新冠肺炎疫情发生之初便制订方案，调整产品销售结构，加大国内市场。在海外订单取消20%的情况下，总销量反而增长了10%。南山的万魔声学股份有限公司2020年第一季度海外销售暴增80%，通过电商平台、网红直播带货及拓展线下代理商等方式，内销提升了30%。

三是强化品牌打造。品牌代表着企业的信用和形象，是企业最为重要的无形资产，就当前外贸行业而言，无论是代工还是贴牌，外贸企业都没有自己的品牌，不仅没有品牌附加值，可替代性也比较高，在市场上相对被动。“双循环”新发展格局背景下，外贸企业要想掌握发展的主动权，增强对国内外消费者的吸引力、号召力，就必须塑造与众不同的品牌形象，在消费者心中形成一定的地位。

（三）把握外贸行业转型升级机遇

在外贸企业转型升级的大环境下，也孕育着一些新的发展机遇，主要体现在企业数字化转型、跨境电商与智慧绿色物流等方面。

企业数字化转型机遇。在新冠肺炎疫情的冲击下，外贸企业充分意识到了“线上”的重要性。在新冠肺炎疫情不断反复的情况下，无论是深耕国外市场还是进军国内市场，外贸企业都需要进一步加大数字化、网络化、信息化改造力度，通过数字化转型，打通内外贸一体化堵点，推动形成数智化的全球供应链体系，精准衔接匹配上游供应与下游需求，同时，运用大数据、云计算、物联网等现代信息技术对客户进行精准画像，推动传统交易场景数字化重构……

跨境电商机遇。新冠肺炎疫情对各国供应链产业链构成极大冲击，跨境电商“通过电子商务平台达成交易、进行支付结算，并通过跨境物流送达商品、完成交易”，突破了时空的限制，减少了贸易的中间环节，成为支撑新冠肺炎疫情期间外贸稳健发展的重要力量。跨境电商还能有效降低企业的经营成本，缩短跨境交易时间，提升顾客消费体验。国家大力支持发展跨境电商和海外仓，跨境电商连续9年被写入《政府工作报告》。海关预计，到2025年，我国跨境电商交易额将达2.5万亿元。可见，跨境电商是未来的发展趋势，外贸企业应尽早布局跨境电商，加大软硬件投入力度，按照自身市场定位建立专门的网站，选择不同的网络平台，方能掌握主动，抢占市场制高点。

智慧绿色物流机遇。“双循环”新发展格局下，外贸企业转战国内市场，物流业是受益最大的领域之一，特别是在推进“双碳”目标、建设全国统一大市场的背景之下，建设现代流通网络开始加速，智慧绿色物流迎来发展的新契机：智慧物流无人搬运大量使用，智慧物流云全面赋能供应链，新能源物流车成为快递物流配送的新刚需，可降解绿色包装材料应用比例持续提升……这些技术的发展与运用，令智慧绿色物流成为新风口。

总之，对每个外贸企业来说，通过转型升级实现内外贸一体化发展，既是新环境下科学应变、主动求变的应对之道，也是对建设“双循环”新发展格局的有益探索。

05 高端制造业迈向价值链顶端

制造业是国民经济的主体，是立国之本，而高端制造业则是本中之本，是现代产业体系的核心，也是国家经济的命脉所系，处于价值链的顶端。在后金融危机叠加新冠肺炎疫情的背景下，发达国家纷纷实施“再工业化”和“制造业回归”战略，力图保持在国际分工中的产业优势、强化在价值链顶端的有利地位。我国高度重视高端制造业的发展，采取了多项扶持举措，推动其从价值链低端向高端跃升。

（一）全球价值链重构

多年来，在经济全球化的推动下，全球价值链快速发展。为降低生产成本，整合全球优质资源，发达国家的跨国公司将价值链主要环节进行细分并在全球布局，在本国保留设计、研发、营销、服务等高利润、高附加值环节，将低科技含量、低利润、低附加值的生产环节进行梯度转移，希望在获取巨额利润的同时，保持在全球产业链中的主导作用、维持在价值链上的优势地位，全球价值链总体呈现出以中国为代表的“生产中心”及以美国为代表的“利益中心”的“双核”特征或“哑铃型”结构。不过，近年来以中国为代表的部分发展中国家在融入全球价值链过程中，充分利用自身资源禀赋，通过制定相关政策，加大科技研发投入，在大力发展传统制造业的同时，还在积极发展高端制造业，使自己在全球价值链中的地位不断提升，冲击了全球制造业固有格局。

与此同时，新一代科技革命与产业革命兴起，物联网、大数据、云计算等在制造业中大量应用，劳动生产率和产品附加值大幅提升，传统制造环节被重塑，大大提升了其在全球价值链中的地位。为尽快走出2008年国际金融危机、恢复经济，一些国家采取了提高关税等保护性措施，逆全球化及贸易保护主义抬头。此外，为解决产业空心化问题，保持高端制造业优势，培育新的经济增长点，抢占产业竞争制高点，发达国家纷纷回归实体经济，美国提出“再工业化”，强调重振美国制造业；德国政府发布了《德国2020高技术战略》，提出工业4.0并将其作为国家战略；日本提出“工业4.1J”，“4.1”表示安全级别比工业4.0更高一级，“J”则表示源于日本。新冠肺炎疫情的暴发、蔓延及反复，也影响了一些商品的原材料供给、生产、分配、流通与消费，使全球价值链出现断裂或萎缩。

正是这些因素，使全球价值链得以重构，并深度影响全球贸易格局。价值链的这种变化，既为以中国为代表的发展中国家提供了弯道超车的机会，也对我们向价值链顶端攀升提出了挑战。

（二）我国大力发展高端制造业向价值链顶端迈进

改革开放以来，我国制造业取得长足发展。如前文所言，我国已成为全球制造业第一大国，同时也是世界上工业体系最为健全的国家，被誉为“世界工厂”。2021年，我国制造业增加值全球占比近30%。虽然我国制造业在规模上位居世界第一，但大而不强、全而不优，核心竞争力不强，长期处在全球价值链中低端，人均制造业增加值相对较低。2020年，我国人均制造业增加值为2749美元，高于世界平均水平的1791美元、中高等收入国家的2016美元，但与高收入国家的6010美元相比相去甚远，特别是德国、日本人均制造业增加值超过8000美元，韩国、美国人均制造业增加值均超过7000美元，可见，我国制造业发展水平仍有很大的提升空间。

近些年来，国家出台了多项政策举措，助推高端制造业发展，推动价值链从中低端向高端跃升。早在2010年，国务院就发布《国务院关于加快培育和发展战略性新兴产业的决定》，把高端装备制造产业作为战略性新兴产业之一；2013年，工信部印发《高端装备制造业“十二五”发展规划》，指出培育发展高端装备制造业是关系国家综合实力、技术水平和工业基础的一项长期的重点任务；2015年，国务院印发《中国制造2025》，强调力争通过“三步走”实现制造强国的战略目标；2021 年，《中华人民共和国国民经济和社会发展第十四个五年规划和 2035 年远景目标纲要》发布，强调深入实施制造强国战略，推动制造业优化升级……

与此同时，我国还在持续加大研发投入，2020 年全社会研发投入 2.4 万亿元左右，制造业研发投入占总研发投入的 60.6%，整体创新能力不断提升，"全球创新指数"跃居至第 14 位。在一系列政策和研发投入的支持推动下，我国高端制造业不断跃升，一大批具有自主知识产权的高端制造装备实现突破，以高铁、航空航天、工业机器人等高附加值为代表的高端制造产业体系初步形成，我国正逐步改变世界高端制造业产业格局，重塑高端制造业产业链、创新链、价值链，特别是随着新一代信息技术与制造业的深度融合，我国制造业的智能化、网络化、数字化水平不断提升，工信部数据显示，我国智能制造装备国内市场满足率已超过 50%。

（三）高端制造业发展的挑战与机遇

当前我国高端制造业进入新的发展时期，在面临发达国家围堵和发展中国家追赶的双重压力的同时，也面临超大规模市场、完整的产业链及新一轮科技革命等有利因素。

现阶段，我国发展面临的内外部环境也已发生了显著变化，过去一些支撑我国制造业快速发展的有利因素正在消退或消失。就内部而言，劳动力市场迎来"刘易斯拐点"，劳动力、土地、资源及环境成本上升，中低端制造业外流现象明显，高端制造业则面临发达国家的技术封锁与断供打压。就外部而言，发达国家占据制造业高端，把控先进技术，掌握规则制定话语权，同时，为保持自身产业国际竞争力，采取了加征关税、限制技术交流等举措，并施压在中外资企业向其他发展中国家转移；一些发展中国家则依靠劳动力及资源等比较优势，积极发展中低端制造业、承接发达国家产业转移，与中国形成同质竞争。我国制造业前有发达国家"高端回流"，后有发展中国家"中低端分流"，"双向挤压"之下，我国中低端制造业优势明显减弱，高端制造业向上跃升面临更大困难，产业链供应链安全受到严峻挑战。

案例

巴斯夫股份公司（BASF SE）是全球最大的化工公司，曾被美国商业杂志《财富》评为“全球最受赞赏化工公司”。2018 年 7 月，巴斯夫斥资 100 亿美元在湛江兴建精细化工一体化基地，这是巴斯夫迄今为止最大的海外投资项目。这家国际化工巨头的对华投资，将不可避免地会影响当地化工产业的发展，国产化工企业会在多大程度上受到影响，以及如何抵御外来者的竞争尚待观察。

尽管我国高端制造业发展面临一系列内外部压力与挑战，但支撑中国高端制造业发展、推动形成新优势的条件也不容忽视。

首先，我国是世界第一人口大国、第二大经济体、第二大消费市场，这就为中国制造业企业提供了技术开发与商业化应用的“试验田”，与其他国家同类企业相比拥有更多的试错机会，仅靠本土市场及复杂的应用场景就可培育壮大自身技术水平，并可依托中国市场的强大吸引力，通过合作消化吸收国外先进技术。

其次，我国拥有完善的产业链配套优势，如前文所言，我国是世界上工业体系最为健全的国家，是全球唯一拥有联合国产业分类中全部工业门类的国家，细化的产业分工、区域性产业集群形成规模庞大、配套齐全的完备产业体系，以及快速的供应链响应能力。

近年来以新一代信息技术、生物技术、新能源、新材料为代表的新一轮科技革命和产业变革蓬勃兴起，这些新技术具有强大的赋能能力，它们的发展成熟与落地应用、产业转化，能够对市场进行精准画像实现供需的有效对接，帮助制造业企业降低生产成本、提高生产效率、减少能源消耗，提高整个制造业的国际竞争力，同时还可催生一些新产品、新业态、新模式，形成经济增长的新动能，对全球制造业结构和价值链分布产生深远影响。此外，我国的超大市场也为高端制造业的发展提供了广阔的空间。

（四）高端制造业发展过程中的机会

我国高端制造业发展前景广阔，在此过程中也涌现出一些机会值得我们把握：

智能制造。如前篇所言，智能制造是我国制造业发展的趋势，是向高端迈进、加快发展现代产业体系、实现价值链跃升的重要举措。国家把智能制造作为建设制造强国的主攻方向,《“十四五”智能制造发展规划》明确了“十四五”期间国家智能制造的发展路径、目标和重点任务。与“中国智造 2035”预期目标相比，我国智能制造领域尚有很大的提升空间，多数企业仍处于智能化转型初级阶段，未来亟须推动“智能＋制造”，利用物联网、大数据、人工智能等新一代信息技术进行赋能，改造提升传统制造业，提升其效率效益。

绿色制造。“双碳”背景下，我国大力推动降碳减排，但现阶段制造业能源消耗仍持续上升、以煤炭为主的能源消费结构短期内难以根本改变。在绿色发展理念及“双碳”目标的推动下，需要以绿色制造技术为抓手，树立绿色设计理念，大力发展绿色材料，使用清洁能源，生产出符合环保要求、有助于提高资源利用效率的绿色产品，这是构建绿色低碳产业体系、降低制造业碳排放量的重要举措。

医疗器械设备。在新冠肺炎疫情暴发之初，全球都在抢购呼吸机，随着新冠肺炎疫情的蔓延，世界各国对与新冠肺炎疫情相关的医疗器械需求大幅增长。此次新冠肺炎疫情的暴发，暴露了我国高端医疗设备保障能力不足、核心技术及关键产品依赖进口等短板，推动医疗器械国产替代的呼声越来越高。此外，医改的推进、医疗保障制度的完善等为医疗器械的发展奠定了坚实基础，医疗器械行业将成为高端制造业中最具发展前景的领域之一。

总之，随着政策红利的持续释放、市场需求的稳步增长及新技术的融合应用，我国高端制造业有望继续保持快速增长态势，这也为其向价值链顶端攀升创造了有利条件。

06 高科技新型农业赋能强农兴国

农业是国民经济的基础，国家坚持把农业放在发展国民经济的首位，新世纪以来，国家共出台了19个指导“三农”工作的一号文件，对农业的重视程度可见一斑。经过改革开放四十年的发展，我国农业正从传统农业向高科技新型农业转变，农业生产的机械化、科技化、集约化水平不断提升，成为全面推进乡村振兴、保障国家粮食安全的重要支撑。

（一）新中国农业现代化发展历程

几千年来，我国传统农业社会一直是小农经营模式，主要靠天吃饭，生产的农产品主要是为了满足自己的生活需求。漫长的历史中，农业技术的进步极其缓慢，农业生产活动始终依靠人力、畜力，劳动强度大、粮食产量低，农民收入极其有限。据统计，新中国成立之初，我国仍然采用延续千年的种植方式，以人力、畜力作为耕种的主要动力，农业生产力低下，粮食单产不高，全年粮食总产量仅为1.13亿吨，人均粮食产量208千克，如果扣掉种子、饲料、榨油、酿酒等消耗的粮食，人均原粮每天不足500克，温饱根本无从谈起。

新中国成立后，我国通过土地改革、开展农田水利建设、改良传统农业生产方式、引进新技术、开荒等多项措施，恢复和发展粮食生产。在这一时期，落后且有限的生产资料成为制约农业发展的主要因素，为此，国家提出实现农业现代化这一目标，并指出农业的根本出路在于机械化，此后又提出将农业的机械化、水利化、化肥化、电气化（简称“四化”）作为农业现代化的内涵。

随着认识的深入，国家又将科学化、集约化、社会化和商品化作为农业现代化的内涵和特征。此后，随着经济社会的发展，我国城乡人口结构、就业结构发生了深刻调整，农业面临新的发展机遇与挑战，党的十八大报告指出要加快发展现代农业，着力促进农民增收；党的十九大报告提出实施乡村振兴战略，要求加快推进农业农村现代化。

农业现代化是指由传统农业转变为现代农业，其内涵与概念比较宽泛，但农业机械化却是绕不开的话题，它是发展现代农业的重要物质基础，也是农业现代化的重要标志。2004 年国家颁布实施了《农业机械化促进法》，通过农机购置补贴政策，推动“农民和农业生产经营组织购买国家支持推广的先进适用的农业机械”，该政策极大促进了我国农业机械化的发展，使我国农业机械装备总量持续增长、装备结构持续优化。如今，机械化生产方式已经占据农业生产的主流，农业生产实现从主要依靠人力、畜力到主要依靠机械动力的历史性转变，农业现代化水平不断提升。“十三五”时期，农作物耕种收综合机械化率达到 71.25%，农业农村部印发的《“十四五”全国农业机械化发展规划》进一步明确，到 2025 年，全国农作物耕种收综合机械化率要达到 75%。

目前，我国农业生产已经步入以农业机械化为主导的新阶段，这对中国经济社会而言影响深远：它将广大农民从土地上解放出来，为农民进城务工、发展第二产业及第三产业提供了充足的劳动力，极大推动了城镇化的发展，成为中国经济快速腾飞的有力武器。农业机械化还是我国粮食稳产高产的关键，拖拉机、收获机、烘干机等农业机械的使用与普及，极大改善了我国农业的生产经营条件，提高了土地利用效率，减少了空置荒地，促进了规模化经营、标准化生产，实现了粮食的稳产高产、增效增收。2021 年，我国粮食总产量 68285 万吨，成为世界第一粮食生产大国、第三粮食出口大国，人均粮食达到 460 千克，超过国际公认的 400 千克粮食安全标准线，中国人端稳中国饭碗的底气更足。

（二）向高科技新型农业稳步迈进

在农业机械化快速发展的同时，我国农业的自动化、智能化水平也在不断提升，物联网、大数据、人工智能、卫星导航、机器人、智能终端等技术与设备的应用，对农业生产经营活动的各个环节进行赋能，实现农业生产环境的智能感知、在线监测、自动预警等，使农业生产的种植精准化、管理可视化、决策智能化的智慧农业成为现实。

在一系列高科技的加持下，我国农业生产效率大幅提升，小规模分散经营越来越不适应新时期的农业生产经营需求，加之农民纷纷入城打工，土地撂荒现象严重，这就使得规模化经营成为可能。国家意识到适度规模经营对发展现代农业的重要意义，通过多项政策措施对农业的规模经营予以支持，2013 年中央一号文件提出，鼓励和支持承包土地向专业大户、家庭农场、农民合作社流转，此后，农民纷纷通过土地流转、土地入股等形式进行土地的规模化经营，我国开始从传统的自给自足小农生产方式向以家庭农场、农民合作社为代表的新型农业经营主体进行演化。

在农村空心化、农民老龄化的当下，新型农业经营主体的出现，不仅解决了农村“谁来种地”问题，还适应了农业生产的集约化、规模化、产业化、品牌化经营要求，进一步提升了资源的优化配置、提高了劳动生产率、强化了抵御市场及自然风险的能力，使农民收入大幅提升，真正让农民成为有吸引力的职业，过上体面且有尊严的生活。

随着经济的发展、生活水平的提高及观念的转变，人们对农产品的要求越来越高，我国农产品从短缺到充裕，农业的发展从数量扩张步入品质提升阶段。在此背景下，我国农民积极推进农业生产方式创新，设施农业、观光农业、高科技栽培等新型农业生产经营模式蓬勃发展，不仅突破了地域、气候等方面的限制，还丰富了农产品供给、实现了农业的产业化经营、提高了农业产业综合竞争力，在带动农民致富、推动农业高质量发展等方面发挥了积极作用，实现了农业经济效益、社会效益与生态效益的有机统一。

（三）高科技新型农业带来的投资机遇

进入新时期，在高科技的推动下，我国农业现代化取得巨大成就，新型农业建设取得长足发展，在此过程中，同样蕴含着很多投资机遇：

绿色智慧养殖。随着人们生活水平的不断提高，消费者从最初的满足于温饱发展到追求高品质饮食，对营养价值高、安全卫生的肉制品需求越来越大。

此外，我国肉制品以猪肉为主，西方发达国家则以牛、羊肉为主，其营养价值更符合人体需要。我国“十四五”规划强调“大力发展现代畜牧业”，2022 年中央一号文件指出“加快扩大牛、羊肉和奶业生产，推进草原畜牧业转型升级试点示范”。市场的需求、国家的政策支持，给绿色智慧养殖的发展提供了广阔空间，通过物联网、云计算、5G 等技术，集成运用绿色低碳技术与智慧数字养殖装备，定量、定向减少温室气体排放，可有效提升养殖标准化与数字化水平，提高农民养殖效益。

设施农业。借助工程技术手段，设施农业可在一定程度上缓解农作物对自然环境的依赖，满足人们多元化、多层次的消费需求，被认为是现代农业的显著标志。西方发达国家的设施农业经过多年发展，已经形成相对完整的技术体系，能够有效保障农作物的产量和质量，我国设施农业发展较晚，与之相比存在不小的差距。国家充分意识到设施农业的重要性，将其视为现代农业体系的重要一环，2022 年中央一号文件指出，“加快发展设施农业。因地制宜发展塑料大棚、日光温室、连栋温室等设施……在保护生态环境基础上，探索利用可开发的空闲地、废弃地发展设施农业”。有了国家的支持与市场的现实需求，设施农业将迎来快速发展的新契机。

案例

设施工业是现代农业的发展方向之一，我国甘肃的戈壁滩，气候干旱少雨，耕地资源有限，发展农业可谓“先天不足”。不过，当地通过增大科技投入，大力建造日光温室，并引进基质栽培、水肥一体化、物联网控制等技术，发展出了高效高产的戈壁农业。依靠设施农业，昔日荒凉的戈壁滩，变成了绿意盎然的“菜园子”“果篮子”，摆脱了自然条件的束缚。

现代农业物流。物流是国民经济的“血脉”，是畅通生产与消费的关键环节，近年来，我国城镇现代物流业发展迅猛，但农村流通渠道仍然相对落后，制约了农村经济的进一步发展。国家深刻意识到现代农业物流在社会主义新农村建设、缩小城乡收入差距方面所发挥的积极作用，将其作为降低农业生产资料的采购成本、及时高效地输出农产品、解决部分农民就业问题的重要举措，出台了多项政策措施支持现代农业物流发展:“十四五”规划提出，加强农产品仓储保鲜和冷链物流设施建设，健全农村产权交易、商贸流通、检验检测认证等平台和智能标准厂房等设施，引导农村二、三产业集聚发展；2022 年中央一号文件指出，加快农村物流快递网点布局，加快实施“互联网 +”农产品出村进城工程，推动冷链物流服务网络向农村延伸……

对于国家而言，无农不稳，“仓廪实，天下定”。今年以来，随着俄乌冲突的持续，国际粮食价格持续走高，多个国家进行粮食出口管控，粮食的全球供应链遭遇挑战。在这种情况下，发展高科技新型农业，不仅具有极其重要的现实价值，而且具有非常重要的战略意义。

第四章

经营篇：穿越周期的奥秘

后新冠肺炎疫情时代，地区冲突叠加全球性能源、粮食和大宗商品价格上涨，以及新冠肺炎疫情反复等给企业的经营、发展带来了更大的不确定性。在这种背景下，企业该如何穿越周期实现持续稳健发展？本章着眼于阐释企业在“百年未有之大变局”的不确定环境下如何适时调整自身的经营策略与运行逻辑，例如在经营模式上重视专业化、轻资产运营，注重绿色低碳、共同富裕等最新发展理念，经营决策以防范风险为基础，企业组织适度灵活以应对复杂变化的环境，建立友好年青一代的人力资源体系，实施多维度的竞争战略等。

01 面向不确定环境的经营模式

“利民不必法古，周事不必循俗。”变动环境下的企业经营需要在“变”与“不变”中寻找辩证统一的发展平衡。一方面，企业经营发展的内在逻辑与经营关系没有发生改变，经贸交流中的基本准则没有调整，许多国际性经济交流规则仍是指导企业参与经济交流与合作的参考。另一方面，世界经济环境的变化，贸易关系、技术变革、认知迭代等，都在改变着习以为常的贸易规则、经济尝试，这就要求企业顺应趋势变化，主动做出调整，积极转变自身经营模式，以便更好地融入新格局、新趋势中。

（一）企业经营注重专业化

企业专业化运营是指企业集中自身资源和能力做好自身所擅长的核心业务、核心产品。

通过专业化，为自身发展持续注入原动力，形成平台竞争优势。“专业化运营”包括两个方面的基本内涵：其一，行业的专业化，平台深耕某一特定行业、领域，对接社会分工；其二，业务专业化，企业立足于自身在社会分工环节中的地位，做好产品与服务。

做好平台核心业务是企业发展的基础，也是平台制定经营策略的第一出发点。特别是在国内经济增速趋缓，规模发展的边际效应日渐缩减的当下，专注于核心业务的做法更适合时代环境，有助于强化企业的核心竞争力，所带来的发展更加稳定，更加可持续，更能打磨自身品牌价值。

实现企业专业化经营，需要从以下几点着手：

首先，要做到企业战略的集中，即企业要明确自己的主要目标是什么，并为之系统化地设计，在发展战略、人员、管理、技术、设备等多个方面进行全面规划。明确核心业务、核心团队、核心市场，以及核心技术等。

其次，要实现企业专业化经营就要做好产品/业务的专业化。核心业务或核心产品是企业的基本立足点。实现产品/业务专业化的过程其本质是企业自身在产业价值链的环节中，找到自身的社会价值。通过产品/业务专业化，另一个重要的作用在于强化自身服务对象的使用黏性，打造自己的业务生态，形成稳定的销售市场和盈利群体。还可以借助平台所积累的大数据资源，优化资源配置，更好、更快地提升产品使用价值、满足客户需求，进而推动特定板块、行业的转型与发展。

最后，要在动态环境中实现平台经营专业化与规模化的统一。无论选择专业化经营还是规模化经营，都需要企业考虑自身大的发展状况和市场环境的调整。在当下，专业化经营是企业立足于市场竞争的基石，但规模化的扩张同样是企业拓展行业竞争优势的重要举措。在专业化的技术优势、服务优势、业务优势基础上，借助规模化发展实现自身市场份额的扩大，是企业在新环境下做大做强的重要途径。

（二）企业的“轻资产”运营

“轻资产”运营指的是企业以尽可能少的固定资产投资，把处于竞争短板或盈利能力孱弱的制造环节转让出去，着眼于构建创新研发设计、人力资源管理、客户关系管理、品牌影响力等方面的软实力资源，聚焦价值链高效能环节。

具体来看，“轻资产”运营注重从行业发展趋势出发，以平台自身优势为支撑点，通过技术研发，动态整合所属产业链条各个环节利益相关者的资源，占据产业价值链的上游，发挥杠杆效应，借助社会分工实现“花较少的钱，获得较大的收益”目标。

作为“世界工厂”，国内存在着大量传统制造业企业，绝大多数都属于重资产运营。对于企业来说，重资产就相当于背上重壳踽踽艰行。无论是厂房、原材料，还是大量的制造业工人，都是企业巨额的成本。企业不仅要支付大量薪酬，还要承担设备损耗、维修、保养的成本，不仅利润率低，还承担着较大的生产风险与社会风险。

尤其是在当下，新冠肺炎疫情的反复、能源与原材料价格上涨、贸易争端风险日趋上升等都为企业发展带来了极大的不确定性：厂房闲置、成本上升、竞争加剧等都会给企业发展带来巨大的负担。

此外，重资产另一个现实问题就是会占用企业大量的资金。伴随着美联储快速加息，全球将陷入流动性紧张。固定资产资金数额较大，就意味着回收期也较长，而且重资产行业的流动性较差，容易引发财务危机，也增加了企业的发展压力。

“轻资产”运营不需要较多的实物资产，而是将平台资源重点投入到平台管理、技术研发、营销升级、品牌打造上。如此，企业资金投入较少，而且周转相对较快，投资回报率较高。推进“轻资产”运营重点要做到以下四点：

第一，从投资驱动转向创新驱动。技术创新是企业发展的原动力。过去，得益于经济社会的快速发展，消费市场的扩大，传统制造业在投资驱动下生产规模迅速扩大，在实现自身快速增长的同时，市场供需渐趋于平衡，边际效应逐渐走向递减，市场竞争从价格、体量竞争转向服务竞争、技术竞争。

在这一转换过程中，技术创新是关键。以海尔为例，从简单的电器制造商到专利大户，国内家电领域 80% 的国际标准提案和国际标准专家都来自海尔。放眼全球市场，海尔拥有的专利数量约 3 万多件，其中发明专利占 61.8%。强大的技术实力，不仅确保了海尔的产品竞争力，同时也给海尔带来了巨额的专利使用费。

第二，注重塑造品牌竞争力。品牌是一家企业无形的市场竞争优势。以往，品牌更多地被理解为一个名称，或者一个商标。随着互联网时代的到来，信息传递更加快速，企业文化成为企业软实力的一部分。而品牌正是一种企业文化的集中体现，是信息时代，企业存在于这个世界上的自我炫耀与示威。

目前，依靠多年积累的口碑效应，技术研发带来的产品功能优势、营销升级与创新所带来的服务体验转变等都是企业塑造自身品牌的重要渠道。在单一的品牌战略之外，为迎合多元化的消费需求，多层次的消费群体，平台可通过市场细分、群体细分、产品 / 服务细分等，形成以核心业务、核心品牌为支撑，多品牌组合互补、协同的品牌体系，实现 1+1>2 的效果，强化整体品牌竞争力。

第三，实现业务聚焦。“轻资产”运营的一个重要特征就是聚焦核心业务，将重资产部分进行外包或合作运营。这种情况下，企业不再需要运营整个产业链条，而只是做好分工中自己最擅长、价值利润较大的环节，实现业务聚焦。

以美团与餐厅、影院合作为例，尽管美团没有在全国每一个城市都自建餐厅、影院、KTV 等场所，但是，全国大大小小的餐厅、影院、KTV 都可以入驻美团平台，进而为美团用户提供相应的服务。对于美团而言，唯一需要做的就是做好自身品牌，强化流量效应，不断升级平台服务和营销模式，免去了实体店的租金、设备等诸多成本。

对于房地产企业来说，聚焦核心业务同样适用。事实上，越来越多的房地产企业开始转向轻资产运营，如链家地产聚焦二手房交易、出租，而不会从事投资、征地、建设、运营等环节。此外，还有一些企业则聚焦装修规划等业务。

第四，巧用租赁模式。对于很多制造业企业来说，既然是工厂，必定要背负资产、厂房、机器、设备、备件等。不过，无论是厂房还是生产设备，都不一定需要自己买，企业可以通过租赁的模式引进厂房设备，这样既可以生产产品，同时也可以减少成本开支，一旦经营效果不理想，企业也不需要承担较多的成本开支，很好地规避购买厂房、设备所要考虑的使用年限与折旧的问题。

还有一些企业直接会寻找企业合作生产，例如共享单车，通常会寻找签约企业合作生产：由企业提供必要的生产设计说明书，企业进行生产，这样企业不需要拥有厂房、设备，同样也可以生产相关产品。其他的例如手机、汽车等同样也有很多选择这样的模式。

（三）建立现代企业制度模式

未来 5—10 年，我国将有 300 多万民营企业进入交接换代的阶段，企业所有权与管理权的传承问题愈加突出。此外，这些民营企业多数为传统制造业企业，且中小企业比较多，无论是生产、管理，还是发展规划都相对滞后。这种情况下，把企业简单地交给“企二代”未必就是最好的选择。

相比之下，借鉴欧美发达国家和地区的成功经验，通过建立现代企业制度，实现股权与管理权的分离，在保持对企业所有权的前提下，聘用第三方机构或管理人负责企业日常经营是一个不错的选择。

现代企业制度，其定义为以市场经济为基础，以企业法人制度为主体，以公司制度为核心，以产权清晰、权责明确、政企分开、管理科学为条件的新型企业制度。企业是在一定的财产关系基础上形成的，企业的行为倾向与企业产权结构之间有着某种对应关系，企业在市场上所进行的物品或服务的交换实质上也是产权的交易。

职业经理人是指在一个所有权和经营权分离的企业中承担法人财产的保值增值责任，全面负责企业经营管理，对法人财产拥有绝对经营权和管理权的职业，由企业在职业经理人市场（包括社会职业经理人市场和企业内部职业经理人市场）中聘任，而其自身以受薪、股票期权等为获得报酬主要方式的职业化企业经营管理专家。

通常，职业经理人都具备相关行业很强的专业性，并能够使企业很好地运转起来。职业经理人需遵循相关合同规则，尽自己所能，做对企业发展有利的事情，提升企业的盈利能力、管理能力，以及市场竞争力。在日常业务中，职业经理人直接对董事会或企业法人负责，具有很强的独立性。其主要工作就是负责企业的日常经营管理，并对企业的发展规划、运营模式，以及对外合作等进行把控。

对于现代企业制度下的企业传承方式，主要分为以下三种：

首先是家族办公室。家族办公室是欧美成熟市场企业传承的重要方式，目前，它已成为一个汇集财富保值、增值，以及企业管理和运营的载体，管理着全球亿万富豪数万亿美元的资产，并为他们提供政策咨询、发展建议。

其次是职业经理人。现代企业制度认为，一个企业要实现在竞争中发展，保持足够的运营活力，需要在高层管理成员中拥有一名或多名非家族成员。这些人在企业日常管理中能够更多地从现代企业管理的特征出发，借助自身知识和技能优化企业管理与运营架构，给企业注入全新的活力。同时，职业经理人制度的引入也可以帮助一些“企二代”进行企业管理，有效地将企业所有权和经营权进行分离，确保企业的高质量发展。

最后是家族信托。对于初创企业家而言，通过家族信托完全可以引导企业，或者继承人按照自己的意志继续保持企业的发展趋势。家族信托设立后，委托人可以选择将企业所有权转移至信托公司名下。从法律层面上，被划入家族信托的资产就被分割出企业与家族之外，形成了一定的风险隔离与保护作用。当然，委托人还可以设定条款约定受益人行为规范，实现家风与管理理念的传承。

02

新时代要有新的发展理念

改革开放四十多年来，国内社会经济发展已经出现了较大的变化。过去，依靠廉价的劳动力来支撑经济增长的基本动力正在逐渐消失，国内经济发展进入新常态，并呈现出增速换挡、产业结构优化，以及发展动力转换等诸多新特征。而经济新常态的核心是发展动力的转换，发展动力转换的前提是发展理念的调整。近年来，国家先后提出低碳、共同富裕、专精特新、反垄断、金融支持实业等一系列全新的发展理念，统筹国内国际两个大局，统筹新冠肺炎疫情常态化与经济社会发展，推进国内供给侧结构性改革。

（一）绿色低碳发展理念

绿色低碳发展理念，是基于人与自然和谐的价值理念来设计，以绿色低碳为主要发展模式，追求经济社会和谐、高效、可持续发展。

2021 年 4 月，在全球领导人气候峰会上，习近平主席宣布中国将力争 2030 年前实现碳达峰、2060 年前实现碳中和。值得注意的是，中国承诺实现从碳达峰到碳中和的时间，远远短于发达国家所用的时间，显示出中国实现绿色低碳发展的决心。

推进绿色低碳发展，对于我国现代化建设具有十分重要的意义：

首先，推进绿色低碳发展是我国实现科学发展，转变经济社会增长方式的主要途径。绿色低碳发展的目的在于推进人与自然和谐，追求可持续发展。其重点在于将现有的高能耗、高污染和高排放的发展模式，转向为低能耗、低排放、低污染的发展。

以往“先污染后治理”的粗放型发展片面强调发展的重要性，也使得经济发展长期处于规模扩张的低端模式。绿色低碳发展理念的确立，就是要谋求经济发展与环境保护的“双赢”，实现又好又快的发展。

其次，全球性的资源紧张问题日趋显现，生态环境恶化，特别是温室效应带来的全球性气候问题正在成为危及全人类生存与发展的重大挑战。

作为发展中国家，国内相关产业链对于资源、能源的需求已经远远超过国内供应水平，对于海外市场供应存在较大的依赖。这既不利于国内相关产业持续发展，同时也会对我国环境带来较大的承压，更不利于国内经济安全。

最后，绿色低碳发展的核心是追求技术密集型的发展模式。谁拥有技术优势，谁就能够在未来的经济竞争中占据有利地位。

特别是在新冠肺炎疫情暴发后，全球经济政治格局正在发生深刻的变化，以绿色、智能、可持续为特征的新一轮技术革命和产业革命正在推进。推动绿色低碳发展，推进国内产业升级，强化国内产业经济竞争优势，关系到未来全球经济发展的大局。

在“碳达峰、碳中和”的大背景下，企业要想实现绿色低碳发展，应从以下三点做起：

首先，应积极落实国家节能减排要求，并在企业内部建立完善的管理机制，落实到个人，为企业绿色“低碳”发展奠定坚实基础。

其次，扎实推进企业发展模式转型，优化产业竞争格局，特别是平台能源结构。减少对化石能源的依赖，从粗放型发展转变为集约型发展。

最后，要将“低碳”模式融入企业文化中，积极倡导企业全体员工在日常生活与工作中，感受“低碳”文化，实现真正意义上的发展方式的转变。

（二）“共同富裕”的发展理念

在前文中，我们对“共同富裕”的内涵进行了详细阐述。作为社会主义的本质要求，“共同富裕”的提出，要求我们必须在全面建设社会主义现代化国家的新征程上，全面、准确、深入地把握其时代内涵，顺应时代发展大趋势，在经济社会发展的过程中，更加注重社会公平。

对于企业而言，实现企业发展与“共同富裕”的统一，需要从以下五点着手：

第一，要做好自身发展，推进自身技术转型与升级。作为市场上经济活动的主题，企业自身的高质量发展是保证所属板块、产业链，以及整个经济社会健康发展的基础。在实现“共同富裕”的过程中，企业应扎实做好自身运营与管理，注重技术创新与服务创新，更好地满足消费者诉求的同时，实现自身的高质量发展。

第二，不断完善企业内部管理制度，加强内审自查。完善的内部管理体系是企业持续发展的基础，也是“共同富裕”的内在需求。通过完善的内部管理体系，企业可以加强对平台信息、业务、服务的监管力度。同时，做好内部自省自查，避免自身出现垄断、不正当竞争的现象，从自身做起，维护经济活动中的公平竞争与健康发展。

第三，尊重并重视员工权益的保护，构建和谐的雇佣关系，尊重劳动力在社会生产中的价值与个人尊严。企业需要从内部做起，维护雇佣关系的和谐。一方面，需要保障劳工的基本权益，例如社会保险、劳动获酬等。另一方面，要避免强迫用工，杜绝“996”等不合理现象。

第四，要注重城乡一体化发展，缩小地区之间的经济差距。在实现乡村振兴，推动农业农村现代化的进程中，企业可以根据自身的产业特征、技术优势，通过与政府、相关机构合作，设立专项资金，推动研发、生产、打造地方农产品牌，助力农村地区经济发展。为欠发达地区的农民提供更多更好的工作机会，解决城乡之间、地区之间的发展不平衡问题。

第五，加强环境保护，持续推进公益慈善。“共同富裕”强调人与自然、人与人之间的和谐共存与发展。企业可以通过技术研发、产业转型等措施，推进自身技术优化和设备改造，强化环境保护，提升全社会的生活质量。

此外，企业还是社会公益慈善事业的重要力量，可通过设立专项慈善资金等方式，强化对欠发达地区的扶助，保障民生，完善社会公众服务等，实现企业自身经济价值与社会价值的双赢。

（三）“专精特新”发展理念

中小企业在国内经济社会发展中占据着非常重要的角色。大力发展中小企业，特别是搭建一批“专精特新”的中小企业，形成技术创新与社会就业的主体，是实现经济高质量发展的重要内容。

这里的“专精特新”小企业主要具备以下特征：

第一，要有突出的技术优势，在所属行业、板块居于领先地位；同时，企业要注重创新投入，重视自身产品的更新迭代。

第二，注重培养自身个性化，极具特色的平台产品和服务，形成差异化竞争。

第三，要有市场、行业以及政府的背书，拥有良好的品牌名誉度，权威背书，在市场上拥有较好的口碑，能够得到普遍的认可和接受。

中小企业做好“专精特新”，需要做好以下三点：

首先，要明确发展方向，真正做到补齐产业链短板。要立足于自身禀赋，强化优势，补足劣势，既要能够有助于企业当下发展，又要长远布局，规划自身所属整个产业链的发展，补齐产业链短板。其中，最关键的是注重技术研发，有规划地提升企业研发经费，积极对接各类金融平台，优化资本引入，为企业创新注入源源不断的动力。

其次，要有突出的产业创新重点和方向。对于企业而言，技术创新要以市场需求为导向，根据消费需求明确研发重点，做到企业创新的有的放矢。同时，要与各类高校、研究机构进行合作，明确技术发展趋势和发展势头，避免技术创新脱离现实。在这一过程中，要积极引导产、学、研一体化，营造良好的投融资环境。

最后，企业以及管理团队要有时代使命感和魄力。一方面，对于企业而言，要站在行业发展的整体趋势上对自身未来发展进行规划。既要把握住自身发展的这条“线”，同时也要洞察行业发展的整个基本“面”，整合“线”与“面”的不同禀赋，推动平台创新，不断形成技术突破。另一方面，需要弘扬企业家精神。作为“专精特新”企业的掌舵人，企业家需要有足够的家国情怀，需要有坚韧不拔的意志力。以前瞻性的战略眼光规划自身企业发展，把握整个行业的发展大趋势，实现自身价值与社会价值的有机统一。

03 基于风险防控的经营决策机制

近些年来，国内外经济发展环境复杂多变，面对新冠肺炎疫情反复、俄乌冲突、美联储加息，以及国内进一步深化改革，“金税四期”上线、注册制改革等一系列机遇和挑战，加强风险防范、促进管理提升是国有企业当前一项重要而紧迫的任务。等不起、慢不得，必须牢固树立强烈的忧患意识，准确把握基本逻辑关系。

（一）企业面临的风险有哪些

企业风险的定义是：未来的不确定性对企业实现其经营目标的影响。风险存在于企业发展的全过程中，任何一环的疏忽和纰漏都会给企业带来极大的危害，规避风险，防患于未然成为当今企业必须高度重视的问题。

案例

共享单车巨头OFO市值最高时达到40亿美元，一时风光无两。然而，由于市场经验不足，随意投放，致使小黄车成为道路上的“黄色垃圾”，很多地方直接将OFO禁止，各地随之开始清退小黄车。不加节制的扩张，以及居高不下的维修运营费用，让OFO在短短三个月的时间便花了十亿美元，为此OFO挪用了用户的押金。消息曝光后，消费者开始办理清退，OFO也被资本抛弃，资金链断裂。如今，OFO已被多个法院的多个案件中列入被执行人名单，涉及未履行金额超过5.09亿元，令人唏嘘不已。

企业需要系统地分析经营管理中潜在的风险，并通过风险评估确认容忍程度，并建立规范的平台风控体系。成熟的风险管理体系要针对不同的目标分析其相应的风险。因此，在风险管理流程中，首要步骤就是制定目标，并将其作为风控管理体系的一部分。

企业风险按其内容不同可分为市场风险、产品风险、经营风险、投资风险、外汇风险、人事风险、体制风险、并购风险、自然灾害风险、公共危机、政策风险、外交风险等。

值得注意的是，近些年来，随着经济环境的变化，企业经营风险出现了一些新的变化，例如：新冠肺炎疫情的变化，政策性停工停产可能性增大；金税四期上线，企业财务性风险防范要求变得更高；企业进入传承期，在管理、资产上的传承对于企业的发展的潜在影响。

（二）以风险防范为基础的经营决策机制的确立原则

没有一家企业在经营过程中是一帆风顺的，尤其是在新环境下，企业需要通过根据国家法律、政策特点，制定相关的风险处置机制，特别是经营决策机制，进行管制。

第一，相互牵制原则。企业每项完整的经济业务活动，都需要经过两个或两个以上的控制环节方能完成。为规避潜在的风险，应由至少两个彼此独立的部门或者人员执行相关业务，这样就可以保证单个部门或人员的工作接受另一部门或人员的监督。

第二，协作整合原则。流程推进中，不同部门、不同人员之间需要相互协调，各个环节、各个步骤之间紧密协调，保证平台经营管理活动的连续、高效。协作整合原则是对相互牵制原则的补充与深化，既要避免“相互牵制”下的各个部门间扯皮，同时，也要保证完成质量，提高企业工作完成效率。

第三，程序定位原则。根据生产流程、业务性质、经营管理等，企业可根据不同的岗位，设定相应的职责权限、操作规范、明确评估标准与业务范围。如此，事事有人管、人人有专职、工作有标准、相互有检查，在强化员工个人责任感的时候，也会强化风控管理举措。

第四，成本收益原则。通过生产整合与环节控制，以最小的生产成本实现最大的经济收益，这就是成本收益原则。

第五，层次效益原则。捋顺企业内部层次性管理与工作效率的关系，一方面，要避免多层次管理带来的人浮于事、机构臃肿问题，另一方面也要规避简化管理出现的权、责不明确、不统一。以高效运营为出发点，合理设计内控层次化管理，明确各自的管理权限。

如今，很多大企业都在推广和实施企业内部控制制度，而内部控制制度也已成为企业风控的一部分。以往，很多企业风险的发生并不是因为制度的不完善，而是企业内部的操作违规，层次管控上的权责不清晰等造成的。因此，企业内控制度的规范与完善需要引起足够的重视，从根本上发挥经营管控的作用。

第六，要有底线思维。要坚持底线原则，落实风控机制，规避更大的风险损失。对于企业而言，要有健全的风险评估机制、指标，根据风险评估机制设计最大的风险损失估值。如果达到最大风险评估值，就要及时止损。

（三）如何建立风险防范的经营决策机制

建立风险防范的经营决策机制，需要从以下几点着手：

首先，要有一套一体化、全方位的风险管控机制。

企业经营风险具有多领域、全时性的特征。风险涵盖政策调整、经济环境、科技创新、社会动荡、外部变化等多个领域，囊括企业初创、发展、兴盛、势衰等多个时期。此外，不同时期、不同风险之间具有相互转化、彼此联通的特征，企业需要有一套完整、一体化的风险管控机制。

通常，风险评估机制具有两层含义：其一，机制本身需要在风险可能出现的领域设计风险应对策略，形成快速反应机制。简要地说，就是要在风险爆发的源头进行管控，有效地规避、减少、缓解、转化风险损失，并通过科学、全面的评估，形成合理的应对策略。其二，要设计意料之外的风险应对方案，针对规划外因素所造成的损失，抑或是超出风险评估之外的损失，能够及时进行处理、应对。例如，一些重大的工程项目或者一些特定政策的出台等，都需要做好预防和管控。

其次，科学而完备的风险分析机制是建立风险防范决策机制的基础。

分析就是要用科学方法对企业生产经营过程中遇到的问题进行分析，对决策的结果进行评估，对潜在的解决方案进行选择，当然，还要对决策的执行效果进行监控、评价，以确定个人、部门绩效的高低。其中，对问题进行分析主要是对形成问题的要素进行拆分，理顺不同要素之间的内在联系，把握问题形成的原因和影响，以及未来的走向。一般来说，在企业决策制定中，评估潜在的问题，并以此制定未来发展规划、预期目标是常规的程序性操作。

对决策结果进行评估，是指在确立风险防范的决策机制时，需要评估相关规划目标实现的困难程度，影响目标实现潜在的风险因素等，并以此为依据，设计最优的目标实现方案，统筹目标需求与成本投入、经营管理、资源整合之间的关系。通过对决策结果进行评估，可对目标实现的复杂程度进行分析，并对预期结果提供必要的数据、信息支持。

从数据到信息，再到最终目标的确认，对潜在的解决方案进行选择，最终形成方案落地，实现潜在的投资收益与成果，这是一个完整的风险防范的决策机制全流程。在选择潜在解决方案时，不仅要对其价值高低进行判断，同时也要通过机遇价值分析，做出最优化要素匹配结果。

对于一些企业家而言，受限于自身能力与知识水平，通常需要聘请一些专业的决策风险分析机构来帮助自己。一般来说，从事风险决策分析的机构主要有三种：大学和科研院所的科学研究机构、社会专业性研究机构、政府体系内的研究机构。这些机构通常也就是大家所说的研究院、智库平台，它们借助专业的知识和更加全面、科学的数据分析，为公众提供基于客观材料的数据分析。

再次，建立风险防范的经营决策机制需要构建协商机制。

无论是评估风险等级，还是解决风险所带来的损失，都需要有协商机制。事实上，风险决策分析、决策方案的选择都是建立在多利益主体与执行部门协商对话的基础之上。在制定风险决策之前，通过不同主体之间在利益、需求、偏好，以及情绪等方面进行协商和对话，统筹彼此的利益关切，可以使决策更加精准、科学，在执行时也更加顺畅。

从实际执行来看，构建风险防范的协商机制需要统筹对内对外、垂直与横向等多维度关系。统筹对内对外主要是指科学的协商机制不仅需要内部之间的协商，同时也需要做到信息公开，主动听取外界不同行为主体的意见和建议；统筹垂直与横向多维度关系指的是在设立协商机制时，既要听取不同行为主体之间的关切，同时，也要接受不同主体之间的监督与检查，保证协商成果落地。

最后，风险决策机制还离不开决策者的判断，尤其是决策者在整理各方面信息后，参考现有的知识与实践经验，根据所要达成的目标预期，对所掌握的数据、信息、知识进行预估和判断，并采取相应的应对方案等。

决策者的风险判断应该建立在四个维度上：价值认知、风险感知、个人能力、知识储备与经验。企业决策者作为风险决策机制上的“关键少数”，其关注什么、不关注什么直接影响风险决策的内容，也关系到哪些内容会被纳入协商议程、决策讨论环节。因此，决策者个人能力的高低，亦或是决策管理团队运营能力的强弱，都直接关系到风险经营决策的落地与执行。

事实上，分析、协商和决策三者之间密不可分，缺一不可。分析是认知风险的起点，协商是利益、偏好与需求的有机整合，决策是建立在二者基础上的最终决定。三者共同构成了企业的风险决策机制的整体流程。在它们的共同作用下，风险决策机制效用不断得到提升，风险控制机制也逐渐完善，风险决策也更加科学，这些都有助于企业风险的控制。

04

搭建适度灵活的组织架构

企业的组织架构是一种决策权的划分体系以及各部门的分工协作体系。一套完整的组织架构应根据平台发展的总体目标，整合企业各项资源，明确各自的活动范围，所要实现的活动目标，并对完成数量、完成质量进行科学合理地评估。在当下，新冠肺炎疫情的反复、金税四期上线、“双碳”目标的确认等，使企业运营环境发生较大的变化，对于企业管理、企业组织架构调整不断提出新的要求。这种情况下，要求企业不断对自身的组织架构进行调整，并保持适度的灵活性。通过适宜、高效的组织架构，充分释放企业发展潜力，增强各部门间的协同，实现“1+1>2”的整体运营效果。

（一）什么是适度灵活的组织架构

适度灵活的组织架构通常是指企业在组织架构中摒弃各司其职的传统管理模式，代之以高效对接、人尽其用的管理组织架构。

适度灵活的组织架构通常需要满足两个效果：其一，能够追踪、掌握、分析市场环境变化，并及时制定出新的发展策略和方向；其二，能够立足于自身技术能力，根据市场环境变化更新自身产品与服务。

换言之，适度灵活的组织架构不仅要达成企业短期的商业目标，同时也需要具备对市场长期发展进行规划和分析的能力，兼顾短期利益和长期利益，追求长短期目标的平衡。

举个例子，适度灵活的组织架构就像一个资源配置较为分散的平台，员工需要从平台不同的地方整理相关资源，收集所需要的技术支持、业务支持等，而不是简单地向领导汇报。这种组织形式更侧重于激发员工自身的创造性。由员工自己根据工作需要匹配平台资源，而不是单纯地汇报，等着领导告诉员工如何解决，需要怎么做。

通过搭建适度灵活的组织架构，不仅强化了员工的责任意识，主动地思考解决问题的办法和途径，而且有助于释放创新潜力，提升生产、组织、配合的工作效率。这依赖于贯穿全企业的横向交流，而不是传统组织那种通常的纵向交流，客观上也有助于减少最高管理层制定企业战略的集体责任。

（二）适度灵活的组织架构有哪些特征

组织结构是企业的骨骼，企业的每一笔业务都需要平台组织架构的整体配合来实现。如果组织架构设计不合理，或者缺乏必要的灵活性，就会影响到企业自身的经营效率。而适度灵活的组织架构则有助于明确各员工的工作职责，减少并处理业务推进过程中的不确定性。

通常来说，一个适度灵活的组织架构通常具有如下四个特征：

第一，平台管理层不再制定具体的战略和打法。从战略层面来看，企业的管理层更像是一个指南针，负责整体发展方向和远景的规划。而在规划设计完成后，由各执行团队独立制订执行方案和应对策略，处理各项事务流程的不确定性，明确工作内容和节奏。

第二，以“产品和服务交付”为中心。适度灵活的组织架构强调以“产品和服务交付”为中心，各部门的任务在于能力的打磨以及平台业务的完成，积极落地领导层相关的战略规划与安排。相较于以往部门之间明确的工作界限、层层推诿的“官本位”作风，这种适度灵活的组织架构更有工作效率。

第三，流程更加高效、紧密。适度灵活的组织架构讲求“如何把产品做出来”，并以此为基础调配平台资源，而不是“我们部门的 KPI 是什么”。组织架构更关注各部门的分工、资源的整合，以及高效的跨部门沟通和紧密的合作支持、信任。

第四，绩效管理体系的指标调整。传统的 KPI 考核更加看重各个部门年度、季度、月度目标的完成情况，这是一种从上到下、单向的 90 度考核，由各个领导将整体目标进行拆解。适度灵活的组织架构下，各部门之间联系更加紧密，绩效考核也更加看重项目整体完成情况。绩效考核时，也更加侧重整体项目进展，就跨部门间的工作推进、资源协同进行考核，注重项目完成的效率与质量。

（三）灵活的组织架构有哪些

适度灵活的组织架构对于企业日常经营、发展有着重要的影响，尤其是一些正处于发展期的企业，一套成熟的组织架构体系往往能够帮助企业快速成长壮大，实现更好更快的发展。

而从结构特点来看，常见的适度灵活组织架构形式有如下四种：

一是网络化组织架构。在网络化的组织架构中，企业各部门之间可实现自由、便捷的沟通与对接。企业不需要再遵循自上而下或自下而上的信息传播等级规定，而是借助信息技术、互联网技术，将信息在企业内部无差别、无层次地进行交流、传播。各部门之间这种即时的交流与沟通，其目的是实现部门间的密切协作和双赢。

二是扁平化组织架构。扁平化也是近些年企业组织架构调整的一个重要趋势。扁平化组织架构就是通过精简平台管理层级，裁减冗余人员，建立起一整套联系更加紧密的组织架构，使得企业内部信息传播、项目对接、跨部门协作更加高效、便捷。

案例

小米曾是组织架构扁平化的突出代表，它的组织架构层级很少。很多人或许想不到，高达数千人的团队规模，小米却只有核心创始人、部门负责人、普通员工三级架构。而且，小米不会让团队太大，一般都保持在十几人的规模，稍微大一点就拆分成小团队。这种扁平化管理，极大提升了小米的市场应变能力，让小米迅速崛起。

扁平化组织结构的优势主要体现在以下四个方面：第一，信息流通更加便捷，决策时间缩短，决策信息传达更加精准，降低信息失真的可能性，信息沟通与决策的方式和效率均可得到改变。第二，扁平化的组织架构赋予员工更多的管理权限和职责，这有助于员工创造性与积极性，提升工作效率。第三，强化企业的组织能力和反应能力，尤其是在市场发生变化时，各职能部门能够迅速对接，减少不必要的对接与沟通时间，以便更快、更高效地提出应对方案。第四，有助于企业生产成本的降低。扁平化的组织架构注重对企业冗余人员和机构的精简，这必然会使企业经营成本和用人成本的下降。

三是无边界化组织架构。无边界化的组织架构下，企业各部门之间的界限模糊化，打破衔接壁垒，使信息对接更加便捷，各部门之间协同更加高效。

企业特定的项目小组是一种较为常见的无边界架构模式。这些项目小组通常直接对接企业最高领导或该项目最高负责人，而无需像以往一样层层上报，进而能够更加高效地与客户对接，快速响应客户诉求。这种项目小组通常分为两类：第一类是“专案团队”。从平台各个部门抽调精兵强将，就某一特定问题、特定项目组织起来，整合全公司资源，设计解决方案。这种“专案团队”一般都是临时性的，随着项目的结束，问题的解决也会宣告解散。第二类是“工作团队”，这种团队更多的是负责企业日常的管理，例如联合纠察等。这种团队一般是长期存在的，也是企业内部一种很好的自我管理机制。

四是柔性化组织架构。组织结构的柔性化是指在组织结构上，根据环境的变化，调整组织结构，建立临时的以任务为导向的团队式组织。柔性化管理架构的核心是在架构变化与企业发展中寻找平衡点，为满足企业发展，不断调整、优化企业结构，这需要企业管理者具备很强的管理控制力。

柔性化组织架构的一个显著特点就是企业内部管理富有弹性，灵活便捷，通过即时调整可以充分调配企业内部资源，强化企业对于市场变化和竞争的反应能力。此外，柔性化组织架构更便于执行、强化企业管理者意志，有利于企业较好地实现集权与分权、稳定性与变革性的统一。

五是虚拟化组织架构。组织结构的虚拟化是指通过技术手段，将人、资金、知识或构想网络在一个无形的组织内，以实现一定的组织目标的过程。

虚拟化组织架构没有固定的办公场所，而是通过技术手段将实现目标所需要的知识、信息、人才等要素联系在一起，形成一个项目团队。这种虚拟化的组织架构并不具备传统企业的各个部门，也不需要团队成员聚在一起。相反，团队成员可以分散在任何一个地方，通过信息技术、网络技术进行串联，共享信息和知识，共同推进特定项目的工作进度。

此外，虚拟化组织架构更有助于企业整合内部、外部资源。一方面，企业可以借助信息网络技术，将平台内部员工有机地整合在一块，即时、高效地分享信息，对接业务。另一方面，通过网络信息技术，企业也可以与平台之外的专家、学者，以及其他协作人员进行有效地沟通和对接，跨地域、跨时空地开展合作。

05

建立青年友好型人力资源体系

随着 90 后、00 后开始进入职场，他们个性十足，对于企业的管理模式、组织架构都带来一些变化。在对企业进行的一些调研、抽查的过程中，经常能够听到企业人力资源机构对于年轻一代员工的评价：有个性、很现实、价值判断多元、离职率高等。在当代职场上，人们把 90 后、00 后，年龄在 18 ～ 25 岁的年轻员工称为“新生代员工”。在这些新生代员工身上，往往能看到区别于 80 年代以前员工的明显特征。

（一）“新生代员工”的职场特征

据数据调查显示，考公务员、进工厂已经不再是年轻人的首选，“铁饭碗”已经不再吃香。当代年轻人更加倾向于追求发展空间大、约束性小、更能够实现自身价值的互联网企业。特别是一些 95 后的年轻人，他们在职业选择上更加注重个人成长和自我价值的实现。在选择企业时，他们也更倾向于选择那些具有发展潜力、人际关系简单轻松，注重员工培养的企业，一些大厂、工厂已不再是他们的首选。

因此，对于企业来说，如果想要更好地吸引新生代员工，激励员工创造更多价值，就需要了解这些年轻人的职场特征。整体来说，新生代员工的职场特征有以下五点：

第一，热爱挑战，不善忍让。相较于以往，新生代年轻人更加富有挑战性，也更具有创新性。他们更强调个人的独立性，能够发现自己与他人的价值，也更热衷于表现自我，发挥自己的才能、潜力去工作。

如果工作一成不变，长期循规蹈矩地重复性工作会让这些年轻人产生厌倦感，他们不善于控制自身情绪，不善于忍让，团队协作意识和能力都比较弱。

第二，希望被认可，打破常规。新生代年轻人喜欢独当一面，敢于迎接挑战，希望通过自己的努力，让团队、领导、同事认可自己的能力和成绩。在实际执行中，他们也更倾向于打破常规，不盲从于“规则”，更希望用自己的努力来实现自我价值，证明自己的判断和取舍。

第三，崇拜偶像，注重个人提升。崇拜偶像是新生代年轻人一个显著的特征。相较于前辈，新生代年轻人所崇拜的偶像也更加多元，更倾向于通过自我价值评估选择所崇拜的个人。此外，他们对于个人能力提升有执着的追求，渴望能够接触更多的人群、不同的工作，以及不同的环境。对于工作的重视度较低，更加看重自身能力素质的提高、锻炼，追求未来的晋升空间和个人价值的实现。

第四，圈层文化淡泊，侧重网络沟通。相较于父辈们的圈层文化，新生代年轻人不太注重“人情世故”。在与人沟通时，他们不善于倾听，对于人际关系没有特别看重。在沟通的过程中，他们更加注重借助手机、电脑等网络终端进行沟通，也更乐于接受新技术、新工具、新思路，掌握沟通新科技、新模式。

第五，公私分明，看重私人生活与空间。新生代年轻人另一个较为显著的特征是公私分明，更加追求自我意识。他们不会对企业加班一味地接纳，而且会主动表达自己不愿意加班的意愿。工作之外，这届年轻人更看重自己的生活质量和生活空间，不会为了追求高薪而去选择加班，以免影响自己的私人生活。

（二）新生代员工管理原则

人力资源管理中重要的一项便是员工关系的管理。随着新生代员工逐渐成为职场主体，人力资源管理同样也需要做出相应的调整。如何有效地统筹管理新生代员工，成为企业管理过程中，众多管理者需要共同面对的问题。

从成长经历来看，90后、00后是伴随着改革开放、互联网经济的快速发展而成长起来的一代。从出生开始，他们便享受着国内经济社会快速发展的红利，并在生活、学习中接受了互联网、数字经济的熏陶，在价值理念、个人性格上更加追求个性释放和个体价值的实现。

因此，在处理新生代员工管理事项时，应坚持如下相关原则：

一是整体考量，系统管理。对于新生代员工管理，企业应该从平台自身出发，根据新生代青年的价值理念、性格特征，制定体系化的管理制度，特别是做好以下四个方面：首先，要有明确的人力资源发展规划，给予员工足够的发展、晋升空间；其次，要有明确的组织分工，明确员工职责与工作；再次，要有明确的员工培训机制，注重员工能力培养；最后，要有明确的绩效奖励机制和薪酬体系，强化员工获得感。

二是职业生涯清晰化。面对新生代员工，企业管理应立足于员工自身发展的角度，结合企业自身特征，帮助员工合理规划自身职业发展，明确个人职业发展目标。特别是一些中小型企业，管理灵活，发展潜力与晋升空间均相对较大。这与新生代员工的个人发展诉求有着很强的契合度，企业可以有意识地主动引导员工职业规划与企业发展进行整合。

此外，企业可以为新生代员工提供足够的成长、发展机会，将个人成长与企业发展有机整合。引导、鼓励员工将个人成长与企业发展结合起来。注重并尊重他们的个性发展，适当给予他们转型发展的机会。

三是工作机制灵活化。很多中小企业，特别是互联网企业在制定企业规则时通常会采取一些灵活的机制，例如：不强调上下班打卡时间，不要求必须到岗等。这与新生代员工强调个性的特征不谋而合，给予新生代员工更多的时间、机会去安排自身的工作、生活。

规则灵活化之外，一些企业还会在设定岗位职责时，工作内容设计得更加多元化，让员工在工作中扮演更加复杂的角色，充分发挥年轻人的主动性和创造性，打破岗位限制，给予员工试岗、跨岗的机会。在拓展员工视野，展现自身能力、天赋的同时，更好地匹配各自岗位，激发各自的潜能，快速成长为企业需要的栋梁之材。

（三）新生代员工如何管理

美国管理学大师彼得·德鲁克教授有句名言：“所谓企业管理最终就是人力管理，人力管理就是企业管理的代名词。”一个企业能够持续发展，管理层也好、技术骨干也罢，甚至是销售冠军等，归根到底还是人力资源管理，是对企业员工的管理。

随着新生代员工正逐渐成为企业主体，作为管理者而言，如何与新生代员工打交道，如何发挥新生代员工的创造性，如何以科学的管理方式使企业人员与工作有机匹配，推动企业健康持续发展，这既是一个老话题，也是一个新课题。

首先，创造能够留人的职场环境。企业可以结合自身实际和工作的需要，设计一系列新生代员工感兴趣的福利条件，例如：交通补贴、通信补贴、定期体检等专属福利设计。有条件的企业可以为新员工提供食宿、健身设施，营造一个健康活泼的平台氛围。

完善硬件设施的同时，企业还需要逐步完善自身的软件设施。例如组织团建、员工生日等，营造轻松、健康、活泼的平台文化，增强员工们对于企业的认同感和归属感。

其次，注重对员工的能力培养。一方面，完善平台管理机制，为每一个员工，特别是新生代员工提供良好的工作平台，鼓励他们在工作中发挥所长，积极创新，激发自身的工作潜力。另一方面，要注重员工个人培养，帮助他们在日常工作中学到新知识，掌握新办法，转变新理念，拓展自身能力和交际，不断强化员工的专业化水平，更好地胜任职位要求。

再次，合理的工资待遇与适当的激励机制。企业赋予员工的薪资是企业基于对员工能力、岗位、工作态度的综合衡量，给予的劳务报酬。一份合理的薪资待遇是对员工的尊重，也能够让员工感受到企业对其工作的认可和重视。

除此之外，企业可以设立一些奖励机制和激励机制，对于业务优秀、工作能力强、表现突出的员工给予一定的激励，鼓励他们继续为企业风险和付出，充分调动他们的工作积极性，更好地提升、改进工作办法和工作效率。

最后，侧重人性化管理，要有人情味。企业是一个经济性组织，企业经营活动的目标是要实现经济效益。但在实现经济效益的过程中，不能缺少人性关怀。

新生代员工进入职场，不仅缺乏相应的职场经验，在能力上也存在着诸多不足，需要企业给予足够的支持和包容。此外，年轻人自尊心较强，思想较为单纯，初入职场难免在工作上遇到挫折与挑战。对于企业而言，要鼓励新员工做事，在尊重员工的同时，可对他们进行适当的批评教育，讲解做事的方法和程序，而不是单纯地进行惩罚。

06 实施多维度竞争战略

一家企业，其所处的市场环境不可避免地会存在竞争。企业的客户、收益、利润，以及行业内的口碑都是在竞争中获得，如何在与行业内竞品之间、所属行业与替代行业之间的竞争中寻求生存、发展，是每个企业都必须考虑的问题。面对愈发激烈的竞争，企业需要有一个独立的竞争策略，根据自身价值判断，采取进攻或防守行为。对于企业来说，竞争战略是一个多维度、完整的体系，囊括了企业生产、成本、宣传等多个环节。企业的竞争战略是企业总体战略的一部分，是指导企业之间竞争的全方面战略。

（一）消费者心智竞争

无论是多维度竞争，还是简单的价格攻防，企业间竞争的核心都是围绕着客户心智展开，以更多地获取消费者认可为目标。针对消费者心智，如何制定高效的竞争策略，赢得客户认可，成为当下很多企业在制定竞争战略时重要的考虑事项。

制定一份完整的消费者心智竞争战略，通常需要从以下三个方面来考量：

第一，借助大数据技术，绘制消费者心智地图。根据平台消费者的消费偏好，结合大数据技术，细化消费者的喜好品类、喜好货架、喜好品牌，并对其进行量化标记。绘制从消费者到产品，和从产品到消费者的心智地图，明确消费者的消费偏好、消费习惯，也明确每一款产品的受欢迎程度、热销时间和地点。此外，借助大数据技术，实时跟踪产品与消费者需求的变动，及时把握产品热销契机，满足特定时间段下，消费者对于产品的特定需求，并加深消费者对于自身产品的口碑认可度。

第二，通过技术、营销等创新，打造专属消费理念认知。任何一个成功的产品都有自己独特的竞争优势。要打磨这样一款成功的产品，企业需要分析竞品，确立自身产品的创新点。企业可通过技术手段，发明一款颠覆性的产品，以取代原品类产品。如果技术壁垒较高，则可以通过创新运营模式，强调产品的某一特性，打造专属理念、专属服务模式，使自有产品与同类产品区别开。例如，同为保健品，但过年的时候，大家通常首先会想到“今年过年不收礼，收礼只收脑白金”。

第三，制定完整的消费者竞争战略，以体系化布局环环相扣。围绕市场竞争，需要明确认识到自己的优势，进行资源的有效配置，在产品体系配置、价格体系配置、营销体系配置等环节相互配合，获取消费者的认可，打造自身完整的消费者服务生态。

在制定、规划自身竞争战略路径的同时，也要规划好竞品路径。分析竞争对手的营销目的，阻断竞争对手的进攻路线，保护自身消费者资源。

（二）平台技术竞争战略

技术战略是企业总体竞争战略的一部分。企业技术战略强调通过积累、开发和利用技术资源、技术能力，保持并提高企业的核心竞争力。技术战略必须同企业总体战略保持一致，作为经营层面的技术战略，要解决的问题是如何积累、整合和激活企业独特的资源。

对于企业而言，技术创新并非仅仅是技术自身的研发与升级，更重要的是通过技术的进步整合自身的资源，保持企业在市场竞争中的优势。技术竞争战略的最终效果要在企业的产品、服务中体现出来，推进产业升级，引导产业发展的未来趋势。

对于企业发展而言，技术竞争战略的地位至关重要，甚至在某些时期就是企业总体战略的核心。

准确地讲，企业总体战略规划好了平台发展的整体目标和方向，技术战略则是总体战略能够实现的关键因素，也是企业整体战略能够实现价值所在。尤其是在全球化背景下，技术竞争日益激烈，技术保护壁垒日趋强化，甚至成为某些国家打压其他国家发展的手段。在这种背景下，企业技术竞争的地位就愈发重要。

作为保持、提高企业核心竞争力的关键，企业技术战略的基本功能作用主要有四个方面：

第一，为企业技术活动指明方向和目标。对于企业技术竞争战略而言，一方面需要明确企业所需要积累、开发的技术资源；另一方面，要规划企业积累、开发相关技术资源的时间、途径，以及所能够调配的资源。企业技术竞争战略通常具有一定的稳定性，在特定时期内，企业应专注于单一技术的研发。

第二，为日常技术决策提供原则性支持。任何规划都是一步步完成的，即便是一家小企业，每天也会有很多技术决策、技术运用要解决，保持企业技术发展的一致性、延续性。企业技术竞争战略作为平台技术发展的整体规划，为日常技术决策提供了原则性支持，统一调配平台各个部门资源、人员，保持整体行动上的一致性。

第三，为企业的市场定位提供基础。技术是搭建生态矩阵的基础，通过技术竞争战略，企业可对自身的技术资源、技术能力进行整体规划，支撑对自身核心产品、核心服务的生态矩阵的搭建，准确对接自身的市场定位，并为产品营销提供支持。

第四，为企业引导和推进产业升级提供支撑。产业升级是所有行业发展的必然趋势。当一些替代性技术出现时，必须要以原有技术的竞争战略为依托进行调整。

此外，技术战略通过对所属产业技术环境的跟踪检测，可对企业总体的战略调整和转移提供信息支持及决策支持。

如何做好企业技术竞争？

通常来说，企业的技术竞争战略包括技术竞争战略基础、技术竞争战略目标、技术竞争战略方案、技术竞争战略行动四个部分。

首先，技术竞争战略基础是指平台自身现有的技术资源和技术能力，这些是企业制定自身技术竞争策略的前提。一家企业如果需要制定一份极具竞争力和发展策略的技术竞争战略，需要做好日常的技术研发规划。

其次，技术竞争战略目标则是对企业要提升的核心竞争力做出具体规划，包括应哪些领域里提高哪些技术水平，是技术领先还是技术跟进，要在多长时间内到达上述目标等。拥有明确的研发目标是企业实现自身技术发展，确立技术竞争优势的保障。有助于合理地调配、安排相关企业资源，推进平台技术研发。

再次，技术竞争战略方案是对实现技术竞争战略目标的具体做法的详细描述。一份完整的技术竞争战略方案需要对战略目标、实施办法、实施流程、阶段性评估标准等都要有明确的说明，并对危机处理设定明确的处置方案。

最后，要确保技术竞争规划得到切实、稳妥地执行，企业需要制定完善的管理机制和奖励机制，将技术竞争规划执行落实到具体的责任人和团队。

（三）政策竞争创优势

在“双循环”“双碳”发展大背景下，国家对于企业创新的支持力度越来越大。作为国家、社会创新活动的主体，企业创新的重要性不言而喻。但企业技术创新、模式创新等难免都会伴随着风险大、成本高、市场认可度难以估量等问题。这些问题会成为企业创新的阻碍，令企业经营陷入困境。为此，国家出台了多项政策举措来引导企业发展，例如：对于“专精特新”企业的税收优惠政策；对于低碳企业、新能源企业财政补贴优惠；对于国内知识产权技术的保护等，保障技术创新企业的合法权益，鼓励大家进行技术创新的积极性。

对于企业而言，如何借助国家的相关政策支持，将政策优势转化为企业发展优势、竞争优势，这不仅关系企业自身的发展，同时也是相关政策能否落到实处、产生正面效应的关键。

做好企业自身发展与政策优势的转化，需要做好以下三点：

首先，把握政策实施动机和目标，探索企业创新发展与国家政策对接点。

例如，2021 年 11 月，国务院促进中小企业发展工作领导小组办公室印发《提升中小企业竞争力若干措施》的通知，其中指出：“加大对‘专精特新’中小企业的支持力度，将强财政资金支持，高质量落实惠企税收政策，推动税费精准服务。”

“专精特新”企业指的是具有“专业化、精细化、特色化、新颖化”特征的工业中小企业，企业规模符合国家《中小企业划型标准》的规定。其认定参考的重要标准之一就是“具有自主知识产权的高新技术产品”。

企业可借助“专精特新”相关政策，积极布局自身产业技术创新，研发具有独立自主知识产权的高新技术产品和服务，在抢占市场资源，提高自身产品竞争力的同时，获取国家相关的税收与财政补贴。

其次，借助知识产权保护，打造企业技术护城河。

2022 年 6 月，武汉市人民法院、武汉市知识产权局联合出台《关于进一步加强知识产权行政保护和司法保护衔接机制的实施意见》，强调要加快行政与司法监管的有机衔接，切实保障相关企业的知识产权权益。

其中就包括“共同参与建设武汉‘1+8’城市圈跨区域知识产权保护，推进资源开放共享，做好重大影响案件、重大敏感案件的信息通报”的相关规划。对于武汉地区拥有技术产权的企业来说，完全可以依靠该文件，在武汉“1+8”城市圈内实现自身知识产权的高效维权，巩固相关区域内企业的技术优势。

最后，切准区域性政策导向，布局全新赛道和领域。

以海南为例，在《海南自由贸易港建设总体方案》中给予自贸港内企业一系列政策优惠和福利，例如鼓励类产业企业减按 15% 税率征收企业所得税、高端人才和紧缺人才个人所得税实际税负超过 15% 的部分予以免征、鼓励类产业企业生产不含进口料件或含进口料件在海南加工增值超过 30% 的货物进入内地免征进口关税”等。

根据《海南自由贸易港建设总体方案》，海南自贸区鼓励发展的产业有通信网络、大数据、云计算、物联网等。对于相关产业的企业而言，可选择海南作为新的发力市场，在充分享受政策扶持优惠的同时，开拓海南、东盟乃至其他海外市场，布局全新赛道和市场领域。

（四）竞争对手调研策略

在市场经济环境下，企业提供产品和服务时，不可避免地要陷入与市场中同行业同类企业的竞争。为了避免出现决策上的失误，企业需要制定完整的竞争对手调研策略，深入了解竞争对手，及时把握其市场动态，并以此调整竞争策略，确保自身的市场优势。

当然，制定一份完整的竞争对手调研策略需要有完整的设计方案，从调研内容、调研渠道、调研数据分析等多个方面进行系统设计。

（1）竞争对手调研内容

内容1：确定竞争对手。企业需要根据自身所属行业、板块，以及产品定位、人群划分、技术特征等，选定自己的竞争对手，明确他们的分布范围和分布特征。

内容2：判断竞争对手优势和劣势。对于任何一个选定的对手，企业需从产品、技术、市场、口碑、品牌、运营策略等多个维度对竞争对手进行分析，判断竞争对手的优势和劣势，并以此为根据设计竞争策略。

内容3：评估竞争对手的目标与计划。知己知彼才能百战不殆，通过多维度竞争对手分析，评估其目标与计划，才能有所取舍地对自身竞争策略进行规划。

（2）竞争对手调研步骤

步骤1：了解市场。要立足于市场，了解竞争对手，了解市场环境变化特征，充分分析竞争对手的优势、劣势、风险、给予等，从市场需求、企业盈利和消费者偏好等方面着手，把握市场行情，对比竞争对手优、劣势，评估自身相关策略与执行的结果。

步骤2：动态追踪。收集和整理市场竞争对手信息后，企业需要持续对相关信息进行动态分析和把握，从市场竞争对手的生产、研发、产品特征、经营状况、营销决策等多个维度进行调研，动态追踪竞争对手状况，及时调整企业自身发展战略，把握竞争时机。

步骤3：整理制定调研报告。在动态追踪的过程中，企业需要将所整理的数据分析报告进行整合，制定调研报告，为企业高层决策提供必要的参考。

（3）竞争对手分析维度

竞争对手分析要从竞争对手的产品、销售、市场营销、资金、组织管理等多个维度出发，根据不同维度，设计相应的分析标准，以便更好地把握竞争对手的发展进度。

产品端：要全面分析竞争对手的口碑、品牌，把握对手产品的市场份额、适销程度，整体评估竞争对手产品的市场地位。

销售端：全面把握竞争对手的销售渠道、库存量、经销商分布等，以分析竞争对手的销售情况。

市场营销端：剖析竞争对手产品体系、营销策略，以及产品研发能力等。

资金端：评估对手企业的资金流量、融资能力、资金结构以及开支占比，评估对方的财务能力，特别是财务管理能力。

组织端：竞争对手组织架构分析，评估竞争对手的人员素质、决策效率、管理能力等。特别是对其管理层的反应效率、管理决策的专业性等进行整体评估。

（4）相应的应对策略

策略 1：主动应对。多维度评估后，如果自身企业强于对手，可以通过资本优势、市场优势、技术优势扩大己方市场份额。

策略 2：选择回避。如果竞争对手较为强大，或双方实力接近，选择正面竞争得不偿失，在这种情况下，选择回避策略是较为明智的。

策略 3：追踪跟随。当竞争对手较强，尤其当竞争对手在技术、营销方面占据较大优势时，企业不能确保竞争获胜的情况下，可选择追踪跟随策略，在产品、技术和市场三个方面，动态整理对方信息，以保持竞争优势，为在竞争中获胜做准备。

第五章

法规篇：合规也是生产力

本章阐述了“百年未有之大变局”下，企业面临的挑战与应对策略。“大变局”在法律层面的体现，就是国内国际法律环境的深刻变化。一方面，随着各国经济保守主义抬头，国际贸易规则频繁调整，给国内外贸企业和其他涉外企业的合规事务带来了新的麻烦。另一方面，随着经济社会形势的发展变化，国内法律法规的更新调整也比较多，特别是《中华人民共和国民法典》（以下简称《民法典》）颁布实施以来，行业监管政策与法律法规陆续出台，“金税四期”即将上线，数据管理与使用的法律规定越来越严格等，对企业及企业家与高净值家庭的合规要求进一步加强。

01 《民法典》与合同合规新要求

合同是一家企业基本的经济活动形式，同时也是企业组织开展生产经营活动的重要环节。因此，作为市场经济的基本法律制度，合同制度在民事法律体系中的地位举足轻重。在前文中我们曾提到，《民法典》合计 1260 条，其中合同编内容就多达 526 条，其重要性可见一斑。随着《民法典》的生效实施，原《合同法》《民法总则》等相关内容废止，涉及企业合同相关经济活动事宜要以《民法典》规定为准。

（一）关于合同订立及效力的主要变化

在《合同法》的基础上，《民法典》对经济活动中合同的订立、履行、变更、解除、转让、终止、纠纷以及解除等各环节进行了修正和完善：

第一，合同订立方式变化。《民法典》第 471 条就合同订立方式的内涵进行了扩充，新增“其他方式”，这样合同订立更加全面、严密，商业活动效率更高。其中，《民法典》第 491 条规定了互联网订单、《民法典》第 494 条规定了强制缔约、《民法典》499 条规定了悬赏广告则属于以“其他方式”订立的合同。

第二，合同订立时间的变化。在商业活动中，合同生效时间应该为合同文本中，签订合同相关当事人以承诺生效时间确定合同成立时间，是确认合同订立时间的基本方式。《民法典》第 483 条对合同成立时间进行了特别调整：“但是法律另有规定或者当事人另有约定的除外”。该调整允许合同当事人约定合同成立的时间，并且凸显合同订立当事人自愿、自立原则，更加方便当事人合同的履行。

《民法典》第 490 条对于合同时间的确定划定了两种情形：其一，如果当事人采用合同书形式订立合同，自当事人均签名、盖章或者按指印时合同成立。其二，在签名、盖章或者按指印之前，当事人一方已经履行主要义务，对方接受时，该合同成立。在第二种情形中，合同因当事人一方已经履行自身义务而成立。合同成立的时间为当事人接受未签字、盖章或者未按指印的对方当事人履行合同主要义务的时间。

如果合同双方通过信件、数据电文等方式订立合同，则可以参考《民法典》第 491 条相关内容确认合同订立时间。

《民法典》第 491 条规定：当事人采用信件、数据电文等形式订立合同要求签订确认书的，签订确认书时合同成立；当事人一方通过互联网等信息网络发布的商品或者服务信息符合要约条件的，对方选择该商品或者服务并提交订单成功时合同成立，但是当事人另有约定的除外。

第三，增加“预约合同制度”。预约合同的本质是契约。《民法典》第 495 条明确规定：当事人约定在将来一定期限内订立合同的认购书、订购书、预订书等，构成预约合同。《民法典》第 495 条规定：当事人一方不履行预约合同约定的订立合同义务的，对方可以请求其承担预约合同的违约责任。

《民法典》中预约合同具备如下两个特征：其一，相关当事人必须明确表达要在一定期限内订立合同的意向，并且该意向表示具有一定的法律约束力；其二，预约合同通常明确了正式合同的部分内容条款，部分预约合同约定了违约责任。预约合同的两个特征明确了预约合同的基本效力，并将预约合同与合作意向书、备忘录等文本形式进行了区分。

第四，报批条款及相关条款效力的独立性。《民法典》第 502 条规定，依法成立的合同，自成立时生效，但是法律另有规定或者当事人另有约定的除外。

此外，根据法律、行政法规的规定应当办理批准等手续的合同以及变更、转让、解除等情形应当办理批准等手续的合同，只有在合同当事人办理批准等手续之后，合同或合同的变更、转让和解除才能发生效力。

从商业实操角度来看，法律、行政法规规定需要办理批准手续的，主要分布在以下行业板块：金融商事领域、探矿权采矿权转让、国有资产转让、外商投资领域等。

（二）关于合同履行的相关事项

（1）合同约定不明时的履行

《民法典》第 511 条规定，当事人就有关合同内容约定不明确，依据前条规定仍不能确定的，适用下列规定：

质量要求不明确的，按照强制性国家标准履行；没有强制性国家标准的，按照推荐性国家标准履行；没有推荐性国家标准的，按照行业标准履行；没有国家标准、行业标准的，按照通常标准或者符合合同目的的特定标准履行。

价款或者报酬不明确的，按照订立合同时履行地的市场价格履行；依法应当执行政府定价或者政府指导价的，依照规定履行。

履行地点不明确，给付货币的，在接受货币一方所在地履行；交付不动产的，在不动产所在地履行；其他标的，在履行义务一方所在地履行。

履行期限不明确的，债务人可以随时履行，债权人也可以随时请求履行，但是应当给对方必要的准备时间。

履行方式不明确的，按照有利于实现合同目的的方式履行。

履行费用的负担不明确的，由履行义务一方负担；因债权人原因增加的履行费用，由债权人负担。其中，对于“合同中质量要求不明确”的情况，《民法典》新增并明确了遵照“强制性国家标准—推荐性国家标准—行业标准”的认定顺序。

（2）新增“选择之债”表述

选择之债，是指可以从合同约定的几种给付标的中选择一种给付的债。

《民法典》第 515 条、第 516 条新增了关于选择之债中选择权归属与移转及选择权行使的规定。

《民法典》第 515 条规定：标的有多项而债务人只需履行其中一项的，债务人享有选择权；但是，法律另有规定、当事人另有约定或者另有交易习惯的除外。

享有选择权的当事人在约定期限内或者履行期限届满未作选择，经催告后在合理期限内仍未选择的，选择权转移至对方。

《民法典》第 516 条规定：当事人行使选择权应当及时通知对方，通知到达对方时，标的确定。标的确定后不得变更，但是经对方同意的除外。

可选择的标的发生不能履行情形的，享有选择权的当事人不得选择不能履行的标的，但是该不能履行的情形是由对方造成的除外。

从《民法典》的表述来看，除法律另有规定、当事人另有约定或另有交易习惯外，选择权归属于债务人。债务人应该在合同约定期限内行使选择权，若逾期未做出选择，且在催告后在合理期限内仍未选择的，选择权转移至债权人。

作为合同约定的双方，在行使选择权时，选择方需要及时通知对方。对于行权标的，除非经当事人同意，否则不得变更已确认的标的。

（3）连带债务人的份额确定

《民法典》增加了对连带债务的债务份额认定的规定：一方面，连带债务人对外是一个整体，任何一个债务人都需要履行偿还全部债务的合同义务。另一方面，就连带债务人群体而言，不同连带债务人可以按照份额承担相应的债务。

《民法典》第 519 条规定，连带债务人之间的份额难以确定的，视为份额相同。

实际承担债务超过自己份额的连带债务人，有权就超出部分在其他连带债务人未履行的份额范围内向其追偿，并相应地享有债权人的权利，但是不得损害债权人的利益。其他连带债务人对债权人的抗辩，可以向该债务人主张。

被追偿的连带债务人不能履行其应分担份额的，其他连带债务人应当在相应范围内按比例分担。

《民法典》第 520 条规定，部分连带债务人履行、抵消债务或者提存标的物的，其他债务人对债权人的债务在相应范围内消灭；该债务人可以依据前条规定向其他债务人追偿。

部分连带债务人的债务被债权人免除的，在该连带债务人应当承担的份额范围内，其他债务人对债权人的债务消灭。部分连带债务人的债务与债权人的债权同归于一人的，在扣除该债务人应当承担的份额后，债权人对其他债务人的债权继续存在。债权人对部分连带债务人的给付受领迟延的，对其他连带债务人发生效力。

在商务实操中，如果实际承担债务的连带债务人承担了超过自己份额的部分，有权就超出部分在其他连带债务人未履行的份额范围内向其追偿。

（4）连带债权的内部关系

连带债权是指具有连带关系的多数债权人所享有的债权。

根据《民法典》第 521 条规定，连带债权参照《民法典》连带债务的相关规定。任何一个连带债权人都有请求和接受债务人履行全部债务的权利。不过，在连带债权人之间，仍按照债权份额确认各自的债权金额。

在具体商业实操中，若连带债权人之间约定各自份额的，应该按照事先约定为准明确各自的份额；只有在当事人没有约定，或者当事人的约定在份额确定上存在障碍时，才视为份额相同。若连带债权人发生债权交易的，应当参照适用连带债务的有关规定对连带债权人间权利、义务进行约定。

（5）“情势变更”原则

《民法典》第 533 条规定，合同订立后，合同的基础条件发生了当事人在订立合同时无法预见的、不属于商业风险的重大变化，继续履行合同对于当事人一方明显是不公平的，受不利影响的当事人可与对方重新协商；在合理期限内协商不成的，当事人可以请求人民法院或者仲裁机构变更或者解除合同。

人民法院或者仲裁机构应当结合案件的实际情况，根据公平原则变更或者解除合同。

之所以强调“情势变更”原则，是因为伴随着新冠肺炎疫情反复和防控措施的实施，很多商事合同已经难以按照原来的约定继续履行。这种情况下，合同相关方可以参考《民法典》中“情势变更”原则进行协商变更，协商不成可通过诉讼或仲裁变更。

（三）合同不成立时的返还问题

根据《民法典》第 58 条规定：合同无效或者被撤销后，因该合同取得的财产，应当予以返还；不能返还或者没有必要返还的，应当折价补偿。有过错的一方应当赔偿对方因此所受到的损失，双方都有过错的，应当各自承担相应的责任。

根据《民法典》第 157 条相关规定，在民事法律行为无效、被撤销或者确定不发生效力后，行为人因该行为取得的财产，应当予以返还；不能返还或者没有必要返还的，应当折价补偿。有过错的一方应当赔偿对方由此所受到的损失；各方都有过错的，应当各自承担相应的责任。法律另有规定的，依照其规定。

02 “金税四期”下的税务合规

2021 年，“金税四期”正式上线。这标志着我国税收征管方式从“收税”到“报税”再到“算税”升级，税收征管流程从“上机”到“上网”再到“上云”转变，税收征管效能从“经验管税”到“以票控税”再到“以数治税”提升。

（一）什么是“金税四期”

对于企业来说，随着“金税四期”的上线，企业财税合规监管将进入新时代：企业纳税人的监控将进入全方位、全业务、全流程、全智能管理新时代。即社保缴纳、个税申报、发票开立、私户等方面一旦出现违法违规问题，将会被严格调查。对于企业而言，了解“金税四期”，做好新时期的财税合规工作意义重大。

简单地从名称上来看，“金税四期”是“金税三期”的升级版。

“金税三期”完成了国税、地税数据的整合与统一管理，实现了对税务系统业务流程的全监控。在“金税四期”时代，所需要整合的数据信息已经不再仅限于税务方面，还融入了很多“非税”事项，完成了对纳税主体各业务环节的全程监控。

此外，通过与政府各部委、央行以及银行等参与机构间的信息共享，税务监管部门可对企业相关人员手机号码、企业纳税状态、企业登记注册等信息进行核查。税务监管部门掌握了更多的企业经营数据，监控也日趋多元化，全方位。此外，通过机器学习、RPA、语义理解等技术，“金税四期”可实现自动分析、自动计税、自动生成文件报告，以及一键归档等多元的功能。

除了银行税务信息共享，“金税四期”带来的变化还主要体现在以下六个方面：

第一，智能化“算税”，提高办税效率。

“金税四期”系统能够根据国内税制制度，依照相关的算法，自动提取数据，自动计算税额，自动生成文件报告，在纳税人主体确认后便可以进行线上提交。这种智能化“算税”极大减轻了纳税人办税缴费的负担，提高了各主要纳税主体的办税效率。

第二，税收征管流程智能化、定制化。

“金税四期”上线后，“无风险不打扰，有违法要追究，全过程强智控”的税务执法新体系也已经确立下来，对纳税主体的监管也更加快速、精准。

此外，“金税四期”下，税务服务新体系也呈现出新的特征，致力于打造“线下服务无死角，线上服务不打烊，定制服务广覆盖”的新格局。根据不同的主体，定制化地设计不同的税务服务新模式。

第三，以数治税，落实“一户式”管理。

“金税四期”将以发票全领域、全环节、全要素电子化改革为突破口，落实纳税法人税费信息的“一户式”智能化管理。

未来，依靠大数据、人工智能等技术，新的税收监管体系将为每一个市场纳税主体绘制全业务、全流程的“数据画像”，形成每一户市场主体的税务信息透明。

第四，全流程的纳税人监控。

在“金税四期”上线后，纳税人监控做到全业务、全智能、全流程。

以银行卡为例，个人名下一张银行卡涉案，5 年内不能开新户，禁用手机支付，包括微信和支付宝，买菜只能通过现金支付，所有业务都需去柜台办理；此外，涉案行为还将记录在征信中，银行贷款、信用卡交易都将陷入停滞。

对于企业主体，“金税四期”打造了全新的税收分类编码和纳税人识别号大数据监控机制。全流程数据监管下，虚开发票这条路基本上已经被堵住了。

第五，新业态征税将有大进展。

随着互联网技术的广泛应用，直播行业兴起，市场上缺乏对网红主播的纳税管理机制。“金税四期”上线后，相关领域将会被纳入到税收稽查范围，税务监管没有法外之地。

第六，大数据动态对比分析。

“金税四期”系统非常强大，支持对企业经营状况进行动态分析，企业的经营出现异常时，系统会自动预警进行提示。例如，如果企业税负率低，波动出现异常，系统就会给税务局预警。不需要举报，税务部门就能知道哪家企业可能会出现偷税漏税。

（二）“金税四期”下，企业财税重点稽查事项

国内税务系统越来越智能化，监管也越来越全面，企业一些不符合逻辑的行为、动态都将成为“金税四期”税收监管的重点。其中，主要包括如下五个方面：

一是企业收入异常。依托智能大数据系统，“金税四期”不仅可以有效地分析企业上报的数据，核实是否存在隐匿、虚报、异常，也会汇总企业银行账户、企业相关人员的银行账户和上下游企业相关账目数据进行分析，参照同行业收入、成本、利润等数据，判断企业收入是否存在异常。

如果一些企业存在利用个人银行账户、支付宝、微信等收取货款，抑或少开、虚开发票等行为，都会被“金税四期”纳入到重点稽查领域。

事实上，央行早就开展了大额现金管理试点。无论是公转私，还是私转私，都将依据一定的转账标准进行重点监管。其中，如下三种企业收入的情况，会被重点监管：任何账户的现金交易，超过 5 万元；公户转账，超过 200 万元；私户转账超过 20 万元（境外）或 50 万元（境内）。

二是企业成本、利润异常。线下业务少，却有很多的差旅费、酒店住宿支出；工资人员不多，但员工总工资申报较多；主营业务长期处于支大于收的状态，却屹立不倒；计提费用开支，却一直没有发票信息……这些现象都将成为企业成本稽查的重点目标。

通过控制企业成本与利润，造成企业经营连年亏损的状态，以期减少自身的税负压力，实现避税、逃税等，这些行为也会成为“金税四期”重点稽查事项。

三是企业的库存异常。“金税四期”上线后，对于企业的监控是全方位的，

其中就包括企业的库存。在“金税四期”下，企业囤了多少货，卖出多少货，还剩下多少货，税务稽查部门可能比企业还清楚。一旦出现库存账面数量与实际存量不一致，或库存数量变动异常的情况，企业需要高度重视，并及时查找原因，否则，就有可能被纳入税务部门强制监管。

对此，建议企业在日常经营管理中，一定要做好数量统计，定期盘点库存，严格落实责任人，避免出现库存账实不一的情况。

四是缴税额度的异常。如果一家企业增值税收入经常大于自身所得税收入，抑或企业税负率波动较大，平均税负率波动超 20%，在这种情况下，企业通过避税手段进行纳税偷逃行为的可能性就很大，自然会成为税务机关重点调查的对象。

此外，如果一家企业的大部分员工工资都在个税起征点以下，或是出现员工个税申报表中的工资与企业申报的工资不一致、盈余公积转增资本，个人股东却未缴个税等现象，也会成为“金税四期”重点稽查的目标。

五是企业社保异常。长期以来，在一些企业中经常存在试用期不为员工缴纳社保、不足额或不为员工缴纳社保、员工自愿放弃社保、档案未转就不为员工缴纳社保，甚至以未签合同为由，拒绝为员工缴纳社保等行为，这些都属于企业社保异常的表现。

企业社保异常属于违法行为。通过与各部委、银行等机构实现数据共享，企业社保异常已经纳入到税务监管范围，除追究企业相关的经营责任外，同样还会对企业操纵工资发放、偷税避税行为进行追究。

（三）“金税四期”下，企业如何做好财税合规

在国家税务机关日趋严格的税务监管要求下，很多企业也都意识到了税务合规的重要性。然而，如何快速推进企业财务管理数字化升级则成为企业要面临的首要问题。“金税四期”下，企业做好财税合规应遵循以下原则：

第一，合规开票。无论是自开发票，还是选择去税务局代开发票，开票不能脱离真实业务。一旦发现企业存在发票“虚开”，将依法追究相关企业责任。

“金税四期”数据分析中，最重要、数据量最庞大的就是发票。因此，企业在日常开票过程中，务必保证规范、完整和业务一致性。此外，企业还应该

实时查看开票进度，降低沟通成本，提高工作效率。

第二，依规填报。企业纳税申报时，应做到申报及时、确保信息数据真实。这样可以减少日常风险点的积累，被大数据检测到风险的概率也会降低，做好企业税务合规。

对此，企业必须要审慎对待每一个纳税申报期，按时申报是基本的要求，遵守国家制度进行合规经营，减少公司的涉税风险，立足于企业的长远发展，提前规划企业的税务成本结构，降低涉税风险。

规划企业税务成本结构，应先从企业内部结构进行调整，梳理自身业务流程，避免因为业务模式不清晰造成企业多交税的情况。企业还可以通过享受地方性税收优惠政策来解决。

第三，做好数据统计和逻辑性关联工作。日常交易活动中，企业应做好财税留痕管理。一方面，要做好交易合同协议条款、双方沟通记录、出库入库单据、会计凭证、资金交易流水等相关证据保存工作。一旦面临税务机关核查，企业能够拿出足够的证据资料，证明自己的业务合规，纳税合规。另一方面，企业要注意增值税、企业所得税、个人所得税、社保申报等申报表之间，以及申报表与财务报表之间的逻辑关系，数据须相互印证，确保纳税数据的逻辑性、准确性。

第四，财税资金流动审核。做好日常财务审核，实时检测资金流动情况，杜绝在公户、私户之间短时间大额资金频繁转入、转出，健全日常监察机制，把风险降到最低。

资金流动是银行反洗钱、税务部门进行合规稽查的重要参考。企业大额转账交易应避免当日单笔或累计自然人 5 万元，非自然人 200 万元的转账划款，实时监测资金交易情况。

第五，与第三方机构合作。企业也可向专业财税服务机构咨询，规划税务结构手段降低企业税负，依法依规控制企业财税风险。

在“大数据 +”时代，大数据技术不仅可以赋能企业发展，拓展自身发展空间，而且也有助于完善对企业业务合规监测。随着“金税四期”的到来，企业应做好自身财务合规，并借助大数据技术，让账务管理更加合规、高效、先进，并创造更大价值。

03 国际贸易合规新问题与应对措施

近年来，全球及地区经济格局加速演进：贸易保护主义抬头，地缘政治经济关系的调整，国际经济发展不确定因素增加……这些都给企业进行国际经济交流与贸易合作带来了新的挑战。对于国内企业而言，适应国际经贸形势变化，准确评估对外贸易与投资风险，遵守及理解相关经济活动规则，维护并保护自身经济利益，变得越发重要。

（一）非传统贸易争端下的企业合规

国内企业在开展对外贸易与投资时应注重做好企业合规管理，特别应注意以下四点：

一是规避“长臂管辖”，明确交易对象与地域限制。当前，国际间“长臂管辖”现象屡有发生，其一些法案、制裁措施蔓延到全球产业链条中，对于国际贸易的稳定带来极大的负面效应。以美国为例，作为国际上“长臂管辖”的典型国家，从产品、企业到国家主体，美国政府设计了诸多国际贸易壁垒。美国《出口管制条例》（*Export Administration Regulations*，EAR）规定，禁止含美国受控成分超过 10% 的外国产品出口至叙利亚、朝鲜、伊朗、苏丹、古巴等国家，但可与美国财政部海外资产控制办公室（OFAC）发布的《特别指定国民名单》（*Specially Designated Nationals and Blocked Persons List*，SDN）上的企业以及其控制权超过 50% 的子公司进行贸易往来。

面对“长臂管辖”，企业在填写国外客户寄来的供应链合规调查表时，通常会选择不填写，或者直接放弃该笔交易。在此，建议企业做好防火墙，在对外投资和贸易中尽量避免美国因素掺杂在相关交易中，减少供应链条上对于美国技术的依赖。此外，需要涉外企业保存各种政策与交易文件，以便在面对“长臂管辖”纠纷时能够从容应对，提供足够的应诉抗辩证据。

二是重视物项性质，明确交易目的与使用限制。除交易国家、企业与特定个人的限制外，在国际贸易中，还需要重视交易物项使用范围和使用目的的限制。特别是2014年以来，美国历届政府加速了商业市场颠覆性技术向军事系统的转化，持续推进军事和商业技术体系融合，对于民用商业技术交易限制更多。

如果一家企业被美国列入“军事最终用户”“中方涉军企业”清单，其生产经营、全球供应链条体系和地位都将受到较大影响。为此，建议国内企业在涉外贸易往来中，应该在合同签订时参照相关法案、法规，审慎制定贸易条款，明确交易目标和适用范围。如果企业被列入“涉军企业”或“军事最终用户”名单，应全面排查以往交易中的违规事项，重新审视自身涉外贸易行为的合规风险。必要时，可邀请第三方专业机构对企业自身贸易对象、合同条款进行审查。

三是谨慎对待“反规避调查”。近年来，一些国家和地区对中国出口产品开展反倾销、反补贴调查，动辄加征301关税，一些国内企业选择海外设厂，将部分生产迁移到第三国。这些行为也是海外“反规避调查”重点监督的事项。

通常，“反规避调查”具有调查程序快、认定标准复杂、处罚力度大等特点。一旦做出肯定性裁决，国内企业将面临巨额罚款、关税补缴等后果，甚至还将面临海外司法调查。

面对“反规避调查”，企业首先应做好与反规避相关的自查自纠。在向海外转移生产过程中，应合理地设计企业股权、工厂选址、产业链匹配等多个环节，做好规划。此外，企业应当认真分析美欧关于“反规避调查”的认定标准，如欧盟的25%原则、60%原则等。依据认定原则，合理调整自身生产活动。最后，企业应该做好日常风险防范工作，例如保留完整的采购记录，优化升级产业工序流程等，在面对“反规避调查”时，应积极主动配合调查，维护自身合法权益，更好地进行抗辩。

四是需要紧盯美欧政策调整，特别是海关临时政策。美欧等西方国家对中国经济制裁日趋频繁，对此，中国企业应特别注意供应链条的合规审查，特别是对供应商的梳理排查，必要时需尽快寻找可替代的供应链企业。对于涉案企业，应积极采取自救措施，提供相应证据，证明原材料来源以及生产流程合规等，要求撤销暂扣、制裁等。

（二）RCEP 协议、“一带一路”倡议下的机遇与企业合规

2022 年 1 月 1 日，RCEP 协议正式生效，这对于各成员国来说意味着巨大的机遇。根据协议，中国与东盟、澳大利亚、新西兰之间的立即零关税比例将超过 65%，与韩国相互之间的立即零关税比例将达到 39% 和 50%。在 RCEP 协议项下，中国出口至日本的商品，88% 将最终享受零关税待遇。

根据协议，各成员国均承诺放开超过 100 个服务贸易部门，包括金融、交通、电信、旅游、研发等多个领域。通过各成员国之间在关税优惠、服务贸易、原产地等规则上的安排，可有效帮助各成员国企业之间开展贸易往来。

未来，RCEP 协议将与“一带一路”倡议相互配合，共同搭建起我国区域合作的基本框架，为促进地区的发展与繁荣增添新动能，也为国内企业开展涉外投资与贸易合作提供更大的便利和舞台。在享受相关协议所带来的发展机遇的同时，国内企业同样需要做好合规工作，尤其是在海外投资与设立管理经营上要注意以下两点：

第一，境内资金合法出境。

随着越来越多的中国资本“走出去”，企业对外投资合规化管理日趋得到重视。目前，我国在对外投资方面有着比较严格的管控政策，企业资金合规出境需要做好一整套手续，其中最常见的就是境外直接投资（ODI）备案。

境外直接投资备案是指国内企业、团体在经过相关部门的核准后，通过设立、并购、参股等方式在境外直接投资，以控制境外企业的经营管理权为核心目的的投资行为。根据我国《境外投资管理办法》《企业境外投资管理办法》，境内企业向境外企业出资前，需要具备相关的资质，并进行相关备案。

境内企业海外投资需要具备如下资质：

①境内公司最好成立满 1 年以上；

②审计报告不能出现亏损；

③净资产回报（收益）率 = 净利润 / 所有者权益，最好高于 5%；资产负债率 = 负债总额 / 资产总额，最好低于 70%。

备案流程通常如下：

首先向国家或地方发改委申请核准或备案，其次向商务部或地方商务部门申请核准或备案，之后完成国家外汇管理局地方分局外汇登记程序，流程确认后才可以实施境外直接投资。

若未能进行境外直接投资报备，投资主体的投资行为将中止或停止，并予以警告；在投资过程中提供担保的企业、个人将依法依规进行处理，同时，相关主体外汇进出也会受限。

第二，境外合规化经营。

中国企业第一次成规模地“走出去”是在 2008 年。当时，中国企业普遍欠缺“走出去”的经验，对于国际化管理经营不熟悉，很多项目，诸如中铝力拓合作、中钢澳洲磁铁矿、中海油并购尼克森等，承受了高达几十亿美元的损失。

直到 2018 年 12 月，国家发改委联合外交部、商务部、人民银行、国资委、外汇局、全国工商联七个部门联合制定发布了《企业境外经营合规管理指引》对于国内企业走出去的合规行为做了较为详细的规定：

（1）明确了合规工作的重点内容

《企业境外经营合规管理指引》划定了企业防范合规风险的七大重点领域、三大重点环节、三大类重点人员。

七大重点领域包括：市场交易、安全环保、产品质量、劳动用工、财务税收、知识产权、商业伙伴；

三大重点环节包括：制度制定环节、经营决策环节、生产运营环节；

三大类重点人员包括：管理人员、重要风险岗位人员、海外人员。

《企业境外经营合规管理指引》着重强调了“海外业务”的合规运作。在“海外业务”的合规运作中，“重点风险岗位人员”的合规风险评估尤为重要。

（2）“海外业务”的合规运作

国内企业“海外业务”合规管理主要涉及的业务类型有三种：对外贸易、境外投资、对外承包工程。

对外贸易中的合规要求：

开展对外货物与服务贸易，应确保经营活动全流程、全方位合规，全面掌握关于贸易管制、质量安全与技术标准、知识产权保护等方面的具体要求，关注业务所涉及国家（地区）开展的贸易救济调查，包括反倾销、反补贴、保障措施调查等。

境外投资中的合规要求：

企业开展境外投资，应确保经营活动全流程、全方位合规，全面掌握关于市场准入、贸易管制、国家安全审查、行业监管、外汇管理、反垄断、反洗钱、反恐怖融资等方面的具体要求。

对外承包工程中的合规要求：

企业开展对外承包工程，应确保经营活动全流程、全方位合规，全面掌握关于投标管理、合同管理、项目履约、劳工权利保护、环境保护、连带风险管理、债务管理、反腐败、反贿赂等方面的具体要求。

（3）建立并理清合规相关管理机构的职责

涉外经营与投资的企业可以根据业务性质、地域范围、监管要求等设立相应的合规管理机构。合规管理机构通常包括合规委员会和合规管理部门等机构。

企业可以根据实际业务经营诉求设立合规委员会，作为企业合规管理体系的最高负责机构，设计企业合规战略，明确自身合规管理目标。

合规管理部门是企业设立的专职合规管理部门，主要负责企业合规管理的具体事项执行与合规风险评估、部门协调等合规细节。

未来一段时间，贸易争端、地区冲突、区域性合作等仍在加速变化，国际贸易规则、多边与双边贸易协定、国内外贸易政策法规和配套服务体系（如SWIFT）等均将面临大规模的调整和重构。建议中国企业在开展海外贸易时，全面考量我国和他国的政策限定，密切关注新法案、新规定、新制裁，及时调整自身供应链条，更新内部风控体系和制度。

04 企业数据安全合规管理

近年来，数据安全成为社会舆论关注重点。一些企业、机构无视数据安全义务，肆意利用数据侵害大众合法权益，从个人信息过度收集到非法个人信息交易，甚至是国家、企业机密信息的窃取与泄露……大数据、数据管理的安全与企业合规问题日益突出。对于企业而言，在从事数据处理活动时，应当明确自身义务和权限范围，做好平台大数据、数据管理与企业合规，尊重并维护大众数据隐私，履行自身数据安全义务，避免对国家安全、行业发展带来不良影响。

（一）数据安全下的企业合规原则

第一，勿存侥幸心理。

数据安全，指的是数据的收集、存储、管理、使用、传输、交易等全生命周期链条的安全。做好数据安全，需要明确数据安全的一揽子机制，摒弃侥幸心理。

《数据安全法》第 6 条规定，各地区、各部门对本地区、本部门工作中收集和产生的数据及数据安全负责。工业、电信、交通、金融、自然资源、卫生健康、教育、科技等主管部门承担本行业、本领域数据安全监管职责。

正因为如此，所有企业均承担有数据安全保障的责任，也应该在数据安全保障过程中，做足准备，建立健全权责机制，维护数据安全。

第二，要有合规意识。

对于数据安全来说，企业负责人和管理人员应率先强化自身合规意识。特别是一些重要的数据，必须要明确数据安全负责人和管理机构，落实数据安全保护责任。

第三，健全数据安全保障机制。

健全的保障机制是数据安全的基本保障。《数据安全法》相关条例明确指出，企业应健全全流程数据安全管理制度，采取相应的技术措施和其他必要措施，保障数据安全。

（二）大数据安全下的企业合规义务

一是数据收集合规。对于企业而言，特别是一些互联网线上企业，遵守相关法律法规，建立健全数据收集安全机制，在网络数据安全等级保护制度的基础上履行数据收集与保护义务意义重大。

具体来说，数据收集需要事先征得相关组织和个人的同意，不得在未经授权的情况下秘密收集，更不能采取胁迫、诱导等方式收集、获取数据。此外，收集数据的范围应当在法律、行政法规的规定范围之内。

二是数据分类分级合规。根据《数据安全法》第 21 条规定，企业应当在国家的统筹安排下，加强对数据的保护，尤其是重要数据，以及有关国家安全、国民经济命脉、重要民生、重大公共利益等的核心数据，在数据处理、数据出境时应遵循不同的程序要求，履行相应的批准程序。

这里的“重要数据”并没有一个明确的标准，且不同行业、不同领域对于数据的重要性认定标准也有一定的区别。因此企业可以根据自己所处行业、板块，根据数据的性质、数量、敏感程度，参考数据转化后的影响力大小，进行综合评估。

需要指出的是，企业应该具备基础的风险等级意识，对于关系国家安全、国民经济命脉、重大公众关切的数据信息，应该做好信息分类分级，并予以足够的保护。因重要数据泄露导致国家、行业利益受损的，相关企业将承担必要的法律责任。

三是风险监测合规。持续性的风险监测，是确保数据安全的必要保障。《数据安全法》第 29 条规定，企业还应明确数据安全负责人和管理机构，落实数据安全保护责任。加强风险监测，发现数据安全缺陷、漏洞等风险时，应当立即采取补救措施；发生数据安全事件时，应当立即采取处置措施，按照规定及时告知用户并向有关主管部门报告。

此外，一些重要数据需要遵守国家相关制度、流程，定期开展风险评估，并将相关风险评估报告递交政府有关部门查阅、审核。相关报告应按照相关制度规定，确保风险评估的方式、数量、种类等符合规范要求。

四是数据安全应急响应合规。在数据收集、数据风险监测与评估之外，企业还应该根据自身业务和组织架构特征，制定切实可行的数据安全应急流程和预案。

根据《个人信息保护法》第 57 条规定，个人信息处理者在“发生或者可能发生”个人信息“泄露、篡改、丢失”时，应当立即采取补救措施，并通知履行个人信息保护职责的部门和个人。

通常，一个完整的企业数据安全应急响应机制应该包括识别阶段、处理阶段、通报阶段、关闭阶段。

识别阶段：通过员工风险监测、客户投诉、供应商报告等渠道，获得数据安全风险报告。

处理阶段：相关负责人在收到数据安全风险报告后，应组织协调平台各相关部门、职员进行汇总处理。

通报阶段：风险事件处理结束后，负责人应遵循国家数据监管相关规定，按照企业信息披露流程，及时对外部监管机构、受影响客户进行披露。

关闭阶段：事件处理完毕后，相关负责人对结果进行确认，并对事件发生的前因后果进行有效复盘，以避免类似事情的再次发生。

五是数据交易中介合规。数据中介服务机构应该持牌经营、合规经营。在提供数据交易服务时，相关企业需要履行必要的审核义务，例如：数据来源、身份确认，并留存审核、交易记录。

六是数据跨境流动合规。《数据安全法》第 46 条规定：“中华人民共和国主管机关根据有关法律和中华人民共和国缔结或者参加的国际条约、协定，或者按照平等互惠原则，处理外国司法或者执法机构关于提供数据的请求。非经中华人民共和国主管机关批准，境内的组织、个人不得向外国司法或者执法机构提供存储于中华人民共和国境内的数据。”

《个人信息保护法》第三章，企业涉及个人信息出境时，应遵循“境内存储”原则，确有必要向境外提供个人信息的，应事先进行个人信息保护影响评估，明确个人信息出境的合法依据。企业特别是跨国公司、境外企业需审慎处理个人信息出境。

根据以上规定，企业在向境外提供个人信息时，需向个人告知境外接收方的名称或者姓名、联系方式、处理目的、处理方式，以及相关个人信息的种类，并确保征得相关个人的单独同意。对于企业而言，即便不是关键信息基础设施运营者，对于重要数据出境的合规处理同样负有义务。

（三）企业数据安全合规建议

企业数据安全合规化建设应该如何进行？如何在遵守法律法规的前提下，建立健全数据安全合规机制，实现数据规范化管理和运用，是企业正常运营的重要保障。对此，提出以下几点建议：

第一，根据《数据安全法》《网络安全法》《个人信息保护法》等相关法律法规的规定，制定企业自身的数据安全规则，明确界定企业数据运用与数据安全的活动界限，规范员工行为，明确企业对于数据安全保护的态度。

第二，无论是获取何种数据信息，都应该依法进行，预先征得信息被收集者的同意。同时，企业应该明确数据收集的范围，确保所收集数据与自身业务、服务存在直接关联性，并将数据收集频率和数据获取数量控制在合理限度内，避免过度采集。

第三，进行数据交换、交易时，需要事先征得被收集者的同意，并获得相关授权。在未经被收集者同意时，需要将所提供的数据进行匿名化处理，并应确保匿名化处理后的信息无法复原。

第四，在向合作伙伴或其他第三方提供数据信息前，需要尽职做好相关背景调查，应确保相关数据不会用于违法犯罪活动。

第五，在数据保存环节，企业可以选择个人信息做“去标识化处理”，做到数据管理与个人信息相分离。在传输和存储个人数据信息时，需要对相关数据信息进行加密保护，并明确访问权限。

第六，明确数据安全合规体系奖惩制度，及时自查内部数据管理漏洞，并落实到具体责任人。对于在信息收集、存储、输送、交易、管理等环节中存在的员工数据安全违规行为，需履行提醒义务、惩戒义务。

信息化时代到来，以人工智能、区块链、云计算、大数据为代表的底层技术为未来信息化发展奠定了基石。数据已逐渐成为企业的重要战略资产，数据资产化也是近几年行业内企业挖掘数据中巨大商业价值的主要途径。推进数据融合应用和信息技术创新的同时，强化数据合规，并重视隐私保护已经成为数据信息相关产业发展的主要方向。

《网络安全法》《数据安全法》及《个人信息保护法》的出台，为我国数字信息产业发展提供了规范化的制度保障，也提升了企业对于数据获取与使用的关注度。未来，企业数据安全应用的基础将是数据标准与规范的制定，实现数据可见性、可信性、安全性等，不断增强企业抵御数据安全风险的能力，合规化运营生产同时，强化市场竞争力。

05 人力资源管理合规

企业人力资源合规指的是企业在劳动者工作过程中的政策与当地、国家的劳动法保持一致，并与特定行业的法规保持一致的过程。人力资源合规包括在人力、财务、税务、经营管理，以及法律等多方面的合规。尤其是在2021年，《民法典》实施后，一些新的表述对于企业用工管理将带来较大的改变。对于企业管理者而言，及时了解和掌握《民法典》在企业用工范畴内的新变化，对做好企业用工合规化管理意义重大。

（一）“人力合规”的定义

“人力合规”并非简单的劳动合规，而是包括人力、财务、税务、经营管理及法律上的综合合规，重点包括制度合规、流程合规、实施合规三方面：

制度合规：企业人力资源保障需遵循《劳动法》《劳动合同法》等基础劳动法律的要求，同时也要遵循《民法典》《经济法》等法律的要求，在法律基础上确立合规体系。

流程合规：合规制度的拟定、研究、审批、确认、培训等，都应遵循一定的流程标准。

实施合规：企业人力资源管理应当严格遵循企业合规制度，确保实施流程的合规合法，从制订规则、引导文化、支持业务等多个环节完善人才培养体系，确保企业持久发展。

（二）《民法典》与企业人力资源合规

《民法典》与每一个公民的权利和义务息息相关。尽管《民法典》并没有“劳动合同”的规定，但《民法典》对于企业用工管理合规化要求提出了一些新的要求：

第一，关于劳动合同签约主体的确认与调整。

《民法典》第 74 条规定：法人可以依法设立分支机构。法律、行政法规规定分支机构应当登记的，依照其规定。

分支机构以自己的名义从事民事活动，产生的民事责任由法人承担；也可以先以该分支机构管理的财产承担，不足以承担的，由法人承担。

拥有独立营业执照的企业分支机构可以以独立的身份雇佣员工、签订劳动合同，并依法对员工工作进行管理，承担相应的劳动合同义务。

当分公司因为运营期满、经营不善，或其他原因需要进行注销时，需要依法支付终止劳动关系补偿金并结清工资。若分公司无力支付相关的补偿金、应发工资，应由分公司法人承担相关的义务和责任。同时，员工虽不能主张与总公司存在劳动关系，但可要求总公司支付上述费用，以保障自身合法权益。

第二，平衡用工单位知情权与劳动者个人隐私保护。

《民法典》正式实施后，劳动者自身隐私保护越来越得到强化，诸如个人家庭信息、家庭成员信息、个人电话、个人邮件、银行账户等相关隐私信息都不希望对外透露。与此同时，出于用工管理的需要，企业需要掌握一定的劳动者基本信息。如何在解决企业知情需求的同时，强化对劳动者的个人隐私保护已经成为社会各界普遍关心的事项，同时也是《民法典》重点解决的问题。

隐私是自然人的私人生活安宁和不愿为他人知晓的私密空间、私密活动、私密信息。《民法典》第 1032 条规定：自然人享有隐私权。任何组织或者个人不得以刺探、侵扰、泄露、公开等方式侵害他人的隐私权。

同时，《民法典》第 1034 条规定，个人信息是以电子或者其他方式记录的能够单独或者与其他信息结合识别特定自然人的各种信息，包括自然人的姓名、出生日期、身份证件号码、生物识别信息、住址、电话号码、电子邮箱、健康信息、行踪信息等。

个人信息中的私密信息，适用有关隐私权的规定；没有规定的，适用有关个人信息保护的规定。

为了平衡企业用工知情权和劳动者的个人隐私权，《民法典》做出如下规定：

《民法典》第 1035 条规定，处理个人信息的，应当遵循合法、正当、必要原则，不得过度处理，并符合下列条件：

（1）征得该自然人或者其监护人同意，但是法律、行政法规另有规定的除外；

（2）公开处理信息的规则；

（3）明示处理信息的目的、方式和范围；

（4）不违反法律、行政法规的规定和双方的约定。

个人信息的处理包括个人信息的收集、存储、使用、加工、传输、提供、公开等。

企业有权了解劳动者与劳动合同直接相关的信息，如健康状况、知识技能、学历、职业资格、工作经历、家庭地址等。

《民法典》第 1038 条规定：信息处理者不得泄露或者篡改其收集、存储的个人信息；未经自然人同意，不得向他人非法提供其个人信息，但是经过加工无法识别特定个人且不能复原的除外。

信息处理者应当采取技术措施和其他必要措施，确保其收集、存储的个人信息安全，防止信息泄露、篡改、丢失；发生或者可能发生个人信息泄露、篡改、丢失的，应当及时采取补救措施，按照规定告知自然人并向有关主管部门报告。

简而言之，企业在搜集和整理员工个人信息时，相关信息应与订立、变更、履行劳动合同相关，如员工的身份信息、学历信息、工作履历、通信信息等，但企业不得将上述信息提供给无关第三方进行牟利等。

第三，获取相关信息应得到劳动者的授权。

职场生活中，企业可以要求员工在确认录用通知或填写应聘登记表时书面确认授权招聘单位调查、核实本人与应聘工作相关的个人信息。在取得员工授权后，企业可以进行相关的背景调查与信息核实。

同时，根据《民法典》第 1033 条规定，企业应该避免产生侵犯员工隐私的如下违法行为：

（1）以电话、短信、即时通信工具、电子邮件、传单等方式侵扰他人的私人生活安宁；

（2）进入、拍摄、窥视他人的住宅、宾馆房间等私密空间；

（3）拍摄、窥视、窃听、公开他人的私密活动；

（4）拍摄、窥视他人身体的私密部位；

（5）处理他人的私密信息；

（6）以其他方式侵害他人的隐私权。

（三）如何构建体系化的人力资源合规管理

在企业人力资源合规管理中，规则、流程和方法三者缺一不可。搭建体系化的人力资源管理，需要整合规则、流程和方法之间的内在逻辑，确保人力资源管理赋能企业发展。

第一，做好制度设计，尤其是劳动争议预防机制。

首先，完善公司规章制度。作为企业“内部法律”，完善的公司规章制度是确保企业正常运营的根本，而人力资源管理也是企业规章制度的重要一环。

在人力资源管理方面，完善企业人力资源制度需注意以下几点：

（1）无法律法规冲突；

（2）无合同协议矛盾；

（3）无引发劳资纠纷内容；

（4）与企业文化相促进；

（5）强化企业劳动合同管理。

从源头做好人力资源合规管理，关键要加强和完善劳动合同管理。对此，企业需要遵守《民法典》《劳动合同法》，以及其他国家法律法规，在双方签订劳动合同时应当充分满足对方的知情权，必须订立书面劳动合同。

其次，规范企业人力资源管理流程。

（1）搭建完整的人力资源管理体系。围绕着人才的引进开发、使用、培养、考核、激励、退出等环节，企业应根据自身发展规划，结合企业人员现状，未来人力资源需求，明确未来人才引进需求，制定完善的人力资源总体规划和能力框架体系。

此外，为有效激励员工的积极性，提高用工效率，企业应科学合理地设计薪酬体系、岗位（职务职级）联动机制及绩效激励机制等，使薪酬绩效管理制度合理合法化，形成对外有竞争力且内部公平的薪酬绩效体系。

（2）企业单方解除劳动合同合法化、程序化、证据化。单方面解除劳动合同时，企业合规性操作需要满足如下要求：

因员工过错行为选择单方面解除合同时，企业需要取得必要的证据支持。辞退违纪员工时，企业必须在掌握充分证据的前提下，遵循流程完成操作。辞退违反企业规章制度、工作失职，甚至是营私舞弊、贪腐的员工时，企业应及时做出处理并由员工签名确认、归档保存，甚至提交法律机关处理。

辞退违纪员工程序的合法化。对违反相关用工制度的员工，须依规发出处罚通知，并确保处罚通知的程序合法，处罚通知要以确保本人能收到的方式送达。对构成“严重违反规章制度”相关内容，达到辞退条件的，除依法发出《处罚通知单》外，还须发出《解除劳动关系通知书》。用人单位单方面提出解除劳动关系，还必须履行书面通知工会的程序。

（3）社会保险属于企业的强制性义务。一是依法参加社会保险。不同于商业保险，为员工办理社会保险是企业一项强制性义务。遵循相关规定，若因为企业的原因，而使企业员工未能办理社会保险的，企业应承担相关法律责任，并赔偿所有费用。二是注意缴纳的方式及比例。办理员工保险时，企业需遵守企业所在地政府出台的标准，由企业和劳动者双方按照一定比例共同缴纳。

第二，强化劳动争议的处理应对策略。

（1）完善劳动争议解决机制：私下和解，和解无效时可以采取反诉手段。

（2）注重企业日常向心力和文化认同感：完善企业员工培训机制，优化平台管理制度，制定合理的绩效奖励制度，注重技术创新，提升沟通技巧，构建良性沟通等。

“无规矩不成方圆”，企业推进合规化管理，需要制定并遵守不同层面的各种规则。人力资源合规是一个系统性的流程，相较于企业 HR 的个人能力，体系化的人力资源合规管理更能持续、稳定地为企业注入价值。

尤其是在《民法典》实施后，相关法律已经形成一个稳定的体系，全方面对劳动者进行保护，并设计了详细、清晰的规定。随着社会愈加进步，企业管理者应该重视对个人隐私的保护，员工权益无小事，企业更应审慎对待。

06 宣传与舆情管理合规

在市场经济活动中，企业总是希望通过宣传来获得市场上更好的口碑和更多的销量。由此衍生出各种各样的宣传渠道和宣传手段。很多时候，一些宣传偏离了基本事实，没有准确地展现相关产品和服务的特征，甚至给消费者带来了较大的损害。正因如此，如何加强企业宣传合规管理成为市场经济活动的一个重要环节。特别是在信息时代下，一些负面舆情对于企业的影响越来越大。了解法律法规对于企业宣传合规的新要求、新提法，利用法律条款充分做好自身维权，对于企业发展而言意义重大，同时也有助于在行业内形成良性竞争，推进行业高质量发展。

（一）企业宣传合规的新变化

伴随着2015年新版《广告法》颁布实施，以及2021年《民法典》的推行，国内企业宣传合规有了更加明确的法律参考。同时，随着市场主体维权意识的强化，由虚假宣传所造成的侵权伤害维权活动也日趋增加。

在信息时代下，一些负面舆情对于一家企业的影响越来越大。了解法律法规对于企业宣传合规的新要求、新变化，利用法律条款充分做好自身维权，对于企业发展而言意义重大。其中主要的新要求、新变化有:

第一，公司自建网站、微信公众号、微博也属于“广告”。

国内，市场经济主体通过一定的媒介直接或者间接地介绍自己所推销的产品、服务的宣传活动，均适用于我国《广告法》。

很多企业都开设有自己的网站、微博，以及微信公众号，在上述平台发布企业相关信息，并认为这不属于广告。但由于相关内容发布在互联网上，且面向不特定的社会公众，行政机关和司法机关通常认为这同样属于商业广告范畴。

在过去的几年，已有不少企业因官网宣传不当，而被有关部门认定为发布"虚假广告"，并被处以相关处罚。

第二，广告电话、垃圾邮件属于不法行为。

《民法典》是我国立法史上一个重要节点。特别是在互联网经济活动立法中，《民法典》开创了很多全新的表述和提法。

根据《民法典》第 1033 条规定，除法律另有规定或者权利人明确同意外，任何组织或者个人不得实施下列行为：

（1）以电话、短信、即时通信工具、电子邮件、传单等方式侵扰他人的私人生活安宁；

（2）进入、拍摄、窥视他人的住宅、宾馆房间等私密空间；

（3）拍摄、窥视、窃听、公开他人的私密活动；

（4）拍摄、窥视他人身体的私密部位；

（5）处理他人的私密信息；

（6）以其他方式侵害他人的隐私权。

这一规定明确了广告电话、垃圾邮件等多年来肆虐泛滥的企业宣传活动统统属于非法活动。相关信息接收者可以依法对其追究民事责任和法律责任。

第三，确认悬赏广告的有效性。

《民法典》第 499 条规定，悬赏人以公开方式声明对完成特定行为的人支付报酬的，完成该行为的人可以请求其支付。

也就是说，任何市场经济主体依法通过线上、线下有关渠道发布的悬赏广告具有法律认可的效力。市场经济主体需要遵循法律规定，为完成悬赏任务的个人、团体支付相关报酬。

第四，要约与要约邀请。

要约是指向他人提出明确条件，做出希望订立合同等意思表示；要约邀请则是希望他人向自己发出要约的表示。要约一旦发出，即对要约人具有法律效力。要约邀请不是意思表示，对于发出要约邀请之人与被要约邀请之人都没有法律约束力。根据《民法典》第 473 条规定，要约邀请是希望他人向自己发出要约的表示。拍卖公告、招标公告、招股说明书、债券募集办法、基金招募说明书、商业广告和宣传、寄送的价目表等为要约邀请。商业广告和宣传的内容符合要约条件的，构成要约。

怎样才能被视为符合“要约”呢？《民法典》第472条规定，满足“内容具体确定，且表明经受要约人承诺，要约人即受该意思表示约束”条件的，就构成要约。

举一个简单的实例，“理想居所”“居家首选之地”“温馨家园”等楼盘广告语仅属于要约邀请，在法律上没有约束力。对于该楼盘是否是客户心目中的“居家首选之地”，需要由客户自己来评估和决定，而开发商无须对此承担责任。

根据《最高人民法院关于审理商品房买卖合同纠纷案件适用法律若干问题的解释（2020年修正）》第三条规定：“商品房的销售广告和宣传资料为要约邀请，但是出卖人就商品房开发规划范围内的房屋及相关设施所作的说明和允诺具体确定，并对商品房买卖合同的订立以及房屋价格的确定有重大影响的，构成要约。该说明和允诺即使未载入商品房买卖合同，亦应当为合同内容，当事人违反的，应当承担违约责任。”

（二）负面舆情给企业带来的影响

舆情是指在一定的社会空间内，围绕某一件事情产生和持有的舆论。通常，舆情多数指的是负面消息、负面评论等。在信息时代，任何市场经济活动主体都应该注重对舆情的管理，一旦负面舆情大面积传播，将对企业产生很大影响，且难以控制。

对于企业来说，舆情管理是一个非常重要的事情。及时监测并应对负面舆情所带来的冲击，可以帮助企业摆脱品牌危机，挽回大量损失。但要正确地处理负面舆情，建立一整套舆情监管应对合规机制，需要企业做的事情还有很多。

负面舆情出现的原因：

一是信息传播节奏加快。随着自媒体的兴起，宣传形式和渠道日趋多元化，负面舆情通常具有发生突然、传播快速的特征，并出现各种类型媒体交织传播的现象，舆论导向产生的压力不容小觑。

根据艾媒咨询《2021上半年中国移动社交行业研究报告》披露的数据，中国移动社交的用户规模庞大且逐年增加，2020年中国移动社交用户规模已然达到9.24亿人，预计2022年中国移动社交用户整体突破10亿人。在这种大环境下，企业任何舆情都在公众的监督下，尤其是在业务办理、产品质量等方面，一旦出事就会出现较大范围传播。而且，负面舆情发生后，网民的活跃和媒体的交叉转发，都将使舆论迅速升温。

二是“标题党”断章取义。自媒体时代，内容传播往往注重“吸引眼球”，因此在标题设计上频频出现“断章取义”“夸张宣传”等现象。尤其是一些媒体在热点话题上，抓住公众的心理诉求，以吸引公众眼球的表述方式和有失偏颇的观点，使得负面舆情快速传播、放大。

三是媒体对于企业负面舆情的关注。随着《民法典》《广告法》等诸多法律发布、实施后，舆论更多地成为一种“施压”方式，督促企业树立良好的行业形象，合规运营。随着经济发展，公众对于生活质量、服务体验的要求越来越高，也更加聚焦民生问题。

关注社会舆情报道，会发现公众争议性较高的内容不仅转载率较高，负面的评论也通常会引发更多的共鸣，得到更多人的关注，这也使得一些媒体更加热衷于报道企业负面信息。

负面舆情带来的后果：

一是溢散效应。随着自媒体时代来临，网络传播的主体日趋个体化，在涉及企业舆情的报道中，舆论导向愈加不可控。对于发生生产、质量问题的企业而言，一旦遭遇舆论危机，不仅会影响该企业的品牌声誉、营销业绩，也会对当地相关产业带来负面影响。

二是转化效应。企业负面舆情往往存在偶发性、突然性。企业在生产、经营过程中的失误、消费者投诉事件处理的时间与质效等都可能引起新的、更大的负面舆情，进而影响该企业在公众印象中的整体口碑与信誉。

以银行业为例，巴塞尔委员会将银行风险分为八种，声誉风险可能由其他风险引发，最终亦可能归结于其他风险。因此当口碑出现负面舆情且没有得到及时化解时，会在更大范围内传播，进而成为公众关注焦点，事态将很难把控。

三是从众效应。从众效应指的是个人的观点、态度和行为由于受到群体的影响而向多数人一致的方向变化，在这一过程中，个体理性思维将会降低。

在企业负面舆情出现后，公众的从众效应需要重视。无论是负面舆情传播的影响力，还是相关企业累积的负面舆情效应，都会使得公众对于该企业形成“懈怠”“无视质量”等刻板印象，企业的舆情处理得不到公众认可，会进一步加剧舆情管理难度。

（三）如何处理品宣合规与声誉风险

第一，完善企业品宣合规与声誉管理体系。

首先，要建立健全企业品宣、声誉监管报告机制。将企业品宣与声誉监管制度落实到个人，并建立信息即时沟通机制，保证品宣工作依法依规进行，完善舆情监管，做到负面舆情第一时间发现、上报及组织处理。

其次，要有一个完整的品宣、舆情处置机制。明确各部门在品宣、舆情处置中的职责，确保品宣违规问题发生后，抑或负面舆情出现后，在最短时间内查清情况，迅速上报，赢得更多的时间妥善处置负面舆情。

最后，应完善事后监测、监管制度。妥善应对品宣合规、负面舆情事后效应，避免二次发酵。并将相关专职员工纳入管理考核体制，在内控考核体系中纳入合规、舆情监测及应对措施。

第二，掌握与媒体沟通技巧。

无论是宣传合规，还是负面舆情，其出发点都是维护企业的信用和声誉。

在面对负面舆情时，企业应注意语言的严谨性。若相关平台宣传的内容属实，企业需要承认错误及不足，表达改善自身服务和态度的意愿，保持开放的心态，愿意接受媒体及社会公众的持续监督。如果媒体报道存在偏失，应对媒体声明相关失实内容，澄清事情的真实情况，同时表态将加强与媒体的沟通协调。

第三，及早处理，把握时机。

遇到负面舆情、宣传合规问题，要第一时间发声，并积极进行处理。考虑到自媒体时代信息传播快、受众分散化的特点，企业需要在第一时间甄别危机源头，理清事情的来龙去脉，积极进行处置，给公众留下一个积极应对的印象，挽回一定损失。

在处理声誉风险过程中，应加强与媒体、公众的沟通联系，多渠道、多途径对用户进行引导，并在这一过程中做好公众舆论导向，提升辨别能力。

第四，追本溯源，建立长效机制。

面对企业合规宣传问题和负面舆情，在积极应对的同时，企业需要深刻反思并解决问题。举一反三，结合日常舆情，完善自身服务和产品质量，解决和改正暴露出的问题。

要做好内部管理，在流程环节上做好宣传合规管理，提升平台服务质量。通过内部培训、舆情应对演练，强化一线职工的媒介素养，加强声誉风险应对意识和能力，有理有节地发声来维护企业公众形象，避免矛盾激化。

第五，依法依规维护自身合法权益。

《民法典》将“人格权”独立设为一编，强调人格权保护，这既是民法典的一大亮点，也是国内民法立法上一个重大的制度创新。

“人格权”编规定了人格权的一般规则，并对生命权、身体权和健康权、姓名权和名称权、肖像权、名誉权和荣誉权、隐私权和个人信息保护等作了明确规定。企业作为市场经济活动主体，享有《民法典》赋予的人格权利。对于负面舆情中的错误、偏失报道，市场主体可以依据《民法典》维护自身合法权益。

自媒体时代，对于企业而言，一个经验丰富，处理高效，具备舆论判断能力，与媒体对接、沟通及时的品宣团队必不可少。做好自身舆论预警、舆论快报、深度舆论报告，设计并提供舆论应急预案，有助于企业有效控制舆论风险，做好自身宣传合规。

当然，企业的大众口碑与品牌效应不是短时间建立起来的，需要在长期的生产、服务中主动提升自身产品、服务品质，形成成熟的产品、服务体系。同时，建立高效的舆论服务机制，满足客户对舆论管理的高标准要求。

第六章

资产篇：安全收益新平衡

本章聚焦于“百年未有之大变局”下投资市场的新变化，以及资产与财富管理应采取的新策略。国际关系、安全局势与世界供应链格局的调整使全球经济面临“滞胀”风险，投资市场也变得更加不稳定，当下的投资逻辑应从追逐收益转变为追求安全性、自由性和长期稳定性。“金融制裁”的滥用迫使人们重新思考海外资产配置的安全策略。在多变的环境下，资产配置需要充分考虑经济、政策、股价估值、行业等因素，以做出最有利的投资决策。对于投资者而言，最重要的任务是找到适合自己的投资工具，或者值得信赖的专业机构。

01 中国财富管理行业的发展演变

改革开放以来，我国财富管理行业快速发展，财富规模一跃成为世界第二，市场主体不断发展壮大，金融产品和服务持续创新和优化。近年来，我国财富管理行业的发展环境发生了重大变化，新冠肺炎疫情、共同富裕、资管新规等使我国财富管理行业呈现出一些新的趋势和特点，财富管理模式也随之开始转型。

（一）财富管理行业的起步与高速发展

新中国成立后很长一段时间内，银行定期存款一直是我国唯一的“理财产品”，而中国人民银行也是唯一的“财富管理机构”。1979 年中国银行、中国农业银行、中国建设银行（中国人民建设银行）业务恢复，同年中国国际信托公司成立，1984 年中国工商银行成立，自此确立了商业银行在中国财富管理行业中的地位及作用。

自 1987 年开始，我国金融体系开始逐步成型，财富管理行业开始萌芽：深圳经济特区证券公司正式成立，国库券上市流通交易，上海证券交易所和深圳证券交易所先后鸣锣开市，中国太平洋保险公司成立，以国泰基金、南方基金为代表的第一批基金公司成立……诸多基金公司、保险公司、证券公司的出现，丰富了中国财富管理市场，让投资者有了更多投资选择。

2001 年，我国加入世界贸易组织，经济飞速发展，人们的收入水平大幅提升，我国财富管理行业也随之获得长足发展。

资金层面：国内居民财富加速积累。瑞士信贷（Credit Suisse）发布的

《2021 全球财富报告》显示，截至 2020 年末，全球居民财富达 418.3 万亿美元，其中中国财富规模为 74.9 万亿美元，占比达 17.9%，高于我国国内生产总值（GDP）占全球经济的比重，仅次于美国，位居全球第二。

市场主体方面：入市以来，我国金融市场逐步开放，贝莱德、黑石、桥水等知名外资资管机构纷纷进入中国，一些主要从事财富管理服务的金融机构、家族办公室等也开始进驻国内市场。与此同时，我国财富管理机构也在持续创新突破，城市商业银行、券商、保险公司、资产管理公司、信托公司、基金公司、基金子公司，以及新兴的第三方理财机构和银行理财子公司等服务主体不断进入投资者视线，银行存款、股票、债券、期货、公募基金、私募基金、信托、保险、资产管理计划、贵金属等金融产品及其衍生品丰富了投资者的选择。

需求层面：我国居民理财意识觉醒，财富管理需求不断增长，人们开始进入股市，购买公募基金，投资信托计划、私募基金、定向融资计划、资产管理计划等衍生产品，对保险产品的认识也不断深入。甚至有相当一批企业家阶层的高净值客户开始尝试设立家族信托计划，开始着手规划家族财富的传承方案，以期家族基业长青。

总之，入市之后，我国财富管理行业持续快速发展，财富管理模式不断创新，新的金融产品与服务层出不穷，并通过新的渠道注入市场。此外，在互联网经济的高速发展之下，以阿里巴巴为代表的一批互联网公司依托第三方支付通道杀入了财富管理市场，进一步丰富了投资者投资理财的方式，开启了互联网理财的新时代。

（二）大变局下的财富安全

2020 年以来，新冠肺炎疫情、俄乌冲突、人口老龄化、资管新规、共同富裕等深刻影响着财富管理行业的发展趋势。

突如其来的新冠肺炎疫情对国际关系、安全局势、世界供应链格局等造成巨大冲击，使得全球经济走向“滞胀”。居民消费投资增长放缓，企业经营目标普遍下调，使得国内投资人对于财富管理的需求有了明显变化，家庭资产逐步由房产向金融资产转移，对于财富管理的目标从追逐收益转变为追求安全性、自由性和长期稳定性，以及最大限度地提升幸福感和获得感。

俄乌冲突不仅冲击着欧洲的政治、安全局势，还使世界经济格局由全球一体化向板块化、多极化转变，美国及其欧洲盟友的种种举动让世界各国人民认识了“金融制裁”，也让国人意识到了金融安全的重要性。如何配置家庭资产，尤其是保障家庭海外资产的安全，成为国内众多高净值人士及超高净值投资者的关注焦点。

当前，我国老龄化进程正在加速，老年人的养老、就医等支出接踵而来，老年人对于财富管理有着迫切的需求，但他们却属于典型的风险规避型投资者。老年投资者信息闭塞，风险意识不强，这从一定程度上也反映出财富管理行业对于老年投资者的需求未给予足够重视，产品供应不够精准和丰富。

2021 年，资管新规过渡期平稳收官，我国财富管理行业告别了野蛮生长和无序竞争状况，在资管新规的监管框架下开展业务，坚持合规经营、强化风险管控将成为财富管理业务发展的重要方向。此外，2021 年底，中国人民银行发布《金融从业规范财富管理》，进一步规范了财富管理市场，阐明了各主体的权利与义务，有助于财富管理行业规范化发展，助力行业专业度提升。

“十四五”期间，国家将共同富裕提升到战略层面，明确提出三次分配，既对财富管理行业提出了新的要求，也带来了新的发展机遇。共同富裕国策和针对高净值人士的财富管理服务并不是两个分割的话题，财富管理始终贯穿于通过三次分配实现共同富裕的过程之中。共同富裕的主要问题是要防风险，其次是财富增值，而财富管理的目的是七分降低风险、三分增加价值。

（三）全球视野中的财富管理

关于我国财富管理的未来前景，我们可以把视野拓展至全球财富管理市场。在以英国、美国、瑞士、新加坡等国为代表的发达国家中，财富管理行业经过多年的发展已非常成熟且各具特色，但在近几年中，它们却显现出了一些共有的新趋势。

首先，在近几年间，全球范围内以指数基金为代表的被动投资型金融产品余额快速上升，逐渐成为主流投资品种之一。新冠肺炎疫情之下，被动型工具投资便利、成本低廉的优势进一步凸显，投资比重不断上升。

其次，个人客户对于多元化资产配置服务的需求逐渐上升，私募股权、不动产、大宗商品、对冲基金等工具，在全球AUM中的份额逐年提升，目前占比约16%。

再次，财富管理行业向头部机构集中趋势明显。以2020年上半年为例，北美的资产管理公司中仅有半数收获了新增资金，而其中80%的增量则被10家大型机构瓜分，资产管理人之间的分化越来越严重。

最后，海外财富管理机构尤其是欧洲投资者对责任投资（ESG）理念重视程度不断提升。ESG分别代表环境（Environmental）、社会（Social）和公司治理（Governance）三大因素，反映了企业可持续发展程度，ESG投资理念便是指从这三个角度出发对企业的投资价值进行考量。目前在海外市场中ESG投资理念的普及程度已经非常高，2021年底，全球ESG资产规模约达37.8万亿，且以每年15%的速度增长。

此外，随着科技的进步，大数据、人工智能、区块链、机器学习等技术在金融业的应用也正在重塑财富管理行业发展的方向。在以人力为核心的财富管理行业，金融科技带来的影响具有两面性：从积极的角度看，金融科技可以提升客户服务质量、提高行业效率，但与此同时，金融科技也对行业中传统金融机构形成了竞争，迫使金融机构开始转型。

（四）高净值人群的需求特征

近几年“黑天鹅”“灰犀牛”事件频发，国际经济景气不在，中国经济受“三重压力”影响，经济下行压力加大，在此背景下，高净值人群的投资风格更偏保守稳健，更加注重规避风险，特别是在50岁以上的高净值人群中体现得更为明显。《2021中国私人财富报告》显示，该群体中优先考虑风险的比例高达62%。与之相比，财富仍在快速积累的40岁以下人群，整体投资风险偏好较高，他们更愿意进行高风险、高收益产品的尝试。

高净值人群的资产配置日趋多元化。有调查显示，高净值人群的资产普遍分散投资于4个以上的产品类型，他们会将偏稳定回报的“类固收”金融产品作为资产保值的投资基础，而将权益类产品作为资产增值的主要配置产品。不过，由于高净值人群对某些行业了解不够深入，接收最新信息速度有限且日常看盘时间无法保证等，通过自行炒股方式较难实现理想的收益，因而自行炒股意愿不高。此外，高净值人群对于保险、国债、货币基金等金融产品的配置也较为广泛。

高净值人群对于房产的态度也发生了变化。在过去很长一段时间里，我国高净值人群偏好投资房产，在这方面的资产配置比例远高于发达国家投资者。不过，近年来这一局势发生重大转变，在国家“房住不炒”政策及多轮调控下，我国房产回归居住属性，金融投资属性大幅降低，越来越多的高净值人群开始减少在房产方面的配置，将资金逐步转向资本市场。

新冠肺炎疫情发生后，绝大部分高净值人群的资产仍保持一定增长，但有相当数量的人士表示资产真实回报率不及预期。中国银行私人银行中心 2020 年发布的《中国企业家家族财富管理白皮书》显示，有近 60% 的受访企业家期望资产回报率超过 8%，但过去 3 年，有近 2/3 的企业家年化真实回报率低于 8%，其中有超过 45% 的企业家真实资产回报率为 4% ～ 8%。造成这一现象的原因在于，这些企业家的资产中，有一半以上的资产配置在银行理财产品与储蓄现金两大领域，对于能够获得超额回报的权益类资产、另类投资资产配置不足。

现阶段，我国高净值人群的需求正从以往的“单一型”向“综合化”方向转变，即从以往单一的个人需求（资产配置）向家庭（代际传承、子女教育）、企业（投资并购、税务法务）和社会综合性需求（公益慈善）延伸。这一转变，体现了高净值人群对家族财富保护与传承、企业治理及社会公益事业认识的深入。不过，不同年龄群体的侧重点有所不同，年轻的创富一代更关注企业需求，希望创造更多财富，与之相比，创一代和全职太太们更看中家庭需求。

高净值人群的传承需求正在持续增加。如前所述，逐渐步入退休阶段的创一代们已开始制定传承规划，《2021 中国私人财富报告》数据显示，从 2019 年到 2021 年，高净值人群中已准备或开始进行财富传承相关安排的高净值人群从 53% 提升至 65%。与此同时，年轻的财富新贵传承意识也在持续增强，40 岁以下高净值人群在准备财富传承的高净值人群中占比不断提升，2021 年占比较 2019 年提升 7%。

随着“金税四期”的到来，以及中国与越来越多的国家建立 CRS 双边交换关系（截至 2020 年 8 月，中国已与 98 个国家建立双边交换关系），全球税务信息透明时代已经到来，偷税漏税将无所遁形，违法成本将不断上升。在这种情况下，税务合规咨询、CRS、FATCA、BEPS、经济实质法案等制度对财富传承的影响等咨询服务成为高净值人群的新兴需求。此外，高净值人群也愿意为身份规划咨询、婚姻家事法律咨询、特色旅游等服务付费。

新冠肺炎疫情发生后，高净值人群对于非金融服务的需求有所提升，尤其关注医疗健康、子女教育、旅游出行、养老规划等方面的服务体验。在各非金融服务需求中，虽然医疗健康、子女教育两大需求在25～35岁群体、35～45岁群体及45岁以上群体中均位列前两位，但与大家印象中不同的是，25～35岁群体中关注医疗健康的比例最高（81%），大幅领先其他两类群体，显示健康管理呈现年轻化的趋势。关注子女教育的35～45岁群体比例（64%）则远高于其他两类群体，包括留学规划、全球实习计划、国际课程、境外游学等。与之相比，45岁以上群体更关注旅游出行和养老规划方面的服务。

（五）财富管理模式的转型

回看我国财富管理市场，在过去几十年中，居民家庭资产结构始终呈现住房资产占比过高的特点。但随着国情的发展演变，我国居民财富管理的需求也在逐渐发生转变：一方面，过去10年，我国居民家庭的住房资产占比已在稳中趋降，随着“房住不炒”政策的贯彻执行，住房资产在我国居民财富配置中的地位将进一步降低。另一方面，老年人对于资产保值增值的诉求较为强烈，人口的老龄化将导致更多的家庭将财富转移到金融资产上来。

当前我国财富管理行业仍带有浓重的产品导向型色彩，财富管理市场上充斥着品种繁多、命名复杂的产品，这些产品无论是在投资运作方法还是底层资产投向等方面都具有较高的同质化现象。对于个人投资者来说，复杂的产品供应增加了产品选择和风险辨识的难度，但在帮助做好资产配置方面作用有限。在我国，居民对资产配置服务有着巨大的需求，但这一领域目前尚存在着较大的空白。

海外的行业发展历程已经验证，仅从产品端很难做出区分，这就要求未来财富管理机构要从以产品为核心的业务模式逐步向以客户为核心的业务模式过渡，在产品的设计上尽量简化结构、明晰风险，将更多的精力放在如何根据客户的风险偏好、财务预算、人生规划等个性化需求，做好长期的资产配置服务上。

未来一个阶段，财富管理机构需要寻找与客户共赢的盈利方式。在未来服务导向型的行业模式普及后，财富管理机构在盈利模式上可考虑从收取销售费为主的盈利模式，转变为根据客户收益目标达成情况收取服务费的模式。

有专家判断，依托于我国先进的互联网服务业态和快速进步的科技水平，以智能投顾为代表的互联网金融会在我国迅速兴起。从客户群体上来看，互联网财富管理与以投资顾问为核心的传统业务模式互补大于竞争。金融科技在服务长尾客户、增强金融普惠性的层面上，也将发挥更大作用，互联网金融应利用这一优势，重点为传统顾问模式难以触达的长尾客户群体做好资产的保值增值服务。此外，由于缺少面对面风险揭示的环节，基于互联网的财富管理服务应做到标准化、透明化，避免提供设计过于复杂、风险难以准确评估的金融产品，在做好投资者保护的同时也便于监管。

绿色和可持续发展是全球关注的主题，中国提出“2030 年前实现碳达峰、2060 年前实现碳中和”目标。作为社会财富再分配的中转站，财富管理行业在这方面应承担更大责任。在投资中融入 ESG 理念是财富管理机构承担社会责任的直观方式。如今，ESG 理念在欧美发达市场已深入人心，在我国，ESG 理念虽处于起步阶段，但一些以“碳中和”为主题的公募基金、信托等金融产品已逐步出现在市场上。未来，与碳排放相关的绿色、ESG 主题将受到投资者更多青睐。

展望未来 10 年，我国的财富管理业态迎合了当前的时代背景和投融资方式的变化趋势，势必迎来蓬勃发展。

02 从创造财富到保护财富

当前中国的一个显著变化就是，高净值人群对于财富安全与传承的需求，已经超过了对于财富保值增值的需求。我们注意到，高净值人群的风险偏好正趋向稳健，他们正在从以“创”为中心的高风险、高收益模式，转向以“保”为中心的低风险、低收益模式。不过，从创造财富到保护财富，说起来简单，做起来很难。在中国，“富不过三代”人尽皆知，在盛产哲学家的德国则有“创造，继承，毁灭”这样充满哲理的谚语。可见，从古至今，从中到外，财富的保护与传承从来都不是一件易事。

（一）六次创富浪潮造就大批高净值人群

过去四十多年来，我国经济一直在快车道上行驶，掀起了一波又一波的创富浪潮。

第一波浪潮始于 20 世纪 80 年代初期，改革开放的东风掀起了首波创富造富浪潮。个体户们克服了交通不便、信息不畅、物资缺乏等困难，通过摆摊、倒货成为令人称羡的“万元户”。与此同时，乡镇企业异军突起，他们大力发展农副产品加工业和第三产业，在短缺经济不愁销路的情况下，率先掘到了“第一桶金”。

第二波浪潮中，一些政府官员、知识分子毅然抛下“铁饭碗”下海经商，这些主流精英创办了现代企业，开启了经济变革的新篇章。据统计，仅 1992 年就有 15 万体制内官员和知识分子下海。下海经商催生了一大批富人，如今很多耳熟能详的富豪就是借南方谈话起飞的人。

第三波浪潮是最大、最久的一波创富浪潮，从1998年开始，房地产、大基建迎来了长达20年的景气周期，很多人在地产与基础设施配套相关行业的起飞中创造并积累了大量财富。

第四波浪潮是互联网时代开启的新造富运动，2000年前后我国诞生了大量的互联网企业，这些企业扎堆赴美上市，开启了科技创富的新时代。腾讯、阿里巴巴、百度、网易、美团、京东等企业的上市，造就了一大批亿万富豪。

第五波浪潮是金融创富、股权投资崛起，通过投资股票、期货、保险、信托、公募基金、私募基金等金融产品，以及股权激励和企业分红，一大批人实现了财富梦。

第六波浪潮是以5G、大数据、人工智能、云计算等为代表的信息技术与各个行业的融合发展，催生出一批新产业、新业态和新模式。在科技和技术的双重推动下，一批科技创业者收获了大量财富。

在这六波创富浪潮的推动下，我国高净值人士数量和财富出现井喷式增长，在短短四十年的时间里，高净值人士数量与总体财富规模均攀升至全球第二位。在财富增长背后，我们会发现，高净值人士的财富增长始终围绕着一个“创”字，突出体现在财富的增量主要来自新的产业、新的人，他们靠创新创业来创富。

（二）我国进入高风险低收益时代

如今，形势已经发生了变化，不仅普通人通过“创富”实现财富进阶越来越难，高净值人群的财富增长速度也有所放缓。

风险与收益一体两面，两者相伴而生，相互影响，相互作用。一般情况下，风险与收益成正比，即高风险伴随着高收益，低风险伴随着低收益。

在经济快速增长、发展前景看好时，博得高收益相对容易，但近年来我国经济增速下滑，面临的经济下行压力不断增加，典型的金融资产进入风险的爆发期，收益率也在普遍下降。特别是全球最大的“黑天鹅”事件——新冠肺炎疫情，使我国经济开始进入以高风险、高负债、低收益率、低利率为主要特征的时代。

对于投资者而言，在不确定性持续高企的情况下，低收益率将成为常态，鉴于全球经济增长动能不足、通胀高位运行，资产回报可能会在长时间内处于历史低位。经过市场洗礼后，特别是金融市场非稳定运行状态的“猴市”考验之后，越来越多的高净值人群已经意识到，在高风险、低收益时代，降低收益预期、理性看待投资机会、正视市场风险，方是为未来持续盈利创造价值的关键。

（三）从创富转向守富

创富越来越难，守住来之不易的胜利果实成为当下高净值人群关注的焦点，我们正在经历从“创富”时代到“守富”时代的转变。

创业难，守业更难。哈佛大学的一项调查表明，30% 的家族企业可以成功传承到第二代，传承到第三代的概率只有 12%，传承到第四代的家族企业只有 3%。麦肯锡也有类似的研究报告，指出只有 5% 的家族企业能在三代之后继续为股东创造价值。这些数据，充分验证了“富不过三代”“打江山容易守江山难”的正确性，也生动诠释了“守富”绝不是嘴上说说那么简单。

“守富”为何会如此艰难？这是因为，财富在代际传承过程中面临着多重风险，有的风险来自家庭内部，例如继承风险、婚姻风险、接班人培养的风险、未成年人没有能力继承家业的风险，有的风险则来自外部环境，例如法律法规特别是相关税法变化的风险、企业生产经营的风险和各种各样小概率突发事件的风险。

为规避上述风险，保护好自己的财富，应未雨绸缪，及早规划，否则可能会有大量的财富在守富、传富的过程中流失。高净值人群应综合利用各种工具对资产进行合法、合理且全面的规划，并依托专业财富管理机构，全面考虑自身及家族的资产类别、税务属地、金融资产配置等因素，结合财富管理短期、中期、长期目标，制定最优组合的财富规划方案，这是家族财富管理、保护与传承的第一步，也是最重要的一步。

目前，越来越多的高净值人群在专业财富管理机构的帮助下制定了合理的资产配置方案，通过短期投资来满足日常开销；长期投资为企业经营发展提供资金，为自己和家人养老，覆盖家庭医疗成本，保证生活质量不下降，以及为下一代的教育和生活提供经济支持。按照未来现金流的支出和现在的财富水平，以及未来可能有的收入，规划整个生命周期的财富增长目标。

与此同时，国内的财富管理机构也在不断提升自身的专业服务水平，以满足高净值人群多元化的财富管理要求。以家族办公室为例：实现财富安全保障及保值增值是家族办公室为客户进行规划的核心，其次是为了达到规划、培养家族下一代及为家族成员提供财会、税务、法律服务，避免家族内部冲突等目的。

高净值人群通常会选择多种工具来达到守护及传承财富的目的，家族信托、保险计划、保险金信托、慈善信托等都是高净值人群普遍认可的工具。高净值人群选择家族信托作为主要的家族财富守护及传承工具主要是看中其资产隔离、财产保值增值、债务风险防范、婚姻资产隔离和财富灵活安排及分配等重要功能；选择保险金信托作为主要的家族财富守护及传承工具主要是因其财富灵活安排及分配、隐私保密、杠杆性、婚姻资产隔离和保障弱势家族成员等功能。

03 变动环境下的资产配置方案

进入2022年以来，俄乌冲突、新冠肺炎疫情反复等一些超预期突发因素给经济带来严重冲击，经济下行压力明显增大，与此同时，剧烈变动的环境还给资产市场带来扰动，股市犹如过山车，行业热点频繁切换，进一步增大了投资者获取收益的难度。不过，对于资本市场而言，"变"才是永恒的主题。身处变动下的环境，如何做好资产配置，规避风险，成为摆在所有投资者面前的现实课题。本节试图分析变动环境下的资产配置优化策略，并就当前环境下的资产配置给出建议，帮助投资者有效分散风险，把握机会，获取理想收益。

（一）变动环境下的资产配置优化策略

投资需要充分考虑包括环境在内的诸多因素，如此才能走得更加长远。在变动环境之下，我们需要综合考虑经济、政策、股价估值、行业及政治局势等各种因素，如此才能在不确定因素下把握确定性，进而做出科学合理的决策。

一是经济环境因素。若经济环境良好，处于扩张阶段，此时资产配置策略应偏向于进攻型，考虑重仓配置股票型基金、优质成长股或弹性较好的指数基金等。若经济环境较差，处于收缩阶段，资产配置则应偏向于防守型，考虑重仓配置债券型基金、国债、保本型理财等。根据美林时钟投资原理，经济周期可划分为四个阶段：复苏阶段，经济上行、通胀下行，此阶段股票相对债券和现金更可能获取超额收益；过热阶段，经济上行、通胀上行，股票和商品配置价值相对较强；滞胀阶段，经济下行、通胀上行，持有现金是王道；衰退阶段，经济下行、通胀下行，债券表现最为突出。

二是国家政策因素。在经济发展过程中，国家政策发挥着难以替代的作用，它不仅会影响产业的兴衰，也决定着资本市场的整体走向。在进行资产配置时，应尽量多配置国家政策支持和重点发展的行业，远离国家政策调控或打压的领域。如 2022 年股市行情中新能源、半导体、航空航天、生物医药、云计算等表现出色，这几个行业都是国家政策重点支持发展的领域，前期配置这些行业的投资者往往都获取了不错的收益。此外，近几年国家一直强调"房住不炒"，互联网平台经济推行反垄断，实施"双减"政策，因此投资者应谨慎投资上述领域。

三是股价估值因素。资产配置通常着重于中长线投资，标的估值是否合理十分重要。股市经过激烈杀跌，股票估值被压得极低甚至严重低估时，就是最好的投资入场机会，这时应考虑着重仓配置优秀标的股票。倘若股市经过爆炒，股价被严重高估时，这时应考虑清仓离场，获取现有收益，等待下一轮的入场时机。

四是行业因素。不同行业的成长走势有着很大的不同。不同时期，不同行业的增速及发展潜力也大有不同，因此，在同一个市场的同一个阶段，行业板块间的涨幅差距会非常明显。如银行业估值一直压得很低，历经数次牛市股价，股价涨幅都不太明显，但表现相对稳定，股息率高。在熊市中，股价跌幅也相对较小，适合资金长线配置。如煤炭、有色金属业属于强周期行业，受经济波动及市场需求影响较大，表现在股价上就是大起大落，呈现出明显的周期性特征，此类板块只适合做大波段投资，不适合做长线投资。再如酒水、食品饮料等大消费板块及医疗板块，兼具成长性与确定性，牛股频出，板块指数以及与之相对应的基金和 ETF 都呈现出长期牛市走势，适合做长线配置。

五是政治局势因素。如果发生了全球性的经济危机、金融危机或重大的局部 / 国家冲突，引发全球资本市场动荡或暴跌，这时要考虑大幅缩减配置，躲避风险，或转向配置安全性高的债券型基金、国债、保本型理财以及具有避险功能的贵金属品种上。如果全球经济处于扩张期，货币政策宽松，全球局势安定，就要考虑加大配置力度，以搭上经济发展的顺风车。

（二）当前环境下的资产配置建议

当前我国因内外部突发性因素而受到的冲击有增无减，“三重压力”对经济造成持续影响，新冠肺炎疫情时不时扰动经济复苏的节奏。国际上，美联储为应对通胀大幅加息，开启缩减资产负债表进程，增加了美国市场对资本的吸引力，我国资本外流压力及人民币汇率贬值压力增大。以上这些因素会不可避免地对资本市场产生影响，为此，投资者在资产配置方面，需要把握以下几点：

首先，合理应用量化投资工具。2022 年股市持续震荡，资本市场周期性弱化，行业轮动加快，人为主观情绪判断已经跟不上市场变化的步伐，量化投资运用数学建模来判断市场行情，为投资者理性投资决策奠定基础，避免投资者在市场极度波动下做出非理性的投资决策。量化投资利用数学模型自动不断捕捉市场较小波动，通过中高频的交易不断获取收益，另外通过数学模型可以追踪股票从而做出市场分析，预测未来走势情况，及时做出仓位调整，从而规避策略迭代和轮动的影响，投资者将获取稳定持续的丰厚收益。

其次，非定期做出资产配置调整方案。在市场环境稳定的情况下，可定期调整资产配置方案，一般建议是一年，主要检查目标收益率的达成情况。目前市场环境变化较大，不同投资品类的风险特性差异很大。新冠肺炎疫情的反复暴发，导致很多企业停工破产，不少高净值人群的家庭财务状况也发生了变化，可用于投资的资金减少。此时，应及时对资产配置进行调整，减少或降低高风险资产的占比，最大可能降低回撤带来的不利影响，锁定收益，避免非系统性风险发生。

再次，把握高景气板块投资机会。上文所提及的新能源、半导体、高端制造等产业赛道是未来中国经济结构转型的主要方向，虽然中途可能会因短期因素产生高于市场的波动与回撤，但这种调整在成长板块中是非常常见的，投资者不必因此而恐慌，这样的回调是布局良机，不要轻易浪费“上车机会”。此外，震荡行情多以成长风格（投资以成长股为主，更关注企业未来增长潜力）展开，成长 > 消费 > 周期 > 金融是震荡行情的一大特征。从行业角度来看，震荡行情中领涨的行业往往具备流动性、敏感度高及景气向上的特征。

最后，优化仓位，稳健投资。如前文所述，新冠肺炎疫情在全球持续反弹且不断变异，俄乌冲突的爆发与升级，加大了全球经济的不确定性。此外，美联储大幅加息，多国央行跟进，货币政策从宽松转向紧缩，全球经济复苏受到拖累，资本市场将迎来新一轮的震荡，这一形势，或将在一定程度上影响A股的表现和走势。此外，A股在经过二、三月份的大幅回调后，已出现明显反弹，现已全面收复失地，走出与美股相异的独立行情，但A股的短期反弹恐怕难以持续反转，下半年，美股阶段性下跌或将成为A股的情绪放大器，投资者在资金配置战略上可偏向保守，总仓位不宜过重。

总之，稳健投资才是财富增值的最终归途。均衡配置，产品购买要多元化、分散化，在不同投资策略下，实现涨跌不同步，才能避免单一资产受到“黑天鹅”事件的冲击。

04 房地产投资与未来应对策略

"房子是拿来住的，不是用来炒的"，这句话的关键字是"炒"。简单地说，房子具有金融理财属性，可以作为投资标的，进而实现家庭、企业资产的保值、增值。因此，投资房地产依然是很多投资人的首选。但值得注意的是，房地产投资的黄金期已经过去。随着政策调控趋紧，产业结构转型升级的推进，产业投资重点已经由房地产行业转向新能源、智能通信、半导体等相关产业。尽管房地产行业仍然是拉动经济发展的主要动力，但其在产业结构中的重要性已经大打折扣。对于投资者而言，任何投资都应制定好风险应对策略，力争实现相对较高的收益。

（一）存量时代，房地产行业发展特征

在产业结构调整的大趋势下，国内房地产市场已临近"天花板"，行业快速发展的黄金期趋近结束。未来，房地产市场将由增量时代步入存量时代。国内各主要房地产企业纷纷蓄势转型，多元化发展的新时代已经成为不可逆转的大趋势。

整体来看，新时代国内房地产市场发展呈现出以下几个特征：

第一，房价较高，市场供应趋于饱和。

从国家统计局披露的数据来看，受新冠肺炎疫情影响，国内商品房平均价格从 2021 年 1—2 月的 11030 元 / 平方米下降到 2022 年 1—5 月的 9527 元 / 平方米。尽管处于持续下跌的趋势中，但是国内商品房价格仍然处于高位，相对于城乡居民收入水平仍然较高。

就劳动力人口数量而言，尽管国内总人口仍然保持持续增长，但劳动年龄人口数量已经在 2013 年见顶。从这一点来看，房地产市场同样具备见顶的条件。就市场整体来看，国家统计局《中国人口普查年鉴（2020）》披露的数据显示：我国家庭户人均居住面积达到 41.76 平方米，平均每户住房间数为 3.2，平均每户居住面积达到 111.18 平方米。

国内房地产市场已经度过了住房短缺的时代，尽管仍有大量“新市民”准备走进城市，但从整体而言，国内房地产市场供应已经趋于饱和，具备新建住宅数量见顶的条件。

第二，房地产行业监管趋紧。

2021 年 1 月，“房企三条红线”正式对外发布。三条红线是：剔除预收款的资产负债率不得大于 70%，净负债率不得大于 100%，现金短债比不得小于 1 倍。

此外，根据“三条红线”的触线实现情况，将风险等级分为红、橙、黄、绿四档。其中，红色档表示房企触碰到三条红线，企业不得再有新增有息负债；橙色档表示房企触碰到两条红线，企业有息负债年增速不得在 5% 以上；黄色档表示房企触碰到一条红线，企业有息负债年增速不得在 10% 以上。

2021 年 7 月，住建部、中国人民银行等针对房地产调控政策再次发声，在重申“房住不炒”基本政策的同时，强调落实地方主体责任，注重在金融管控与土地拍卖环节发挥房地产调控政策的作用。

第三，多元化发展成为房地产行业主旋律。

随着产业转型升级的深化，房地产黄金发展期的结束，社会资源从房地产、金融行业转向技术含量高、市场竞争力强的高新技术产业。未来很长一段时间，这种以产业发展重心转移为特征的产业结构优化升级将成为社会经济发展的主旋律。

激烈的市场竞争中，国内房地产商、开发商积极推进业务模式创新。例如，组成独立运营的文旅集团和健康养老平台。自身业务领域从单一的地产开发与运营转向康养地产、主题公园和旅游等多元化领域服务，进而实现在房地产发展模式上的转变。

（二）房地产行业投资与管理

近年来，新冠肺炎疫情防控政策叠加房地产调控政策，使得国内房地产市场投资规模过大、房价上涨过快等问题得到了很大程度的改善，一些地方甚至出现了房价连续几个月下调的现象。从整体来看，当下房地产投资呈现出以下变化：

变化一：新冠肺炎疫情下的需求结构变化

持续近3年的新冠肺炎疫情给社会经济带来了较大的影响，同样也给国内房地产市场带来了较大的变化。首先，新冠肺炎疫情的持续改变了人们对于房地产市场的预期。房地产行业“稳赚不赔”“不会下跌”的预期发生了变化。特别是一些大房企出现爆雷的事件，更是为投资者敲响了警钟。其次，新冠肺炎疫情的反复降低了人们的购房欲望与需求。受新冠肺炎疫情影响，居民就业前景、收入预期、家庭负债率和购买力等发生了变化，在选择购房时也更加谨慎。最后，康养、医疗成为人们投资时重要的参考因素，房地产的投资属性有所降低。

变化二：影响房地产发展的变量因素增加

随着国内产业结构转型升级的加快，以及新冠肺炎疫情因素的影响，影响房地产行业发展的变量因素在增加。新冠肺炎疫情因素、环境保护因素、政策法规因素、财税管理规范、行政调控与金融利率杠杆等因素都可能会影响房地产市场发展。其中，新冠肺炎疫情变化与行政手段是短期内对房地产影响最大的变化因素。

变化三：房地产投资收益预期调整

很多高净值人士和家庭之所以选择持有房产，很大程度上是因为持有房产的成本非常低，除了物业费外，几乎不会有其他的费用支出。相较于房产价格而言，这些持有费用几乎可以忽略不计。但是，这种情况将会随着房产税的出台而发生改变。

对于持有众多房地产的家庭而言，房产税一旦出台，房产的持有成本就会越来越高。此外，因为房产税属于按年缴纳，对于这些家庭而言，相当于每年都有一笔不菲的支出。而除了房产税，在河北、云南等省份，已经出台了房东税，未来很有可能会在全国范围内征缴房东税。此外，还有空置税，虽然还没有相关确切的信息，但大概率也会实施。

值得注意的是，尽管受房地产市场调控政策、新冠肺炎疫情防控政策的影响，房地产市场投资环境发生了较大的变化，但是房地产行业的赚钱逻辑没有变，依然强调三个“差”：区域差、时间差、消费差。

“区域差”是指不同地区房地产业存在的发展不均衡现象。从行业产出、投资、就业的整体来看，沿海地区的房地产业规模较大，内陆地区的规模较小。反映在不同地区就是一些地域的房地产行业发展迅速，市场几近饱和，另一些房地产市场则刚刚起步，仍有很大的发展空间，尤其是在国家重点规划的城市集群地区，基础设施建设、住房保障建设仍存在较大的缺口，是未来房地产行业重点布局地区。

“时间差”指的是通过虚拟交易、延期交易等锁定房源，并坐等房源价格因市场、政策调整而变化。具体来说，房地产市场的“时间差”主要预估未来受市场供求和政策调整的影响，房价会上涨，锁定房源价格，并在几天或几个月后抛售获利赚取差价。

“消费差”指的是不同区域之间、城乡之间消费水平的差异，开发商利用这种消费差异，向消费水平较高的区域推荐相关房产，以获取利润的行为。例如，在一、二线城市工作生活的人去三、四线城市投资房产、东部地区居民去中西部地区购房等。

实际上，对于房地产投资人而言，当下很多城市的房地产项目都没有非常好的投资价值。一方面，房价趋于稳定，特别是随着人口出生率下降与经济增速日益趋缓，房地产市场逐渐趋于稳定，房价不存在快速上涨的空间。另一方面，过高的房价导致房子的租售比非常不合理。即便是北京、上海这样的大都市，房屋租赁的年化收益尚不足银行定期存款的利息，还要承担相应的房产税，房东选择继续投资房产的动力不足。

（三）房产投资的应对策略

房地产投资究竟有没有价值，终究还是要从个人、家庭的实际诉求出发。如果是刚需诉求，可以选择合适的房产进行投资；如果单纯地期望能够获得较高的投资收益，则没有必要选择投资房地产，毕竟价格已经趋向于稳定，租金也不是很高。总之，要做好房地产投资需要提前规划好投资策略，设计合理的投资应对方案。具体来看，应包括以下四点：

一是根据实际情况设计投资规划。“房子是用来住的不是用来炒的”，投资房地产应根据自身实际情况，评估投资收益与风险，不要轻易选择金融杠杆进行投资，增加个人、家庭的财务负担。尤其是在新冠肺炎疫情持续反复的当下，日常生活、工作的不确定性因素较多，需要保证资金的流动性以应对不确定性风险。

二是统筹评估影响房地产收益的各项因素。选择房地产投资时，应该综合考量影响投资收益的各项因素，评估投资收益与风险成本等。例如，哪些房子具有较大的增值空间，哪些房子容易出租等。通常，在评估一处房产是否具有投资价值时需要考察如下三个方面：首先，考察所选房产未来地段规划；其次，考察所选房产未来增值空间；最后，考察邻近区域租客的类型与需求，评估所选房产的投资回报率。

三是要兼顾长短线收益。任何投资都不会只涨不跌，房地产和股票都有相应的牛市和熊市，尤其是在楼市黄金期已经逐渐远去的当下，在选择投资房地产时要审慎评估投资短期收益与长期收益。在确保投资稳定的前提下，要妥善优化投资组合，抓住机会博取短期收益，同时，做好房产投资的长期规划与安排。

四是分散投资风险。在制定房产投资策略时，要注意分散投资风险。综合考虑政策因素、市场因素、技术升级等多种因素的影响，有重点地投资特定行业，实现投资多元化。总的来说，考虑到房地产投资的流动性弱，属于中长期投资，房产投资在个人、家庭总资产的比重不宜超过 60%，保证家庭现金流的充足。

当然，除价格外，房子还有很多其他的价值，比如说家庭的寄托、婚姻的纽带等。房子所带来的幸福感、归属感不是简单的投资收益、成本评估可衡量的。即便是从经济角度来看，把购买房产看作解算术题，忽略买房对于婚姻幸福、成员健康所带来的经济收益也是不科学的。因此，对于投资者而言，任何时候房地产投资管理都是一个比较复杂的事情，需要从工作、生活的方方面面去考量、评估。

05 海外资产配置的注意事项

如果说过去 20 年是财富快速积累的 20 年，那么下个 20 年就是财富管理的 20 年。中国经济的持续快速发展，以及社会结构、家庭结构的变化，为高净值人士在全球进行资产配置提供了新机遇。如今，高净值人士的海外资产配置规模不断扩大，这意味着其投资组合中全球化比重持续上升，本土偏好逐渐下降。此外，我国坚定不移扩大开放，全面推动金融双向开放，对外投资的限制也越来越小，势必给国内高净值人士海外资产配置带来更多新的机遇。

（一）高净值人群海外资产配置趋势

中国经济的稳步增长、资本市场的持续发展，为财富的创造带来了无数机遇。在过去 10 年，中国以惊人的速度孕育了数量庞大的高净值人士。

随着个人财富的持续增长，中国投资者资产配置渠道与策略也在不断丰富。在全球化时代，海外资产配置的全球化浪潮也在兴起，高净值人士对财富持续增长的需求旺盛。他们已经开始综合考虑境内资产与境外资产、家庭成员需求、动产与不动产、权益资产与其他资产等因素，进行财富的规划与安排。

投资者进行海外投资的兴趣不断增强，原因很多，其中，财富创造和积累、财富保值与传承、分散资产风险通常是最主要的原因，而提高生活质量、为子女教育进行投资、通过投资进行海外移民规划等综合需求也是显著原因。从海外权益类资产获得其大部分投资收益的高净值人士对海外资产配置的需求更高，需要在资产锁定期后能够将资产回流到内地。调查显示，2021 年，海外资产投资者最看重的两个财富目标分别是“财富保值”和“创造财富”，第三则为“境内外一体化资产配置”。

不过，目前我国居民通过港股通配置海外股票资产的资产规模仍不足居民储蓄存款的 2%。可见投资者对海外资产、海外市场的了解较本土市场要少很多，其本土投资偏好较强，国际资产配置潜力很大。

（二）海外资产配置工具形式

在海外资产的投资形式中，有二级市场股票、基金、现金和净现金产品，信托、外汇期货、海外房地产、一级市场另类股权投资、海外保险等。

目前，中国高净值人士在国内的财富资产分配比例仍集中于股票，这表明他们有意愿承担一定的投资风险，以在当前全球低利率的宏观环境下尽可能地提高收益率。不过，在海外资产配置组合方面，他们普遍投资于商品和房产。这两类资产的驱动因素明显不同，对冲和多元化收益是大宗商品投资的关键因素，且较海外房产等实物资产更容易获得收益。我国高净值人士的海外房地产投资近年来表现非常亮眼，其原因在于，很多高净值人士借助海外移民中介或是遍布世界各地的华人亲朋好友，甚至其本身就具有海外公民身份，往往更容易进入外国房地产市场。

中国高净值人士通常将纽约、伦敦、新加坡等金融中心视为可行的投资目的地。对于已拥有海外资产的人来说，或选择金融产品投资，或从事房地产管理。现在，我国投资者正在探索更加全面的投资领域。

一级市场另类投资涉及的内容繁杂，各国股权投资均需要根据不同的国家法律、政治、社会情况进行尽调和团队支持，个人投资者涉猎较少。

对于高净值人士和家庭来说，可选择二级市场投资。二级市场同样要求投资者具备专业投资知识及风险承受能力和风险偏好能力。一般需要经由专业的财富管理机构聘请专业金融从业人员。

未来，高净值人士海外资产配置类别将逐步从传统的房地产资产转向更为丰富的资产类型和更为综合全面的服务需求。

个人需求方面，高净值人士的投资理念日趋成熟，除个人投资外，以医疗保健服务、高端个人生活方式、税务 / 法律咨询服务等非金融需求为基础的全球服务型资产配置也在不断涌现，在各个细分市场满足投资者日渐差异化的需求。

2021 年，高净值人士个人需求的前五位分别为：获取全球资产和高回报的独家产品、及时参与新兴和流行的全球产品、获取全球定制资产组合、及时获取最新的金融和财富管理要闻、获取个人境内外高端医疗资源和服务。2021 年，高净值家庭需求的前五位分别为：全面资产配置与均衡投资，资产保值，境内 / 境外子女教育，境内 / 境外资产保值增值，传承规划、全球定制化产品服务。其中，财务与非财务方面需求的比例为 2 ∶ 5。

由此可见，个人境内 / 境外高端医疗资源和服务、高端个人生活方式、个人税务 / 法律咨询服务、优质境内 / 境外旅游等非金融需求正逐年增加。

（三）海外资产配置要点

私人全球财富资产配置已成为一种趋势，在此过程中，投资者的风险管理意识也在不断提升。自全球金融危机爆发以来，私人和官方机构投资者的资产配置策略发生了显著变化。最重要的是，投资者风险意识持续强化，更关注资产流动性和不同经济体主体信贷相关风险。此外，投资于海外新兴市场资产的结构性趋势也有所加速。很多初次进行海外资产配置的投资者，主要是基于这些国家相对较好的经济表现而对该国资产进行投资，如果基本面（如增长前景、国家或全球风险）发生变化，就需要特别关注这类海外资产配置的投资风险。

为达到分散投资风险、丰富投资收益种类的目的，海外及全球资产配置应做到多元化品种配置，量力而行，坚持投资者适当性原则，坚持买者自负。投资者需根据自身资金状况及属性，投资自己熟悉的市场和金融、非金融产品。

在全球宽松货币的宏观政策条件下，高净值人士应在全球视野范围内，积极寻找适合自己的机会，进行跨地区投资，发现稀缺的投资资源。同时，综合利用国内外基金、保险、信托、税收规划等多品种财富管理工具，以实现资产的保值、增值。

投资者还应结合家庭及自身需求，将拟投资海外的资产在不同资产类别之间进行分配。例如，30% 用来配置类固收资产，这类资产波动性较低，收益较为稳定，凸显长期配置的投资价值；10% 配置权益类资产，这类资产收益及风险相对较高，优选具有长期投资价值的优秀海外上市公司标的并长期持有；40% 配置私募另类股权及房地产，据此来获得相关收益，实现财富的增值；20% 配置海外保险、医疗、子女教育相关产品，为家庭医疗保障、改善生活方式保驾护航。

随着海外投资需求的不断增长，以及投资选择的多样性、风险特性，越来越多的中国高净值人士开始寻求专业的金融建议，近一半的高净值人士依靠职业经理人和顾问进行资产配置。海外资产配置服务如法律、税务筹划等，需要更全面、更专业的方式，不同类型的客户也强调差异化服务。

对于高净值人士而言，选择的投资服务机构应具备以下条件：境内外分支机构投资能力及服务水平强，具备良好历史业绩、未出现过逾期，能把握前瞻投资方向、筛选优质底层资产，在海外资产目的地能提供专属的本地金融产品和证券类型，覆盖资产类别广泛，能延伸至投资以外的服务范围，如建立更安全的投资法律架构、保护资产等专业投资及财富管理机构，通过借助专业的力量实现资产的保值、增值。

作为中国经济中最具活力的参与者，高净值人士及家庭是引领中国进一步融入国际化投资、促进国际投资体系规范的领导者。随着中国从融入经济全球化到引领全球化、捍卫全球化，这也必将推动我国高净值人士从国内财富配置转向全球财富配置。总体而言，进行海外资产配置需要放眼世界，攻守兼备、戒骄戒躁，如此方能成就美好、长久的财富人生。

06 找到适合自己的投资工具

每一个想通过投资理财实现财富保值、增值的人都会思考一个问题：如何选择一个适合自己的投资工具？对于任何一位投资者来说，这都是一个很现实的问题。在进行投资理财之前，我们需要明确自己的投资目标、收益目标，进而选择合理的投资工具。不过，在实际执行中，很多人都只是明确了投资目标，并选择了一个投资理财工具，最终却发现并不适合自己。究其原因，主要还是未对相关的投资活动做好规划。因此，要实现自己的理财目标，需要妥善设计理财规划，选择适合自己的投资工具。

（一）投资理财工具的分类

按照投资性质来分，当前理财市场上的主要投资工具可以分为四类，分别是：流动性投资工具、风险性投资工具、安全性投资工具、保障型投资工具。其中，流动性投资工具包括活期储蓄、短期定期储蓄（三个月或半年）、通知存款、短期国债、货币市场基金、短期保本型的银行理财产品等。这类投资工具的特点是随时可以变现，而且不会亏本，但投资收益率很低。

风险性投资工具包括股票、股票型基金、对冲基金、房地产、黄金、外汇、不动产、艺术品、实业投资、投资连接保险、非保本型的银行理财产品、非保本型的信托产品等。这类投资工具的特点是可能亏本，但也可能带来很高的投资收益。

安全性投资工具包括中期储蓄、债券型基金、储蓄型的商业养老保险、中期保本型的银行理财产品、信托产品、社会养老保险。这类投资工具的特点是不会亏本，投资收益率适中，投资收益有保障，但部分产品的流动性稍差。

保障型投资工具包括定期寿险、人身意外伤害保险、医疗保险、疾病保险、收入保险、失业保险。

面对如此众多的投资工具，该选择哪一款投资工具呢？不少投资人对此感到迷茫。事实上，任何一款投资工具都没有好与不好，重点是哪款比较适合自己。一些投资理财产品需要花费较多的时间去观察分析，例如股票、期货等。也有一些投资产品需要分析产品投资标的与风险高低，例如基金、结构化商品、房地产证券化商品等。无论选择哪款投资工具，投资者都不能只看重回报率，需要统筹风险、期限、收益等多项因素。

因此，选择投资工具前，投资者需要明确自己的投资目标，根据投资目标合理设计未来投资规划，匹配相应的投资资源，例如子女的教育基金、父母的养老保险、未来出行旅游基金等。

根据每笔投资的时间长短，通常可以将投资目标分为三类，分别是一年以内的短期目标，3～5 年的中期目标，以及 5 年以上的长期目标。

例如，投资者可以规划 6 个月后存下 3 万元，和另一半一起去浪漫旅游。或者通过 3 年的时间，攒够 10 万元的创业资金。再或者用 8 年时间，为孩子准备好上大学 30 万的教育资金等。

（二）如何确定投资目标

设计投资目标时，通常需要做到两点：时间清晰与金额明确。

时间清晰，简单说就是清楚自己在什么时候完成怎样的投资目标。这里的时间不是“三五个月”“两三年”这样模糊不确定的时间，而是非常明确的时间，即从哪一日起，到哪一日实现怎样的目标。既要有整体目标，又要有阶段性目标，每一个目标都有清晰的时间点。

金额明确，是指确定所要达成目标的具体金额。这个金额的设计应符合实际，可落地实现，并细分到每一个阶段性的目标金额。通过实现每一个阶段性的目标，感受到投资的乐趣与财富增值的满足感，这样会给自己带来更大的投资动力。

在明确目标金额与时间规划后，就可以计算投资期限。通过计算投资期限，投资者可以更清楚自己与投资目标的距离。此外，通过把握投资期限，投资者还可以随时调整自己的投资期限和预期收益率，让投资目标更加科学合理。

明确时间和投资目标后，投资者还需要了解自己的投资风险偏好，也就是风险承受能力。例如，在股票市场上，有长线投资和短线投资两种情况。对于长线投资者而言，他们更加看重股票的长期价值，他们对于收益通常有着较高的要求，相应的风险承受能力也较强。与之相反，短期投资者更在乎股票的短期波动，通常会设置一定的止盈点或止损点，当股票价格波动超出止损点就会选择清仓逃离，相应地，他们的风险承受能力也比较弱。

在开始投资前，投资者需要明白两个问题：自己能够承受的风险有多大，以及自己想承受的风险有多大。前者是衡量投资者自身能力的客观指标，后者是评估投资者投资的主观意愿。

评估自己能够承受的风险有多大，需要参考所能支配的资产。通常，收益越高，风险越高，资产的波动性也就越大。资产越雄厚，抗风险的能力就越强。根据抗风险能力的强弱，由小到大可以分为：低风险、中风险和高风险。

想要承受的风险有多大，是指投资者在寻求高收益的过程中，心态上能够承受的最高风险有多大。如果只追求 5% 的年化收益，可以更多地选择一些更加稳健的投资理财产品，适当匹配一些高风险的理财产品；如果想要 10% 以上的收益，同时可接受10%～20% 的亏损率，则可以选择多配置一些高风险、高收益的理财产品。

根据承受风险意愿，投资可分为保守型、成长型和进取型。通常，保守型投资者更多地看重本金的安全，追求投资的稳健增长；进取型投资者偏向于能够在短期内赚到更多的钱，实现高收益，并可承受价格波动；成长型投资者介于保守型、进取型之间，追求较高收益，也愿意承担一定的风险。

值得注意的是，投资者的风险承受能力和风险承受意愿是会随着资产的变化、经验的增长、投资环境的调整而发生改变的。

随着理财知识的不断丰富，以及投资经验的积累，投资者对于风险的把控能力也在逐渐强化，风险承受能力不断提升。投资者在投资理财工具的选择、投资目标的设计、投资理财规划的制定上都会更加从容，能够更加稳健地实现投资理财目标。

在设计合理的投资规划，有了明确的投资目标，确认了投资风险承受度和投资期限后，接下来就要选择适合自己的投资理财产品。

看到这里，可能有人会问，是否可以委托给专业的机构进行投资和管理呢？答案是肯定的，如财富管理公司、第三方理财机构等。

财富管理是指以客户为中心，设计出一套全面的财务规划，通过向客户提供现金、信用、保险、投资组合等一系列的金融服务，将客户的资产、负债、流动性进行管理，财富管理范围包括：现金储蓄及管理、债务管理、个人风险管理、保险计划、投资组合管理、退休计划及遗产安排。一家财富管理公司通常会为投资者提供财富管理服务，包括设计资产配置方案，匹配最合适的投资理财产品，做好风险控制预案等。

作为独立的第三方机构，财富管理公司不代表基金公司、银行或者保险平台的利益，而是立足于客观公正的研究，根据客户的资产实力、风险偏好、投资目标及财务状况等设计完整的投资规划，匹配适合的投资理财工具。财富管理公司的独立性是普通商业银行无法企及的，如投资者无法在A银行买到B银行的理财产品，但可以在财富管理公司，同时选择两个银行的理财产品，这种独立、公正的第三方属性是财富管理公司的优势之一。

财富管理公司更多的是提供与财富管理相关的各类咨询服务。对于投资者而言，财富管理公司提供的不仅仅是某一种理财产品，更重要的是一套财富管理规划。通过长期合作，投资者会更倾向于选择自己熟悉的理财顾问，在理财顾问的帮助下，统筹各项因素，设计投资理财规划，选择合适的投资产品和投资工具，实现预定的理财目标。

（三）如何选择第三方财富管理机构

通常，评估一个财富管理平台的投资管理能力需要考察五个方面：

第一，企业的品牌力。一般而言，品牌知名度高、行业内产品信誉好的财富管理企业往往投资管理能力更强，投资收益也比较稳定。

第二，企业的股东背景。具有一定知名度，股东背景雄厚的企业往往经营管理更加稳健，企业管理也会更加规范。关于企业的股东信息，我们可以在国家工商信息网站等平台查询。

第三，企业组织架构。一家优秀的财富管理企业，通常包括市场部、产品部、运营部、客服部、财富运营中心等协作部门。如果企业还设有培训部和研究部，这说明该企业注重平台队伍培养，具有较强的产品研发与风险评估能力。

第四，平台产品。财富管理机构产品线越丰富、底层资产越清晰、盈利模式越稳健、成本估算越全面，越能印证其具有较强的操盘能力，产品收益也相对较高。

第五，产品是否受监管。正规的第三方财富管理机构所销售的产品均由相关部门进行监管。如信托由银保监会监管，资管计划由证监会监管，契约型基金由中国证券投资基金业协会监管。

第七章

家庭篇：和谐应对新挑战

家庭是社会的基本单元，它跨越历史的长河，经过漫长的演变，最终变成今天我们所熟悉的模样。新中国成立之后，我国的家庭结构、文化等发生了巨变，短短几十年的变化远超之前数千年。家庭是社会稳定的基石，家庭的和谐、幸福与否，关系到社会能否稳定发展。在本章中，我们将为大家揭示夫妻关系和谐长久的奥秘，并围绕高净值家庭关注的孩子成长、养老、移民、家风建设、家庭治理等重点课题进行分析，以帮助大家领略新形势下家庭所面临的挑战及应采取的应对举措。

01 夫妻关系如何保持和谐长久

2022 年 3 月，民政部对外发布《2021 年 4 季度民政统计数据》。数据显示，2021 年全国有 763.6 万对夫妻完成结婚登记，较 2020 年的 813.1 万对减少了 49.5 万对；同期，有 213.9 万对夫妻完成离婚登记，较 2020 年的 373.3 万对少了 159.4 万对，离婚登记量下降约 43%。不过，值得注意的是，离婚分为民政部门登记离婚和法院判决、调解离婚两种途径。2021 年 213 万对离婚数字仅包括登记离婚，没有包含法院判决、调解离婚的数据。仅以民政部门登记离婚数字为参考，2021 年，登记离婚数量与登记结婚数量对比约为 1∶3.56。换言之，2021 年每登记结婚不到 4 对，就会有 1 对登记离婚。夫妻关系的不稳定已经成为社会关注的热点话题，并对家庭、企业的日常发展与资产管理带来消极影响。

（一）夫妻关系的内涵

夫妻关系指的是男女双方通过合法婚姻而产生的男女之间在人身、财产等方面的权利与义务关系。夫妻关系是家庭产生的前提，同样也是家庭关系的基础与核心。

具体而言，夫妻关系主要包括夫妻人身关系和夫妻财产关系两个方面的内容。

一是夫妻人身关系。夫妻人身关系指的是夫妻登记结婚后，不涉及直接财产内容，夫妻双方在身份上的权利与义务关系。具体来说，夫妻双方都有保留和使用自己姓名的权利，也都有参加工作、学习和社会活动的自由，另一方不得予以干涉和限制。此外，夫妻双方都有抚养、教育子女的义务，保护未成年子女的权利和义务等。

二是夫妻财产关系。夫妻财产关系是指夫妻之间在财产方面的权利与义务关系，夫妻财产关系随夫妻双方登记结婚而产生，并直接体现在夫妻关系存续期间的经济活动中。

《民法典》第1062条规定，夫妻在婚姻关系存续期间所得的下列财产，为夫妻的共同财产，归夫妻共同所有：

（1）工资、奖金、劳务报酬；

（2）生产、经营、投资的收益；

（3）知识产权的收益；

（4）继承或者受赠的财产，但是本法第一千零六十三条第三项规定的除外；

（5）其他应当归共同所有的财产。

在涉及上述夫妻共同财产关系时，夫妻对这些财产拥有平等的处理权，双方应尊重彼此的知情权、处理权，合理处理夫妻彼此间的财产关系。

无论是夫妻人身关系还是财产关系，都会涉及夫妻间的“忠实义务”。夫妻间的忠实义务是指夫妻之间在共同生活中应当彼此忠诚，以维护夫妻之间的专一性和排他性。关于夫妻忠实义务，一般会有狭义和广义两种解释。狭义上的夫妻忠实义务是指夫妻之间在人身关系上的忠诚，着重强调配偶性生活的排他性，做到不出轨。广义上的夫妻忠实义务是指夫妻之间在人身关系、财产关系上的忠实，既包括在夫妻生活、身体健康、人际关系等方面彼此不隐瞒、不欺骗，也包括夫妻双方在资产配置、财富规划等方面的坦诚与沟通，尊重彼此的知情权和决策权。

（二）国内夫妻关系现状

随着人们物质生活水平不断提高，生活理念与文化认识的变迁，大家对于个性与自由的追求越来越高，由此带来了婚姻、家庭，乃至夫妻关系的一系列变化。当下，国内夫妻关系现状如下：

一是初婚年龄日趋增高。房价居高不下，就医、上学等成本的增加，以及这两年新冠肺炎疫情的反复，都使得年轻人的生活压力逐渐增大，就业艰难。年轻人对于婚姻望而却步，认为过早地进入婚姻对于夫妻关系、事业发展都不是一件好事，希望“先立业再结婚”，在经济条件改善后再去办理结婚的事情。

二是生育意愿下降。国内“90”后夫妻平均生育子女意愿仅为 1.66 个，相较于“80 后”低 10%。我国全面放开“三孩”政策后，仅不足半数的夫妻选择再生育。过高的生育成本、教育开支、就业压力成为影响夫妻生育意愿的关键因素。调查显示，在选择影响再生育意愿因素时，选择“经济负担重”的占比为 75.1%，选择“没人带孩子”的占比为 51.3%。此外，女职工生育后工资待遇下降的有 34.3%，其中降幅超过一半的达 42.9%。在没有解决居民生活压力的情况下，夫妻生育意愿很难有所提升。

三是离婚率持续升高。如今的婚姻关系更加注重个体的自我感受，也更加在乎婚姻质量，夫妻间决策的随意性也在增加，致使夫妻离婚率居高不下。

四是夫妻观念与关系发生变化。这种变化主要表现在从传统夫妻关系向现代夫妻关系转变，从一元封闭向多元开放的转变。如前文所述，相较于以往的“门当户对”，现代人在择偶时会看重对方的人品，同时也会考虑配偶的物质财富高低，讲求“眼缘”、实惠、实用和实在。随着国内家庭平等观念的不断上升，夫妻之间平等关系不断增强，旧有的“从属”理念不断削弱。此外，性观念呈现多元状态，夫妻之间对于婚前性行为的约束不再严苛，甚至对于婚后的“性越轨”行为的容许度也在增强。

五是夫妻间问题增多。随着夫妻婚姻观念与行为的不断开放、多元，夫妻间的问题数量、种类也在不断增多。例如：婚外同居、婚外恋、重婚罪、家庭暴力等问题呈现不断上升趋势。

（三）如何处理好夫妻关系

夫妻是组成家庭的前提，夫妻关系的稳定是实现家庭稳定、社会稳定的重要前提。维护好夫妻关系，避免夫妻关系破裂同样也是维护社会和谐稳定的一个重要内容，必须要引起足够的重视。

处理好夫妻关系，需要注意以下五点：

第一，学会相处之道，给彼此留些空间。把握好夫妻关系，一个很重要的事项就是要给彼此留些空间。夫妻之间特殊的人身关系并不意味着夫妻之间没有彼此的小秘密。夫妻双方不应该强迫对方要拥有和自己一样的爱好，也不能要求另一半不能有自己的圈子和私人空间。

想要让夫妻关系健康长久，就必须要学会相处之道，在履行各自夫妻义务的同时，留给对方足够的私人空间。让夫妻关系成为彼此进步的依托，而不是各自发展的掣肘。

第二，相互尊重，照顾对方的情感。无论是贫穷还是富裕，只有学会尊重对方，夫妻关系才会越来越好，婚姻质量也会越来越高。

每一个人都有被尊重的需求。有的家庭虽然收入一般，但是夫妻关系和谐，只要共同努力，家庭都会兴旺起来；有的家庭生活富裕，但是夫妻关系却高度紧张，尤其是在压力很大的情况下，人们往往容易将脾气发泄到配偶身上，甚至也会把配偶的负面情绪激发出来。

因此，学会尊重是实现夫妻关系和谐的重要支撑。只有尊重对方，夫妻才会拧成一股绳，婚姻质量也会越来越高。

第三，学会倾听，不要批评、抱怨。碎片化的信息时代，人们之间倾听的能力越来越差，更多地在乎自己的感受，这种情况在夫妻之间也是一种普遍存在的现象。很多夫妻越来越像陌生人，发生问题时更多地选择彼此埋怨，他们把时间都花费在互联网上，忘记了倾听配偶的心声。

当夫妻之间的批评、抱怨超过倾听时，夫妻关系的不和谐也就出现了。人都是需要沟通和赞美的，如果夫妻之间什么也不说，或说了对方也听不进去，抑或互相埋怨与批评，那么问题积累到一定程度的时候，夫妻关系自然将迎来考验。

夫妻之间需要一起成长，以相同的速度和方向，互相扶持，分享彼此的快乐与收获，增进共同语言，拉近彼此的关系，唯有如此夫妻关系才会更加亲密。

第四，经济问题上相互沟通。一份调查显示，夫妻关系中，90% 的矛盾都与金钱有关。不管数据是否准确，但细数生活中大大小小的争执，或多或少都与日常开销、资产分配相关联：钱少的时候，会为每一分钱的使用而争吵；钱多的时候，会为每一分钱的配置、分配而争吵。

生活中，因为经济关系处理不当而分道扬镳的夫妻并不在少数。为此，一方面夫妻双方应制订合理的家庭开支计划，尽量满足彼此的花费需求，同时又要防止花钱大手大脚。另一方面，无论谁负责管理日常开支，都应该保证配偶的知情权，不能擅自做主进行消费和投资。

第五，孩子是夫妻关系的纽带。数据显示，相较于没有孩子的夫妻，有孩子的夫妻离婚概率更低。这是因为孩子是夫妻双方的纽带，能够串联起彼此情感联系，托起生活的希望。

良好的夫妻关系必然要经历生活中的各种考验与打磨，如果彼此之间缺乏一颗宽容、理解的心，夫妻关系很难维系下去。夫妻关系最好的结果就是彼此成就，我们应该懂得克制自己，尊重彼此，夫妻关系才会有幸福的保证。

02

孩子的内驱力与自我成长

现实生活中，部分父母会遇到这样的问题：自己为孩子创造了优越的物质条件，孩子几乎什么都不缺，唯独缺少快乐和激情，学习和做事时提不起兴趣。父母对此难以理解，不知问题出在哪里。其实，这可能是孩子内驱力不足。本节我们专门讲一下什么是“内驱力”，以及如何激发孩子的内驱力。

（一）内驱力及其重要性

内驱力，简言之就是内在的自我驱动力，是促使一个人采取行动并实现目的的心理状态。内驱力因内心需要而产生，但由个人的欲望而决定。也就是说，孩子内驱力不足，并不意味着他们没有需要，而是欲望不够强烈。比如孩子对学习提不起兴趣，有可能是他们尚未感受到学习带给他们的成就感和益处，因而欲望不高。

在著名心理学家荣格看来，内驱力就像集体无意识一样，是在人类的长期历史中形成的人与环境的一种互动机制，是一种“生命驱动力”。在纯粹自然状态中，内驱力是保证一个人维持生存的内在力量。当外部诱因出现时，个人的内驱力就可能被激发。我们通常所说的“动机”概念，就是由内驱力和外部诱因两个因素组成的。

内驱力对于孩子无疑是十分重要的。强大的内驱力，能够让孩子始终对外部世界保持好奇心，增强他们性格的韧性，保证他们持久、专注地做事，享受内心成长的愉悦。反之，如果孩子内驱力不足，往往会出现兴趣索然、漫不经心、自暴自弃，甚至怨天尤人的情况，学习和生活上也可能有糟糕的表现。

案例

关于孩子的内驱力有这样一则故事：一群调皮的男孩在一位老奶奶的家门口大喊大叫，吵得老奶奶心烦意乱。老奶奶的儿子要去赶走这几个男孩，却被老奶奶阻止了。她走进屋里，拿出了一些糖果，然后给每个男孩 5 块糖，奖励他们让她的家门口变得热闹。第二天，男孩们为了得到糖，继续在老奶奶家门口大喊大叫。这一次，老奶奶只给他们每人 3 块糖。第三天，男孩们又来了。而这一次，他们每人从老奶奶手里拿到的只有 1 块糖。男孩们失望极了，从此再也不给老奶奶“表演”大喊大叫了。这个故事告诉我们，当孩子的内驱力减弱时，他们的兴趣也就随之减弱。

（二）孩子为何缺乏内驱力

应该说，孩子天生是内驱力旺盛的。当他们来到这个世界的时候，对一切都充满了好奇。在他们渐渐长大的过程中，也总是对新鲜事物保持很大的兴趣。不过，随着年龄的增长，特别是在上学之后，有些孩子就慢慢发生了变化。例如，做事情磨磨蹭蹭，大人越催他们越慢；学习上毫不主动，似乎是为了父母而学。这些现象表明，孩子的内驱力出现了问题。

孩子内驱力不足有多方面的原因。首先是自身原因，例如胆子小、抗挫折能力差等。除此之外，来自父母的影响更为重要。例如，父母的以下一些做法，对孩子内驱力的发展就是非常不利的：

一是父母大包大揽，剥夺孩子成长的机会。不可否认，现在的“80 后”“90 后”父母懂得多，会得多。特别是那些身为高净值人士的父母还掌握着一些稀缺的社会资源。正是由于这些原因，父母在培养孩子的过程中表现得过于“能干”，几乎为孩子准备好了所有的“剧本”，包办所有事情。如此一来，孩子的自主性难以得到施展和锻炼。久而久之，积极性就会下降，对很多事情表现出无所谓的态度。

二是父母要求过高，频繁打击孩子自信心。在教育孩子这件事上，父母应该注意方式和方法，做到恩威并施、宽严相济。但是不少人却坚信“严父出孝子”，甚至“棍棒之下出孝子”的教条，对孩子的要求过分严苛，往往适得其反。例如，近年来屡见报端的“虎爸”“虎妈”，就惹来争议一片。如果父母大部分时间只知道挑孩子的毛病，一味呵斥和责骂，孩子内心的负面情绪就会越来越多。到最后，孩子要么自暴自弃，要么出现强烈的逆反心理。

三是父母经常否定，伤害孩子进行尝试的勇气。好奇心是内驱力的源泉，好奇心强的孩子往往也是内驱力旺盛的孩子。孩子好奇心强，一个重要的标志就是经常会提出新想法，尝试新事物。但是，有些父母出于安全、方便等方面的考虑，会否定孩子的想法或尝试。例如，孩子想体验水，父母就一直阻拦；孩子说想学做饭，父母就把厨房描述成为极其恐怖的地方。长此以往，孩子接收到的都是负面反馈，也就慢慢变得没有想法，不愿意尝试。

四是父母教育方式冲突，让孩子感到无所适从。根据荣格的“生命驱动力”理论，人的内驱力是在人与环境的互动中形成的，外部环境反馈回来的信息对孩子内驱力的发展具有关键作用。家庭环境是对孩子产生最大影响的环境，因此父母传递给孩子的信息就显得非常重要。如果父母的教育理念和做法出现比较大的差异甚至冲突，一个让孩子往东，另一个让孩子往西，孩子得到的信息就是紊乱的、模糊的。这样的话，孩子就会变得无所适从，无法正确调适自己的行为。久而久之，内驱力也会出现问题。

（三）如何激发孩子的内驱力

内驱力是生而具有的，如果父母能够从孩子小的时候就注意呵护好他们的内驱力，让内驱力成为孩子成长的原动力，这是最好的情况。反过来，如果孩子的内驱力受到抑制，在成长的过程中变得内驱力不足，则需要父母发现问题的根源，付出更多的关爱，才能帮助孩子找回好奇心、勇敢和自信，激发他们的内驱力。

如前文所述，孩子内驱力不足很大程度上可以追溯到父母的身上。相应地，如果要激发孩子的内驱力，也必须重点从父母身上下功夫。例如，父母最好不要替孩子“包打天下”，特别是在一些无关紧要的小事方面。应该让孩子充分锻炼，体验成功的喜悦和挫折的痛楚，如此才能得到成长。

父母可以对孩子有严格的要求，但要注意把握尺度及方式方法，一定要注意孩子的承受能力。在批评孩子或者对孩子提要求的时候，要考虑孩子的心理感受。既要达到教育的效果，同时也要保护孩子的自尊心、自信心，不至于出现逆反或者自暴自弃的苗头。要善于挖掘孩子的潜力和优点，并找到严格要求的着力点，做到有的放矢地引导和培养孩子。

孩子内驱力不足，体现在学习上就是缺乏主动性、心不在焉、有畏难情绪等。越是到了高年级，问题表现得就越明显。这个时候，父母不应该拿孩子和班级前几名比较，而是应该帮助孩子树立合理的小目标，“积跬步，成千里”，慢慢追上。通过一个个小目标的实现，让孩子逐渐找回自信，进而找回内在的动力。

根据心理学家奥苏贝尔的理论，内驱力可以分为三种类型，即认知内驱力、自我提高内驱力和附属内驱力。其中，认知内驱力源于好奇心与兴趣。孩子天生好奇心旺盛，对一切都感到新奇，愿意去接触、尝试和学习。为什么随着年龄的增长，他们的学习欲望却明显降低了呢？这和他们要学习的内容变得更多有关，但最主要的是父母对他们成绩的负面反馈以及焦虑情绪。如果孩子每天都要面对许多不那么有趣的学习内容，同时从老师和父母那里得到的多是批评，他们内心的学习欲望就很容易沉睡。因此，要想提高孩子的学习成绩，最关键的是保护他们的学习兴趣。

自我提高内驱力是推动一个人追求更好表现的内在力量，它来源于他人和社会对自己的认可与赞许，构成了个体进步的主要动机。特别是对于孩子而言，他们做每一件事时都希望得到大人的肯定与表扬，而不是否定与批评。肯定与表扬代表着进步，能够激发孩子的驱动力；否定与批评代表着落后，则会抑制孩子的驱动力。当孩子的驱动力被激发时，就会成为一股强大的力量，促使他们奋发图强，有更多精彩的表现。所以，当孩子努力做一件事情时，父母不妨多一些鼓励和赞许。当孩子表现得畏缩不前时，父母也应该坚定地站在孩子身后，努力推孩子一把。

附属内驱力是依附于某种外在条件的内驱力。孩子的心智还不是很成熟，很容易把自己的行为与某种物质或者奖励联系在一起。例如，有些父母为了让孩子好好学习，总是以承诺购买礼物或者消费为条件。这样的方式在短时间内确实可能取得比较明显的效果，但久而久之，孩子就会把自己的学习和父母的承诺画等号，给奖励就好好学，不给奖励就不好好学。如此一来，学习好像变成父母的责任，而不是自己的责任。这也是家庭教育中比较常见的一种问题，应该引起父母的足够重视。我们不建议父母用经济条件作为引导孩子学习的“诱饵”，因为这对于孩子内驱力的发展不具有正面而长久的作用。

03

家庭养老与助老设施

在人口老龄化快速发展的同时，我国老年人口户数的比重也在快速提升，即家庭老龄化正在加剧。与此同时，独生子女家庭、无子女家庭及失独家庭、无配偶及丧偶老年人的家庭户也在增加，这些情况大大提升了老年人依靠家庭养老的风险。

（一）居家养老是当前及未来我国养老模式的主流

人口老龄化对家庭经济收入、消费支出与消费结构等产生了诸多影响，在一定程度上降低了家庭抵御风险的能力，使得家庭更加脆弱，其中影响最大的就是养老。目前，我国养老模式主要分为居家养老、社区养老与机构养老三种。

居家养老是我国老年人传统的养老模式。数千年来，“养儿防老”理念根深蒂固，至今仍是我国养老模式中的主流。居家养老其实是责任和财富的代际转移，年轻时父母养育儿女，年纪大了儿女赡养老人，形成反哺。居家养老拥有其他养老模式难以比拟的优势，老年人生活在自己或儿女的家中，照顾自己的是熟悉的亲人，能够含饴弄孙，享受天伦之乐。对于大多数老年人而言，居家养老更符合其意愿与经济条件，也是未来养老的首选。国家也高度重视居家养老的作用。2022 年 2 月，国务院印发《“十四五”国家老龄事业发展和养老服务体系规划》，强调传承弘扬家庭孝亲敬老传统美德，巩固和增强家庭养老功能、完善家庭养老支持政策体系，并提出“十四五”时期“家庭养老照护能力有效增强”。可见，在老龄化问题加重及我国“未富先老”的情况下，居家养老的基础作用将进一步强化。

社区养老是老年人在家居住与专业化上门服务及日托服务相结合的一种新型养老模式，即老年人仍然居住在自己的家中，由社区有关养老服务机构的专业养老护理员上门为老年人提供日常照料、家政服务、医疗护理及精神慰藉等服务，以及社区日托、短期照料护理等养老服务，社区成立老年人社区活动中心、日间照料中心、托老所或养老机构等。社区养老不仅能提供更为专业的养老服务，社区老年活动中心举办的各种活动还能丰盈老年人的精神世界，避免老年人感到孤独冷清，同时，社区养老还能有效减轻家庭的养老负担，节省年轻人的时间与精力，从而使年轻人能更好地开展工作、照顾下一代。不过，当前社区养老面临养老服务设施不完善、养老服务人员专业化水平低等问题。

机构养老是指为老年人提供饮食起居、清洁卫生、生活护理、健康管理和文体娱乐活动等综合性服务的养老方式。提供服务的机构，既可以是独立的法人机构，也可以是附属于医疗机构、企事业单位、社会团体或组织、综合性社会福利机构的一个部门或者分支机构。机构养老能够让老年人享受到更加优质、全面的养老服务，不仅涉及衣食住行等日常基本生活需求，还包括医疗保健、疾病预防、护理与康复，以及精神文化、心理与社会等需求。此外，机构养老还能丰富老年人的社交生活，居住在一起的同龄人让他们有更多的共同语言，更容易形成心灵与情感的共鸣。此外，机构养老还拥有更加健全的娱乐、健身等设施，为身体的疗养、康复提供了保障，也有利于老年人形成健康的生活方式。机构养老门槛较高，堪称养老模式中的“高端玩家”。不过，这类养老模式最大的问题在于，市场化的高端养老机构费用比较高，“劝退”了大量的老年人。

2021 年 4 月，国家卫生健康委老龄健康司司长王海东表示，我国养老已形成“9073”的格局，即 90% 左右的老年人选择居家养老，7% 左右的老年人依托社区支持养老，3% 的老年人入住机构养老。2021 年底，由中国老年学和老年医学学会老龄金融分会、清华大学银色经济与健康财富发展指数课题组、大家保险集团联合发布的《中国城市养老服务需求报告（2021）》显示，城市居民愿意选择居家养老的占比为 52.9%，26.5% 的居民愿意选择社区养老，20.6% 的居民愿意选择到养老机构养老。可以看出，国人的养老意愿正在发生改变，居家养老在未来养老中仍占据重要位置，不过，老年人对其他两种养老方式的接受度已有了明显提升。

（二）助老设施与养老生活

在居家养老当前及未来一段时间仍占据主流的情况下，随着我国家庭规模日趋微型化、少子化和老龄化，人们对助老设施的需求越发迫切。国家充分意识到助老设施在应对人口老龄化、保障老年人养老生活、发展银发经济等方面的积极作用，出台多项举措加强老年设施供给，助老设施也将成为新的产业风口。

然而，现阶段我国助老设施与老年人之间的供需并不匹配，不仅软硬件建设滞后，适老化程度也不高，不足以满足老年人的养老生活需求，很大程度上影响了老年人的获得感、幸福感、安全感。

助老设施的适老化改造是实现居家养老的关键。前两年曾有业内人士对我国适老化住宅市场进行了评估，认为全国有 1.4 亿套住宅需要全面实施适老化改造。在之前很长的一段时间里，我国并没有适老化需求，当时我国人口快速增长，人们对老龄化认识程度不高，居住项目主要考虑满足人们的居住需求，房屋的设计、建造与装修并未从适老化角度进行考虑，老年人和年轻人对于房屋的舒适性、便利性、安全性等方面的观感有很大不同。当老龄化问题逐步凸显，人们对适老化改造也存在一定的认识误区，认为适老化就是简单的装修，导致适老化改造效果不明显。

家庭养老床位是助老设施中的重要一环。目前，我国养老服务床位主要集中在机构养老及社区养老两类服务机构，数量远不能满足市场需求。国家统计局发布的《中华人民共和国 2021 年国民经济和社会发展统计公报》显示，截至 2021 年，我国养老服务床位共有 813.5 万张，但其使用率不高，此前民政部曾表示，我国养老床位的空置率高达 50%。

为何一方面有着巨大的养老服务床位需求，另一方面又有着如此之高的空置率呢？分析人士认为，文化心理与收入水平是制约养老床位入住率的重要因素。在此情况下，既能节省机构养老床位费，又能在熟悉的环境中享受机构养老专业化服务的家庭养老床位便应运而生。所谓家庭养老床位，是指“以养老机构为依托，以社区养老服务中心为支点，把专业化服务延伸到家庭，对失能老人家庭进行适老化改造、专业护理、远程监测等养老服务”。由于是在自己的家中安装家庭养老床位，没有土地及相关建设费用，这就大大降低了费用支出，极大缓解了居家养老服务难题。

（三）哪些助老设施是重点

2021 年 5 月，民政部、国家发展改革委联合印发的《“十四五”民政事业发展规划》提出，完善居家养老支持措施，发展“家庭养老床位”，推进经济困难高龄老年人家庭适老化改造。实施老年人居家和社区适老化改造工程。

《中共中央　国务院关于加强新时代老龄工作的意见》提出，积极发展家庭养老床位和护理型养老床位，方便失能老年人照护。打造老年宜居环境，鼓励更多家庭开展适老化改造。加强老年设施供给，到 2025 年，老城区和已建成居住区结合城镇老旧小区改造、居住区建设补短板行动等补建一批养老服务设施，“一刻钟”居家养老服务圈逐步完善。

《“十四五”国家老龄事业发展和养老服务体系规划》提出，加强老年用品研发制造，针对不同生活场景，重点开发适老化家电、家具、洗浴装置、坐便器、厨房用品等日用产品以及智能轮椅、生物力学拐杖等辅助产品。推进公共环境无障碍和适老化改造，提升社区和家庭适老化水平，鼓励有条件的地方对经济困难的失能、残疾、高龄等老年人家庭实施无障碍和适老化改造；推动公共场所适老化改造。

从上述政策举措可以看出，国家把适老化改造作为发展助老设施的着力点，把家庭养老床位作为实现居家养老的重要支撑。这些举措，不仅能够精准地对接老年人的日常养老生活需求，还能有效提升家庭养老服务品质，让老年人在家里就能享受到专业的养老服务，切实实现了老有所依、居有所安、病有所医。

助老设施的适老化改造，应结合老人的养老需求、生活习惯、安全需要，对家庭住宅、家具、辅助设备等进行改造、配备。要对卧室、客厅、厨房、卫生间、浴室等分别进行适老化及无障碍改造，地面要做防滑处理或铺设防滑垫，墙角及家具设施加装防撞护板，行动不便的还要配置助行器和出行轮椅，室内要满足轮椅和救护床进出及日常护理需要，同时，还要根据老年人的身体状况及实际需求，安装智能手环等信息化适老设施，确保能够实时掌握老年人的健康状况。

家庭养老床位需要综合考虑老人的生活场景。家里的普通床位要换成具备移动、防滑、辅助起坐等基础照护支持功能的护理床，安装智能床垫、生命体征检测设备，对老年人的身体和活动进行实时监测，一旦有意外发生就能第一时间进行响应。室内各区域要安装紧急呼叫设备、活动检测设备，确保意外发生时救助人员能够快速到达现场帮助老人。厨房要安装烟雾、燃气感应报警装置，发现异常时能够自动提醒，数据实时反馈。为方便老年人的日常生活，还要配置淋浴椅、适老椅、自动感应灯等设施，增强老年人居家生活的安全性、便利性，让老年人在不离家的情况下享受到养老机构那样的专业化养老服务。

此外，还要对户外设施进行适老化及无障碍改造，楼宇内加装电梯、楼梯内安装无障碍扶手，小区内建设为老服务中心、文化娱乐设施、体育健身设施及老年人助餐点等，为老年人及时提供日常照料、康复护理、心理慰藉、定期巡访等服务，改善并保障老年人的居家生活品质，让老年人的养老生活更加轻松自如。

04

海外生活的挑战与应对举措

改革开放以来，随着我国对外贸易与文化交流的不断扩大，中国人赴海外学习、生活和工作的情况变得更加常见。每年都有大量的学生走出国门，到不同的国家留学；也有数量不少的人出国定居。不过，由于文化及语言、生活习惯、税务管理等方面的原因，初出国门的人往往面临许多现实的挑战。

（一）海外生活的挑战

海外生活固然有种种好处，但到一个完全陌生的环境重新学习、工作和生活，也会面临很多困难和挑战。当新鲜感退去、现实和预期产生偏差、文化与理念冲突接连上演，人们往往会陷入迷茫与纠结之中。一般而言，海外家庭面临的挑战主要有以下几种：

一是语言障碍。对于国人来说，到海外生活，首先要克服的就是语言的障碍。身处在完全陌生的语言环境中，应试教育下成长起来的国人的口语交流能力不足，即便参加过语言培训班、考了很高的雅思与托福成绩，到了国外仍有沟通障碍，很难满足在移民目的国学习、工作和生活的需求，因而容易产生焦虑感和挫败感。

二是文化差异。中国受儒家文化、道教文化及佛教文化浸染千年，国人大多养成内敛含蓄的性格，不善于表达和展示自我，国外则比较自我、开放，看重个性。此外，中西方在思维方式、文化习俗、生活习惯及宗教信仰等方面也有很大差异，国人难以真正融入当地社会。另外，移民一代与二代之间也容易产生代沟问题，由于移民二代受所在国文化影响，价值观、行为模式与移民一代大相径庭，两者极易形成文化鸿沟，导致家庭代际关系紧张。

三是就业压力。由于缺乏当地方言的表达技能、当地的工作经验及相应的人际关系，移民海外人士普遍存在求职难问题。有调查显示，即便是有职场经验的人，在国外找到一份工作也要花费几个月甚至一年的时间。由于学历、经验不被认可，移民难以融入当地社会与劳工市场，很多高学历的移民者难以从事自己专业范围内的工作，不得不对自己重新定位，接受非专业性、技术性工作。

四是法律差异。对于移民者而言，由于中外之间在政治体制、社会结构、历史传统、发展阶段等方面的不同，彼此在法律方面也存在着很大差异。国内在一定程度上是人情社会，部分人法治观念淡薄，喜欢搞特殊，但国外强调法治，一切以法律为准绳，崇尚契约，尊重规则。当缺乏法治意识或不熟悉当地法律的人来到国外，很容易触犯法律，从而面临诉讼风险，遭受法律的制裁。

五是财富保护与传承风险。中国是当前百万富翁移民人数最多的国家，在移民过程中，财产的保护与传承需要格外关注。如果没有对境内资产提前做好安排，或资产申报不合理，甚或违反国外相关法律，将导致未来税收加重，甚至因触犯法律面临入狱风险，即便放弃移民身份，也将面临税收追缴风险。此外，不同的移民家庭，面临的财富传承风险也各不相同，正在准备移民的中国籍家庭及跨境家庭，往往会面临因移民导致的债务风险、婚姻风险、继承风险等风险的跨境化问题。

（二）应对举措

面对上述挑战，海外家庭需要保持积极进取的心态，跳出舒适区，多渠道寻找工作机会，了解并遵守当地法律，选择专业的机构帮助进行资产管理，为自己的财富保驾护航。

第一，勇于跳出舒适区。无论是面对语言障碍还是文化差异，都需要保持积极的心态，勇敢走出去。对于语言障碍，要敢于开口表达，尽量用当地语言与人们沟通，留心观察身边人的对话，掌握当地的表达方式，并通过看书、看电影、看新闻、看体育及娱乐节目等方式拓展知识面、丰富词汇量，让自己的思维与表述方式真正融入当地环境。对于文化差异，要保持开放、包容的心态，积极参加社交活动，与不同区域、不同文化的人进行沟通交流，多了解当地的风俗文化与行为准则，加深对当地文化与规则的理解。

第二，多渠道寻找工作机会。对于初到国外的人而言，要做好心理准备，对工作与薪资不要有过高的期望值。移民者在强化沟通能力的同时，还可学习一些新的技能，如参加当地举办的职业培训讲座，了解当地的找工作技巧、提高职业技能、拓宽职业通道。可通过校招、熟人推荐、招聘网站、社交媒体、招聘会及中介公司等渠道寻找工作机会。

第三，了解并遵守当地法律。初到国外，很多人会因为不熟悉、不了解当地法律，无心之下触犯了当地的法律，一些在国内看来司空见惯的事，到了国外就有可能成为大问题。为此，移民者最好出国之前了解一下移民所在国的法律及相关政策，出国后向学长、邻居或其他华人华侨虚心请教法律知识及处理问题的方式，清楚自己的权利和义务，做知法、懂法、守法、用法之人。同时，要学会用法律来保护自己，发生突发事件、遭遇不公平待遇时，要注意保存证据，拿起法律武器积极维权。

第四，选择专业的机构进行资产管理。目前，共同申报准则（Common Reporting Standard，CRS）已在一百多个国家和地区实施推广，全球税务透明化时代已经到来。面对日益趋紧的全球税务环境，移民家庭需要重新检视自己和家人的税籍，通盘考虑财富保护与传承中面临的各种风险，制定相关的规划来实现财富的保值、增值与家业的有序传承。家族办公室无疑是解决上述问题的专业机构，依托自身专业成熟的业务架构设计团队及丰富的实践经验，可充分理解移民家庭的个性化、定制式需求，帮助其制订整体性保护传承方案，提供财富管理、风险管控、税务合规化管理、家族治理及信息传递、专业咨询等专业化、全方位、一站式服务，助力实现财富的世代传承。

05
家风建设与家庭和谐

家庭家风建设不仅是家事，也是国事，事关社会和谐、民族进步和国家繁荣。家是最小国，千千万万个家庭的文明风尚能够筑牢社会文明进步的基石；国是最大家，大国奋进的精神气魄能够激发家庭文明向上的追求。就像习近平总书记所说的那样，“国家富强，民族复兴，人民幸福，不是抽象的，最终要体现在千千万万个家庭都幸福美满上，体现在亿万人民生活不断改善上。”

（一）家庭家教家风建设

随着我国社会主要矛盾的变化，人们逐渐对高质量的家庭生活和精神追求有了更美好的期待，希望子女能够接受更好的教育，老人能够得到更贴心的照料。但同时，家庭建设的问题也日趋显现，留守儿童、空巢家庭等都是目前亟待解决的问题。

家庭在个人成长和社会发展中的作用使得家教、家风的重要性日趋显现。习近平总书记指出：无论时代如何变迁、经济社会如何发展，家庭的作用与功能都难以替代。我们都要重视家庭建设，注重家庭、注重家教、注重家风，使千千万万个家庭成为国家发展、民族进步、社会和谐的重要基点。注重家庭家教家风是人民对美好家庭生活向往的重要组成部分，需要各方共同努力实现这一目标。

家风是家庭的精神内核，是长久形成的家庭风气风貌，可在代际间传承。家庭是人生的第一个课堂，父母是孩子的第一任老师。孩子们从牙牙学语起就开始接受家教，有什么样的家庭，就有什么样的人。家庭教育涉及很多方面，但最重要的是品德教育。也就是古人所说的“爱子，教之以义方”“爱之不以道，适所以害之也”。

家庭文明是社会文明的基点。家庭是社会的基本细胞，亿万文明家庭构筑起社会文明进步的坚实基础。新时代的文明家庭建设，既需要从家庭内部切入，也要从家庭以外着手，如开展以“劳动创造幸福”为主题的宣传教育，引导青少年树立以“辛勤劳动为荣，好逸恶劳为耻”的劳动观，坚决反对拜金主义、享乐主义、极端个人主义和封建迷信、黄赌毒等社会丑恶现象。从我国老龄化国情出发，要自觉承担家庭责任，弘扬中华孝老爱亲文化，巩固家庭养老基础地位，让老年人老有所养、老有所依、老有所乐、老有所安。把家庭发展与社会进步紧密联系起来，在推动社会进步中实现家庭梦，积极培育社会主义文明家庭。

（二）家族信托助力家庭和谐

家族信托是指家族整体或其中的个人作为委托人，将拥有的家族财产委托给受托人进行管理，受托人按照委托人的意愿，以信托受托人的名义，为受益人或者为特定的目的，对受托资产进行管理的行为。家族信托在财富安全、财富传承、税务筹划及隐私保护等方面具有天然优势。

一是保护家族财富。家族信托在委托者进行资产的委托后，可以有效地将委托人的资产进行隔离保护，防止委托人在面临其他财产风险的时候，将风险传递到信托财产中。通过家族信托不仅可以确保信托财产的安全，而且可以防止家族成员婚变、继承或发生其他变故时，因家庭财产分割导致家族成员之间的纠纷、因股权分割影响家族企业的存续与经营等。由于家族信托财产已经实现了财产隔离，所以委托人的意外不会影响信托财产的存在。此外，由于信托财产是独立的，作为受益人的子女无权对其继承财产进行处置，避免了财产被子孙挥霍的风险。同时通过家族信托的设立，也能防止子女因挥霍财富而“富不过三代”，实现家族财富与精神的完美传承，让家族企业长盛不衰。追求财富永续的家族往往面临着“穷儿子”或“穷孙子”的问题，而如果能借助家族信托的财富运营和管理，客户财富传承的目标有望实现。家族信托更好地保证了家族财富传承，进而维护家族内部关系和谐稳定，从而推动社会主义家风建设。

二是灵活传承财富。信托公司在接受委托人的委托后，可以根据委托人的意愿灵活合理地指定特定受益人和制订分配方案，同时也可以安排顺位受益人，实现跨代资产传承。信托公司可以在家族信托的条款设立中，以客户认可的家庭价值观为基础，创设激励和约束的信托利益分配条款和机制，达到引导和约束后代的目的，以实现对财富的传承。再比如，家族信托甚至可以出资培养有愿意及有能力继承家族企业的子女，以家族信托的形式为以该子女为实控人的家族企业出资，为家族企业的传承保驾护航，奠定坚实的基础。

家族信托的另外一个目的就是财产保护，股权持有人将股权转移至家族信托公司，在信托方案设计的法律框架下，就可以实现股权保护的目的。比如，当委托人破产或离婚时，通过完善的方案设计，使信托财产受益权归受益人所有，但股权本身不作为破产清算的追索标的或离婚财产分割的对象。具体而言，信托可以为财富管理提供四大价值，即账户创设价值、财产独立价值、资产投向价值、公益资产价值。同时，还能通过现金价值，为子女的养老规划和子女教育做出贡献，从法律角度讲，可以实现财富的定向传承。在家族信托的案例中，家族办公室就像是客户的家族财富管家，从专业角度对客户资产进行合理的监督、管理，确保客户资产的保值、增值。信托在风险隔离、企业传承、财富管理和个人传承等方面具有强大及高度私人定制的功能，已成为家族财富传承规划中应用最广泛的工具。从传承财富的多样性而言，可以很好地规避家族财富不必要的流失风险，确保资产保值、增值，进而维护家族内部资产稳定，有利于家族和谐发展。

三是保护家族隐私。由于家族信托的私密性较强，信托公司在接受委托人的委托后，承担起对委托人委托内容保密的责任。家族信托可根据委托人的要求，灵活设置信托条款，如设立期限、资产配置方式、突发事件时财产处置等，这些条款也可以在信托存续期内根据事先约定进行调整。家族信托的受托财产已由单一的现金类财产演变为以现金为主，兼有保单、股权、不动产、艺术品等多种受托财产。无论是保险金信托、简单家族信托，还是复杂家族信托，都能有效地传承财富，并随时提供现金流。家族信托可以相对直接地实现目标，具有较强的持续性，适应企业需求和财富多元化内容，能较好地应对复杂家庭因素。

家族信托在我国处于快速发展阶段，随着社会经济的不断发展，家族财产继承对家族信托具有现实的需求，同时在国内外家族信托的不断发展中，也证实家族信托具有其存在的必要性。因而，家族信托在我国的进一步发展不仅需要各信托机构的发展理念的更新，也需要国家有关部门对相关的政策制度进一步完善。不可否认，家族信托有利于家族内部和谐，在某种程度上可以促进社会主义和谐家风建设。

（三）家族信托丰富家风建设内容

新时代的家风建设应考虑提升主体责任意识，丰富家风建设内容，加强多方联动。

第一，特定分配机制实现家族家训。

中华民族是个讲究血缘亲情、人伦道德的民族，自古便有父业子承的传统。在传统的财富传承上，人们常用到的是顺位继承，而在实际的生活中，特别是独生子女家庭，极易产生没有法定继承人的情形，或者继承人过早将上一代财富视为己有，可能产生对上一代的养老生活不积极的影响，前者可能最终没有继承人，而这有违国家注重保护私有财产的立法初衷，后者不但有损于血缘亲情人伦道德，更不利于人们发挥创造财富的积极性。家族信托的条件分配机制可以很好地解决这一利益冲突，通过合理的、同时符合家族家规家训的分配条件，健康、有序地完成整个家族财务管理、风险管理、敬老养老及下一代教育发展的目标。

第二，丰富家风建设内容，灵活传承。

大部分高净值人群会面临如下问题：一是被继承人有养老需求而同时继承人的下一代有教育需求；二是在优越环境下长大的下一代，挥霍无度；三是子女多次婚姻，家族财富被大量分割；四是晚婚晚育，家族财富可能无人继承；五是后代好逸恶劳，无所作为碌碌一生；六是家族企业控制权旁落他人。

除家中长辈言传身教外，目前国际上许多知名家族都通过家族信托约束子孙后代的行为。良好的家风家训可以通过家族信托实现，比如为使子孙后代树立良好的婚姻观、价值观，设置特定的首婚财产奖励条款，可以很好地引导他们对于婚姻的重视度谨慎性。附条件继承特定资产，不仅鼓励后代竞争，能力突出的后代取得较多资产的控制权，同时也可以保障其他子孙后代基本生活需求。特定的生育分配条款，也可促进家族人丁兴旺，子嗣绵延。在家风建设的主体方面，立足家族家训传承，通过合法手段协调利益冲突，使家风文化真正成为下一代成长道路上的防火墙。

在家风建设的实践环境上，向上向善的家庭环境是根本。单纯的财富传承并不难，但想要在财富传承的同时兼顾父祖辈的精神，则非易事。尤其是对于在优越环境下成长起来的下一代，更不易继续传承“富一代”吃苦耐劳、勤勉奋斗的精神文明。

继承家族优良传统能够促进家教、家风建设。中华民族自古以来就形成了重视家庭家教家风的传统，注重在日常家庭生活中传承社会主流价值观。蔚为大观的传统家训文化就是这一传统的表征。“中华民族自古以来就重视家庭、重视亲情。家和万事兴、天伦之乐、尊老爱幼、贤妻良母、相夫教子、勤俭持家等，都体现了中国人的这种观念。”新时代，应加强社风家风建设，引导年轻一代了解并践行中华传统美德，在时代变化中，与时俱进地传承家族优良传统。

家族传承能够筑牢文明进步基石。在家庭中，发扬尊老爱幼、男女平等、夫妻和睦、勤俭持家、吃苦耐劳等中华传统美德，厉行节约、反对挥霍无度，培养勤奋、创新、奋斗的思想观念，为家庭谋幸福、为他人送温暖、为社会做贡献中推动社会文明向上。通过特定的家族信托架构，根据委托人意愿制定附加约束条款进行条件触发的财富分配规则，在保障家庭成员生活质量的同时，激励成长遵守家风，从而实现物质财富和精神财富双重传递，家族精神世代传承。

06

家族治理与家族宪章

随着国家生育政策的放开，不少高净值人士会面临家族规模扩大、代际增加、家族成员间的关系变得复杂等问题。在此情形下，如何培养家族成员成才，如何平衡好家族成员之间的利益，从而达到家族长盛、基业长青的目标，逐渐成为摆在上述高净值人士面前的重要课题。当前，高净值人群关注的制定家族政策与规章、明确家族愿景与使命、建立家族组织与平台等问题，从本质上来说，属于家族和家族企业的治理问题。每一个独立问题的解决，不仅需要关注特定主体或者特定事项的需求，还要兼顾整个家族以及家族企业的利益和长远需求。这些问题最根本的解决方式，在于如何建立家族和家族企业的有效治理。

（一）家族治理的内涵

一般认为，家族治理是指为了家族和家族企业的长远发展，规范家族成员行为和利益协调的制度安排和结构设计，其横向维度可以涵盖家族内、跨家族以及家族企业之间，纵向维度可以贯穿数代人。

经过精心设计的家族治理结构能够为家族的长期发展和财富传承提供指导和准则，而非仅仅依靠家族传统来确定规范。治理结构可以提供清晰的准则，在家族发展战略的制定、家族价值观和文化的贯彻以及避免家族争端方面发挥重要作用。合理的治理结构有助于维护家族团结，避免因家族冲突导致的财富流失，从而推动家族财富的长期保值、增值。

在制订家族治理方案时，决策者应该尽可能全面地照顾到家族事务的各个层面。具体来说，一个成熟的家族治理方案应该考虑家族四大资本的管理运作和三种财富的传承。

四大资本指人力资本、社会资本、金融资本和家族资本。其中，人力资本包含家族成员的教育培养和职业规划，幕僚群层的合作；社会资本包含家族声誉、家族慈善、社会交往；金融资本包含家族财富的集中化管理、资产组合配置、风险控制；家族资本包含家族治理、家族仪式、家族事务。

三种财富指经营性财富、非经营性财富和家族精神财富。其中经营性财富主要指家族企业；非经营性财富包含不动产、现金、保单、家族信托；家族精神财富包含家族创始人的奋斗史和寄希望子孙后代牢记的家族优良品质，家族精神层面上的传承尤为家族创始人所重视。

在家族企业的快速成长期，创始人往往将绝大部分精力放在壮大企业和创造财富上，而积累下诸如家族企业出资代持关系混乱、“家企不分”带来债务风险、后代接班缺乏有力抓手（制度和流程）、后代婚姻不稳定等亟待解决的矛盾。实行家族治理的目的，就是通过制度性的安排，为家族稳定有序地运营管理四大资本和传承三种财富保驾护航。在家族治理的推行中，制定提纲挈领的家族宪章，并结合股东协议、公司章程、赠与协议、遗嘱、夫妻财产约定等法律工具和家族信托、保险等金融工具，可以有效地规避不确定性，实现上面所说的目的。

（二）家族宪章的内容与范例

世界银行集团国际金融公司发布的《家族企业治理手册》中，对家族宪章的概括是：“家族宪章明确阐述家族的愿景、使命、价值观，以及规范家族成员与企业关系的若干政策。”

家族宪章一般被认为是家族的“宪法”，一些家族采用的家族协议、家规、家训等也可以被包括在家族宪章的范围内。家族宪章记载了家族的精神、理念、文化和核心价值观，是把家风建设落到实处的有效手段，为家族二代以及未来的家族成员确定了保护和运营家族及家族企业的关键原则和宗旨。

家族宪章同时定义家族企业中关键治理机构的职责、构成和权限，这些机构包括家族成员 / 股东、管理层、董事会。此外，家族宪章还定义各治理机构之间的关系，以及家族成员如何从真正意义上参与企业的治理。

基于家族宪章确定的共同准则和纲领，家族成员能了解家族治理结构、家族沟通与合作方式、家族成员的责任和权利、争议解决方法，帮助他们应对无法预知的未来风险、挑战和危机，减少不确定性因素给家族和家族企业的延续带来的负面影响。

在家族宪章中，较为重要的是明确记录家族宗旨，并以此为起点展开规定家族宪章的其他内容。在确定家族宗旨的过程中，无论掌门人确信的宗旨和愿景是什么，掌门人都应听取每位家族成员分享各自的愿景，以此作为讨论家族价值观、愿景和宗旨的开端。在多代人共同参与讨论的情况下，启动和开展有效的讨论是困难的，这种情况下需要借助中介机构进行逐一访谈，梳理共同观点、提炼不同理解，并协助逐步达成共识。过程虽然曲折，但这类沟通也可能转变掌门人一些传统、有待与时俱进的见解，帮助各代人解决冲突，并在传统观点和新兴观点之间找到有效的平衡点，完成家族宗旨的厘定。

家族宪章的形式和内容依家族企业的规模、发展阶段以及家族成员介入企业的不同程度而各异。但一部典型的家族宪章应包括下列要素：

· 介绍相关各方的引言（谁）；
· 家族价值观、使命宣言、愿景（为什么）；
· 家族企业治理原则的概述（是什么）；
· 管辖家族与家族企业关系的政策（怎么做）；
· 家族宪章的修订方法（什么时候）。

案例

李锦记家族宪章

1. 目标

制定家族宪章是为了保障家族的延续，现在制定和考虑中的宪章条文是为家族第四代、第五代，以至将来的家族成员准备的。

2. 适用对象

家族宪章是家族成员必须遵循的行为准则。

3. 制定和修订

- 家族宪章由家族最高权力机构家族委员会制定和通过。
- 新的宪章条款或修订已有条款，必须由家族委员会超过75%的成员投票通过后方可生效。
- 目前每次确定新的准则后，家族委员会成员都要在该准则上签名。

4. 主要内容

（1）股权的继承和转让

股东须具有李锦记家族的血缘，但不限男女。

（2）家族成员的雇用

家族欢迎家族成员加入家族企业，但必须在家族外的公司工作3～5年，才能进入家族企业。

应聘的程序和入职后的考核必须和非家族成员相同。

（3）董事会

董事会成员由家族委员会在对业务有兴趣的家族精英中选择出任，可聘请外部非执行董事。

董事会主席由家族成员出任，家族委员会每两年召开一次会议选定董事会及各个项目的主席，主席可以连任。

（4）家族委员会、董事会与管理层的角色分工

李锦记家族对家族委员会、董事会与管理层的功能做了细致区分，避免家族对企业的不适当干扰。

家族委员会主要关注家族价值观的强化、家族宪章的制定、协调家族关系和所有权问题，以及决定董事会的结构。

董事会的主要职责是制定战略、挑选企业高管、监督企业的业绩，以及处理企业与社会的关系。

管理层则负责企业战略的实行、企业的日常运营、员工的考核与聘用，以及确定企业文化与员工准则。

一直以来，缺乏有效沟通是“中国式”家族企业的“痛点”。中国不少家族企业是兄弟姐妹、亲戚朋友联合创立的，随着家族企业壮大和各个家族成员

人数的增加，沟通变得越来越困难，隐藏在创一代之间的矛盾日益累积。另外，一代忙于创业，缺乏对二代的照顾和沟通，二代成长中父辈缺位，并且大多数二代有国外学习和工作的经验，因此两代人在价值观和思维方式上缺乏共识，难以实现良好的对话和沟通。

对家族宪章的探索与制订的过程，恰好可以帮助掌门人与家族成员专注于发现共同价值，建立和发展和谐关系。家族宪章的制定虽然是“掌门人工程”，但由于掌门人在拟定家族宪章的过程中不得不静下心来充分听取跟随者、家族二代甚至三代的意见，事实上建立了掌门人和各方（尤其是二代）的沟通机制，并有利于将沟通成果落实于文字。由于不少二代对掌门人拟定家族宪章这一顺应潮流的决定持赞成态度，在沟通和讨论过程中也增加了二代对于家族和家族企业的使命感。

拟定家族宪章过程中的思考、沟通和讨论往往比文本本身更为重要且更有价值。

实践表明，如果掌门人希望解决家族成员之间沟通不畅和家企面临的“交接班”问题，考虑家族精神、共识、文化、理念等无形财富的传承，进而为有形财富的传承“保驾护航”，那么启动家族宪章的制定是非常好的“抓手”和出发点，在实现完善家族治理的同时，为构建现代家族企业治理奠定基础。此外，家族宪章还有如下价值：一是化解家族长远发展与家族企业追求效益之间的矛盾；二是明确家族管理机构和其运作规则，有序解决家族中的争议；三是制定家族发展战略，统一发展方向；四是建立家族与家族企业之间的协调治理传导机制。

最后，家族宪章是一份与时俱进的文件，应随着家族和企业的发展而不断调整。因此，定期修订宪章是必要的，这样才能反映家族和企业的变化。

（三）家族治理机构

家族治理机构有助于增强家族和谐以及家族与企业的关系。家族治理机构是让家族成员能聚到一起的组织形式，加强了家族与企业的沟通联系，家族成员也多了相互联系和讨论公司、家族事务的机会。这些有组织的活动可以帮助家族成员增进理解，取得共识。

家族成员应对所有已经成立的家族治理机构的宗旨和活动知情。此外，家族成员需能够清楚区分家族治理机构与公司治理机构（如董事会、管理层）的职责。要做到这一点，企业可制定家族治理机构的书面规程，并让所有家族成员了解这些规程。

世界银行集团国际金融公司发布的《家族企业治理手册》，概述了家族企业可能会建立的一些家族治理机构（见表 7-1）。不是所有的家族企业都必须建立这些机构，需要建立哪些机构取决于企业规模、发展阶段、现有家族成员数量，以及家族成员介入企业运营的程度。

表 7–1　家族治理机构

	家族会议	家庭大会	家族理事会
阶段	创始人阶段	兄弟姐妹合伙阶段；堂/表兄弟姐妹联盟阶段	兄弟姐妹合伙阶段；堂/表兄弟姐妹联盟阶段
状态	通常非正式	正式	正式
会员资格	通常面向所有家族成员，额外的会员资格条件可由创业者设定	通常面向所有家族成员，额外的会员资格条件可由创业者设定	家族大会选举的家族成员，选举条件由家族设定
规模	家族仍在创业者阶段，所以规模很小，通常 6～12 名家族成员	取决于家族规模和会员资格条件	取决于会员入选条件，5～9 名最为理想
会议召开次数	取决于公司发展状况，公司发展迅速时，可每周召开一次	每年 1～2 次	每年 2～6 次
主要活动	• 交流家族价值观和远景目标 • 讨论和发掘新的商业点子 • 培养企业的下一代领导人	• 讨论和交流想法、分歧和远景目标 • 批准重大家族政策和程序 • 教育家族成员了解公司事务 • 选举家族理事会和其他委员会成员	• 解决冲突 • 制定重大家族政策和程序 • 规划 • 教育 • 协调与管理层和董事会的工作关系，平衡企业和家族利益

除此之外，家族还可以视需求建立其他类型的机构，这些机构包括：

· 教育委员会；

· 股份赎回委员会；

· 职业规划委员会；

· 家族聚会和娱乐委员会。

（四）家族信托与家族治理

现代社会人员流动性高，社交面广，大大削弱了血缘和伦理在家族中的纽带作用。这就造成，为了凝聚家族整体，需要从财的角度构建家族共同拥有财富的所有权结构。这个法律结构必须同时满足三个条件：一是法律上能够找到代表家族拥有共同财富的所有权主体；二是法律上能够保障家族世代成员分享家族共同财富的利益安排；三是法律上能够保障家族共同财富的所有权主体和利益安排可持续存在。

在中国现有法律框架下，财产管理与转移的工具很多，如法定继承、遗嘱、生前赠与、信托、保险等。但生前赠与、继承等传统的财富分配工具无法满足上述条件，能同时满足上述条件的工具只有信托。

家族信托建构了家族共同财富的所有权主体。原先委托人个人所有、个人受益的财富装入家族信托后，遵照信托的权利与利益相分离的原理，便转化为使家族整体受益的家族共同财富。根据信托财产的独立性原理，该财产作为一个整体保留在家族之中，信托设立后，委托人、受托人、受益人发生离婚、继承、债务等风险不会引发信托财产被分割、分配或清偿。

家族信托建构了家族共享利益的分配机制。在信托目的不违法的前提下，对信托的运用可充分发挥想象力。委托人既可以授予当前世代家族成员信托利益，也可以授予未来世代家族成员。信托利益的分配内容、分配标准和分配条件完全由委托人自由设计。这些特点从法律上保障了世代家族成员共享家族财富带来的收益。

家族信托建构了财富传承的稳定性。信托合法设立后，委托人、受托人、受益人等任何一方去世、破产都不会对信托产生根本性影响，除非法律明确限制信托期限，否则信托可以无限期地延续下去。欧美一些著名的财富家族所设立的家族信托至今已运行逾百年，其子孙后代现在依然可从家族信托中受益。

基于上述三点，家族信托团结了趋于松散的家族成员，为家族的整体发展提供了物质基础，赋予家族治理以利益激励机制，使其成为家族治理的重要乃至关键一环。可以说，对于高净值人士而言，有效的家族治理必须以家族信托为载体和抓手。

每个家庭都有其特质和侧重的关注点，因此，家族治理方案也没有放之四海而皆准的定式。制定家族治理方案的关键是要挖掘、记录、整理并提炼希望家族成员遵循的传统和规范，形成家族治理守则，保持透明并供全体家族成员参考使用。家族治理既是综合考量家族整体和成员个体利益做出的制度性安排，也是一套基于共同价值观和目标、动态运行的协调机制，它刚柔并济，能够起到引领家族开枝散叶、基业长青的作用。

第八章

教育篇：投资孩子最重要

教育是推动家庭和社会进步的重要机制，教育问题深受全社会的关注和重视。特别是对于高净值家庭而言，子女及后代教育在家庭议题中的位置尤为靠前。某机构2021年进行的一次调研数据显示，子女教育是高净值家庭最为关注的话题，其重要性超过财富和投资。鉴于此，本章，我们将专门探讨大变局环境下的教育发展与变革，以及这一背景下的国际教育、留学、职业规划、教育金管理等关键话题，为高净值家庭就如何安排子女教育规划问题提供参考。

01

父母在家庭教育中的关键角色

家庭是孩子成长的第一个环境，父母则是孩子的第一任老师，他们的一言一行、一举一动，都在潜移默化地影响着自己的孩子。本文就父母在家庭教育中的角色进行详细阐述，帮助父母扮演好自己的角色，助力孩子健康快乐地成长。

（一）父母的法定角色

近年来，随着我国人口形势的变化，人口高质量发展成为国家战略，国家从法律层面加强对家庭教育的干预与指导。

2021 年 10 月 23 日，十三届全国人大常委会第三十一次会议表决通过了《中华人民共和国家庭教育促进法》（以下简称《家庭教育促进法》），自 2022 年 1 月起正式施行。这是我国第一次为家庭教育立法，也被人们亲切地称为“依法带娃”的时代正式来临。

《家庭教育促进法》定位家庭教育为“父母或者其他监护人为促进未成年人全面健康成长，对其实施的道德品质、身体素质、生活技能、文化修养、行为习惯等方面的培育、引导和影响”。此外，《家庭教育促进法》还提出父母或者其他监护人应当树立家庭是第一个课堂、父母是第一任老师的责任意识，承担对未成年人实施家庭教育的主体责任，用正确思想、方法和行为教育未成年人养成良好品行和习惯。

《家庭教育促进法》明确列举了家庭教育的具体方法，如亲自养育，加强亲子陪伴；共同参与，发挥父母双方的作用；相机而教，寓教于日常生活之中；潜移默化，言传与身教相结合；严慈相济，关心爱护与严格要求并重；尊重差异，根据年龄和个性特点进行科学引导；平等交流，予以尊重、理解和鼓励；相互促进，父母与子女共同成长；其他有益于未成年人全面发展、健康成长的方式和方法。

《家庭教育促进法》还规定，未成年人的父母或者其他监护人要自觉学习家庭教育知识，在孩子成长重要阶段，进行有针对性的学习，提高家庭教育的能力；要与学校、社区等密切配合，共同促进未成年人健康成长；要依法积极履行家庭教育责任，不得怠于履行；不得歧视子女，更不得实施家庭暴力等。

（二）父母角色理论

在孩子教育这件事上，父母当仁不让地承担着首要责任。人们都说，父母是孩子的第一任老师，父母的言行举止对孩子产生一生的影响。古语也有云："子不教，父之过。"今天，重视父母的家庭教育角色基本已经成为全社会的共识。

角色是社会学的一个核心概念。它本是戏剧表演的一个名词，后来被社会学家米德引入社会学领域，用来描述和解释人在社会这个"舞台"上所扮演的角色，以及这个角色背后所隐含的社会预期、义务、权利、规范等。

人们通常认为，母亲在照顾孩子方面拥有特殊的优势，同时也应承担更多的责任。一部分社会学家也持这样的观点，他们强调母亲的母性本能、养育方式上的精细和耐心。相较而言，父亲似乎在这方面要逊色很多。久而久之，文化上就形成了"女主内，男主外"的分工方式，这也成为许多爸爸推脱养育责任的借口。

虽然父母在教育角色上存在差异，但并非非此即彼的关系。母亲角色和父亲角色是完整的家庭教育不可或缺的两个方面，共同对孩子的心智与人格产生深远的影响。社会学家斯宾塞曾说："父亲是孩子通往外部世界的引路人。"可见父亲在孩子成长道路上的重要性。"父爱如山"，如果父亲角色出现缺位，则无异于孩子的心灵天空塌陷了一半。

父亲在孩子教育方面拥有许多母亲无法取代的优势。例如，父亲能更直观地为子女展现男性的力量、勇敢和坚毅。对于男孩而言，他可以通过模仿，从父亲身上学到这些优势。对于女孩而言，她可以通过观察、体会，勾勒出理想男性应具有的样子。

再如，一般而言，父亲比母亲拥有更加广泛的社会交往范围和更强的社会支配力。凭借这个优势，父亲可帮助孩子更好地接触和了解社会，提前认识不同职业、不同行业的特点，体会沟通、管理等社会行为的重要性。

（三）父母角色的转换

心理学家艾瑞克·伯恩曾经提出过一个用于分析个体心理结构的人格模型理论（又称 PAC 理论），他认为每个人的个性都由三个部分组成，即“父母”“成人”“儿童”状态，分别对应权威强制、理性理智和幼稚冲动的心理特征。

PAC 理论似乎表明，每个人都具备做父母的天性和潜质。不过，该理论所描述的“父母”心态，代表了人们常规印象里蛮横、专断的父母制作风，通常伴随着言语上的“你必须”“你不能”“你应该”等，对应着一种简单而粗暴的父母行为方式。

换一种角度来看，PAC 理论告诉我们，父母这种身份虽然是天然的，但父母这种角色却是需要不断学习的。如果单凭“父母”心态本能去做父母，很难给予孩子健康、和谐的亲子环境。反之，如果能够正确地运用人格模型里的三个部分，在“父母”“成人”“儿童”心态之间进行合理转换，则更有利于形成良好的家庭教育氛围，培养孩子健全的人格。

人格模型中的“成人”心态最突出的特征是理智，即根据事实、推理和逻辑思维来决定自己的行为。人在“成人”心态下，一般会表达“我觉得”“我个人认为”“这可能”等意思，带有比较强烈的理性色彩。在亲子教育中，“成人”心态有助于营造父母和孩子之间平等、友好的关系，帮助孩子养成更加健全的人格，培养社会交往能力。

相较于“父母”心态的强势、“成人”心态的平等，“儿童”心态的突出特征是被动，一般体现为服从性、配合性的行为，言语上通常是“我想”“我要”等表达方式。父母可以通过理解“儿童”心态调整自己的育儿观念和方式，在对待子女的行为时，变得更富有耐心和技巧。同时，父母也可以尝试在子女面前扮演“儿童”角色，向孩子求助，让孩子展现自信和能力。

总之，在孩子的成长过程中，父母可以根据情境的不同，在父母、老师、朋友、竞争者、求助者等不同角色之间进行转换，帮助孩子扮演和体会不同角色，养成健全的人格。

02

早期教育与幼儿园选择

俗话说，“三岁看到老”，对孩子进行适当的早期教育和启蒙是必要的。它不仅有利于开发孩子的智力，发掘孩子的潜能，同时也能为孩子未来接受系统的学校教育打下坚实的基础。那么，孩子的早期教育和启蒙应该怎么做？如何选择适合孩子的早教机构和幼儿园呢？

（一）早期教育的必要性

中国人自古以来就有重视孩子早期教育的传统。甚至连“胎教”这种看起来非常现代化的教育理念和做法，也是由中国古代先贤提出并付诸实施的。成书于西汉时期的《大戴礼记·保傅》有云：“古者胎教，王后腹之七月，而就宴室。”它记录了周文王之母太任在怀胎之后，“立而不跂，坐而不差，独处而不倨，虽怒而不詈，胎教之谓也”。也就是说，太任十分注意自己的言行，生怕对胎儿造成不好的影响。

至于启蒙方面，中国古代更是积累了丰富的经验和大量经典书籍。《三字经》《百家姓》《千字文》是历代启蒙学堂的首选教材,《弟子规》《声律启蒙》《增广贤文》等也成为长盛不衰的儿童读物，在今天依然是宝贵的教育素材。它们巧妙地用韵文这种具有中国文化特色的体裁，把天地自然、社会人伦、文学艺术等知识融入其中，达到寓教于乐的效果。

早期教育之所以重要，有其科学理论基础。其中，以著名教育家蒙台梭利为代表的学者所提出的“敏感期”理论最具代表性。蒙台梭利等学者借鉴了动物行为学中动物宝宝学习过程的关键期概念，提出儿童在特定时期也会展现出某种特殊的感受能力，使得儿童在该时期对特定事物产生接触和学习的强烈欲望，直到自己的需求得到满足，或者欲望明显减弱，这种感受能力才会回落。

（二）儿童敏感期

对照蒙台梭利等学者提出的理论解释，儿童的下述几个敏感期需要我们注意：

一是语言敏感期，从孩子 6 个月左右开始，6 岁以上逐渐减弱。我们通常认为的孩子“早慧”，首先就体现在语言上。父母一定要重视孩子的语言敏感期，利用这个机会好好培养他们的语言表达和沟通能力，挖掘文学潜质。在语言敏感期，孩子学习外语的能力和学习母语的能力一样强。

二是秩序敏感期，一般在孩子 2 ～ 4 岁。在这个时期，孩子会因为父母移动了他们的物品而大哭，也会执拗地把物品放回自己想要放的地方。其实，这些都是孩子进入秩序敏感期的表现。他们会逐渐形成对周围环境的明确认知，进而思考自己跟周围环境的关系，产生自己的规则意识，父母不应破坏他们建立规则的意识。

三是感官探索敏感期，孩子感受和认识外部世界是有一个过程的，在这个过程中，口和手发挥了重要的作用。1 岁多的孩子会有吃手的习惯，这并不意味着他们饿了，而是在通过口腔感受事物。三四岁的时候，他们无论见到什么都会用手去触摸一下，这同样是他们感受世界的一种方式。为此，蒙台梭利设计了很多教具，让孩子在感官体验中发展心智。

四是数学敏感期，孩子从 4 岁左右起，就会对数字，以及数字之间的顺序、大小等产生特别的兴趣，通常最少要持续到六七岁。数学敏感期，也是培养孩子数理逻辑思维的好时机。但是需要注意的是，学前阶段的孩子还不具备抽象思维能力，通常需要借助一些具体事物才能理解数量关系。因此，不可对学前儿童进行刻意的抽象数学教育。

五是细节敏感期，即孩子在 2 ～ 4 岁，会对大人通常难以觉察到的细微之处感兴趣。例如，小朋友走着走着，会突然蹲下来，认真地观察一只小虫子，或者他们会指着天空说，一只小鸟，而父母找了半天才发现鸟在哪里。孩子借助对微小事物的观察，形成对细节、精确等概念的认知，是构建缜密思维模式的过程。

六是动作敏感期，孩子从出生开始，动作就在不断发展。学会走路之后，四肢动作，特别是手部动作的精细化是非常关键的。三四岁的孩子活泼好动，很大程度上是因为他们正处于动作敏感期。通过活动过程中的动作运用，孩子的大肌肉、小肌肉不仅能够得到有效锻炼，而且可以提高手眼协调能力，有利于孩子左右脑均衡发展。

七是社会规范敏感期，在孩子 2 ～ 6 岁表现得最为明显。这个时期的孩子，逐渐脱离完全以自我为中心的阶段，开始注重与他人的交往，有比较强烈的规则意识。他们有时候会模仿和学习大人的举动，看起来多此一举，或者显得滑稽可笑。这种情况下，我们应该尊重孩子的好奇心和热情，并加以引导和教育，而不是轻易去制止他们。

八是阅读敏感期，一般在孩子 4 岁左右就显现出来了，一直到 6 岁左右都是“黄金期”。在阅读敏感期，家长应该为孩子创造好的读书环境，陪伴孩子多读书，远离手机、平板电脑等。有心理学家提出“阅读马太效应”的理论，认为从小爱读书的孩子，长大后也更喜欢读书，并且其认知能力和阅读能力也都会更强。

九是文化敏感期，即对知识的欲望最为强烈的时期。通常情况下，孩子在 3 岁左右的时候，好奇心会达到一个很高的程度。他们的脑海里浮现出越来越多的问题，嘴上也不闲着，巴不得问出“十万个为什么”。面对这些问题，父母应该耐心解答、教育，切不可胡乱敷衍，更不可不耐烦地拒绝，以免扼杀孩子的好奇心。

（三）早期教育教什么

不论是父母自己教，还是送到专业的早教机构，孩子的早期教育都应该围绕孩子的潜能开发，从体能、感官、语言、才艺、生活能力等方面进行。需要注意的是，早期教育不是提早教育，切不可“揠苗助长”。

促进孩子体能发展是早期教育的重点之一。好的体魄有三个方面的作用：一是保障孩子的健康成长，二是促进孩子智力和心理的发展，三是培养孩子对体育运动的兴趣。因此，父母应该创造条件，对孩子进行有针对性的运动训练。

语言教育是最容易见到成效，同时也是最容易被忽视的早期教育的一个环节。一方面，对孩子进行外语培养和训练能够取得比后期更好的效果。另一方面，也可以加强孩子的表达、沟通能力，为其未来的学习和社会交往打下坚实的基础。

父母还应重视孩子生活方面的早期教育。通过穿衣、吃饭、上厕所、洗漱等一些具体事项的训练，培养孩子的生活自理能力。同时，父母也要引导孩子养成良好的生活习惯，例如讲卫生、早睡早起、不挑食等。养成好习惯，才能收获好人生。

安全教育也是早期教育不可或缺的一环。现代生活的安全风险无处不在，用电、用水、用刀剪、用药等都可能给孩子带来威胁。父母一方面要在家中排除此类隐患，另一方面也要通过恰当的方式，加强对孩子的教育。

社会教育也是早期教育的内容之一。如果说在家庭中，孩子的社会意识还不是很强。那么从他们加入早教班、学前班开始，如何看待自己在集体中的定位，如何处理自己和他人的关系，就成为孩子需要思考和学习的内容。对孩子进行适当的引导和教育，有助于其加强社会认知，培养社会情感，调整社会行为，提高社会交往能力。

积极发掘孩子的艺术兴趣与天赋，是父母在孩子早期教育过程中应该重视的一点。艺术不仅是一种特长，也是孩子养成审美意识和生活情趣的一种重要方式。如果孩子对绘画、艺术、舞蹈等感兴趣，有天赋，就应该好好培养。

早期教育阶段，也不妨进行部分识字、数理、科学、人文等方面的启蒙教育。尽管很多人反对对学龄前的孩子进行知识教育，国家也明确禁止幼儿园“小学化”，但我们应该认识到这只是针对教育方式而言的，即不提倡让孩子死记硬背、生搬硬套。采取孩子喜闻乐见的一些启蒙教育方式，不仅是可行的，也是应该的。

（四）幼儿园怎么选

近年来，我国学前教育取得了突飞猛进的发展。教育部的数据显示，仅“十三五”期间，我国新增幼儿园就达到 5 万所左右。其中，既有政府投建的公办幼儿园，也有企业开办的民办幼儿园，还有为数不少的双语幼儿园、国际幼儿园。应该说，如今父母送孩子进幼儿园，选择还是很多的。但恰恰是因为选择多，一些父母反而变得纠结了，不知道该给孩子选哪个幼儿园。是选公办园还是民办园？是选普通园还是国际园、蒙氏园、艺术园？

其实，父母主要还是应考虑孩子将来的教育规划问题。毕竟，公办园和民办园，普通园和国际园、蒙氏园、艺术园的定位是不同的，它们无论是从教育理念、硬件条件，还是课程体系、师资配备等方面，都有明显的差异。应该说，没有绝对的好坏之分。到底应该选哪一个，要结合孩子下一步的升学方向，来选择相对合适的幼儿园。

公办幼儿园和民办幼儿园的区别是巨大的。公办幼儿园有政府政策支持，教师队伍比较稳定，而且有部分公办幼儿园可直升公立小学。民办幼儿园没有那么多的政策支持，主要靠较好的硬件条件、较低的师生比、较有特色的课程体系吸引父母。一般来说，公办幼儿园收费低，但名额少，入园难度高；民办幼儿园收费高，但入园难度低。

在教育部门明确禁止“幼儿园小学化”及“双减”政策背景下，公办幼儿园事实上较少涉及语文、数学、外语等学科知识的教学。对于一部分父母来说，这是难以接受的。相对而言，一些民办幼儿园和国际幼儿园在外语教学和创新教育理念等方面具有明显的优势。但是，当面对诸如蒙氏园、华德福园、IB 园等概念时，父母往往不明就里。

蒙氏园或者幼儿园蒙氏班，采用的是蒙台梭利教育理念。蒙氏教育的精髓在于培养孩子的主动学习和探索精神，以蒙氏教具为核心工具，开展生活、感官、数学、语言、科学文化等方面的教育。蒙氏教育顺应儿童敏感期规律，重视发扬天性与个性，实行混龄教学，创造交往与沟通环境，培养自信心。但蒙氏教育有时过于强调专注力，建构主义色彩浓厚，对孩子想象力、创造性与自然教育等方面的关注不够。

华德福园是以奥地利社会哲学家鲁道夫·斯坦纳的“人类智慧学”理论为教育体系，其宗旨是培养身心灵和谐发展的全人。华德福园的特色是自然教育，一般建在郊区或农村的花园式环境中，教学内容也是根据孩子的兴趣来组织。华德福教育注重儿童精神与灵性的拓展，融入自然生态理念，注重培养孩子的动手能力。不过，华德福教育看上去“神圣”色彩浓厚，课程体系令人难以捉摸，教育内容也不够贴近现实生活。

瑞吉欧幼儿园起源于意大利，提倡帮助孩子愉快、幸福、健康成长。瑞吉欧教育没有固定的教学主题，而是根据环境和孩子的潜能来设定，同时强调互动和参与，助力儿童多元化发展。但瑞吉欧教育缺乏统一目标和标准化体系，受教师因素的影响较大，在确保教学质量方面有难度。

IB 幼儿园是指采用 IBPYP 课程体系并通过 IBO 国际文凭组织认证的幼儿园。IBPYP 课程体系由语言、人文、个人 / 社会 / 体育、数学、艺术、科学技术六大跨学科主题构成，引导孩子运用所学知识和技能进行探究式学习。它更偏向于培养全面发展的孩子，不太适合那些只在特定方面有特长的孩子。同时，由于 IBPYP 课程没有标准化教材，因此教师在教学中的作用特别关键。

03

国际学校与主流国际课程

近 10 年来，中国境内的国际学校数量出现飞速增长。相关统计数据显示，2011 年中国有 276 所国际学校；到 2021 年，这一数字变成了 1423 所，增长了 5 倍多。国际学校数量增长的背后，反映了中国高净值家庭强烈的国际化教育需求。

（一）国际学校的优势

如今的高净值父母普遍学历高、见识广，对国内传统教育体制与国际教育体制的特征及两者之间的区别了解得比较透彻。由于高净值家庭经济条件好，在子女教育方面更加关注素质培养和全面成长，特别是国际化视野的养成。因此，把孩子送到心仪的国际学校就读，就成为高净值家庭的理性选择。

入读国际学校的学生，将来绝大部分会选择出国留学。从这方面来讲，父母把孩子送到国际学校，一个直接的目的就是为未来留学打基础。一方面，国际学校的语言环境更加有利于提升他们的外语水平。另一方面，国际学校采用的是经国际认证的课程体系，能够更好地实现与国外大学课程的衔接。

国际学校能够得到高净值家庭的青睐，除课程体系外，还有其他优势。例如，为了招揽学生，同时也为了通过国际教育体系认证，国际学校会在师资、教学、体育、后勤、活动等方面加大投入。因此，国际学校一般拥有更好的软硬件设施。同时，从国际化的教师团队，到国际化标识、校服、校车等，国际学校处处彰显“国际范”。

国际学校不仅拥有比传统学校更多的国际化师资，而且师生比更优。根据教育部门的统计，全国初中学校的师生比大约为 1 ：12.6；而国际学校的师生比通常为 1 ：5，甚至更低。较低的师生比，使得国际学校的教师可以花更多的时间在一个孩子身上，从而取得更好的教育效果。

（二）国际学校如何选择

2021 年 5 月，中共中央办公厅、国务院办公厅印发的《关于规范民办义务教育发展的意见》提出，民办学校名称中不得冠以“国际”等字样，不得含有外国词、外国国名、外国地名，不得以国外教育机构专有名称命名。为了合规办学，国内一些老牌“国际学校”相继更名。

鉴于以上原因，国际学校并非一定是名称中含有“国际”字样的学校。实际上，国际学校最初特指为外国公民提供国际课程的基础教育学校。后来，人们把经过国际课程认证的招收中国学生的学校也称为国际学校。其核心就是采用了某种被广泛认可的国际课程体系，并且经过该国际课程体系管理方的认证与授权。

选择国际学校，首先要评估学校所采用的国际课程体系与学生未来留学目的地国家高等教育课程的匹配性。例如，准备去美国留学，最好上 AP 课程的学校；而去英国留学，选 A-Level 课程更占优势。因为，AP 课程是美国大学先修课程，A-Level 是英国高中课程。

很多父母会在意国际学校的排名，认为排名越靠前的学校越好。实际上，父母应该重点考虑哪所国际学校更适合孩子。要知道，市场上的排名榜单层出不穷，评价标准五花八门，公信力参差不齐，不一定具有很高的指导价值。选择学校关键要看升学率、师资力量这些核心指标，而不是花里胡哨的包装。

学生升学情况是造不了假的。海外大学每年都会公布中国学生录取名单，父母们可以从名单中大致判断哪所国际学校更有实力。需要注意的是，每所国际学校的学生规模相差巨大。因此，不应该只关注名校录取人数，而应该重点关注名校升学率，即升入名校的学生数量占总的学生规模的比例。

硬件条件是国际学校的“面子”，但师资力量才是它的“里子”。挑选国际学校的时候，一方面要看它的师资团队构成，例如国际化师资和高学历师资的占比，这决定了其专业程度和教学水平的高低；另一方面也要看它的管理团队的构成，最重要的是看校长等领导者的背景、经验与办学理念，是“教育家”办学，还是“企业家”办学。

（三）三大主流国际课程

目前国际学校采用的国际课程体系主要有三个：AP 课程、A-Level 课程和 IB 课程。

AP（Advanced Placement）课程，起源于 20 世纪 50 年代美国大学理事会为高中学生开设的部分大学选修课程。学生在完成课程学习后参加 AP 考试，可以获得大学学分，缩短在大学期间的学习时长，同时也相应减少学习费用支出。

AP 课程有 22 个门类，共计 37 个科目，包含文学、写作、经济学、微积分、物理、化学、计算机、环境科学、历史、各国外语等。学生可以在学校选修 AP 课程，也可在家通过互联网学习，自学能力强的学生还可以自学。每个科目完成一年学习任务后，可以参加相应科目的 AP 考试，成绩达到大学要求后就可以换取相应学分。

AP 课程的国际认可度最高，目前包括美国、加拿大、英国、日本、新加坡等数百个国家的大学都将其作为重要的录取标准。特别是有哈佛大学、耶鲁大学等常青藤盟校，以及牛津大学、剑桥大学、早稻田大学、新加坡国立大学等世界名校的加持，使得 AP 课程具备很高的含金量。

A-Level（General Certificate of Education Advanced Level）课程，原为英国普通中等教育证书考试高级水平课程，也是英国大学入学考试课程。A-Level 课程得到全球众多学校的广泛使用，每年有数百万学生参加其考试。几乎所有以英语授课的大学都把 A-Level 考试成绩作为录取标准之一。因此，它被有些人称为“世界高考”。

A-Level 课程学习历时两年，分别为 AS 阶段和 A2 阶段。它的常用科目有 20 门左右，其中被国际学校广泛采用的大约有 10 门，包括数学、生物、物理、化学、计算机、地理、心理学、历史、文学等。A-Level 课程不设必修科目，学生可以根据自己的兴趣、特长及要申请大学专业的入学要求，任选

3～5门进行学习。

A-Level课程因其灵活选择科目的特点，尤其适合那些偏科的学生，为他们打开了通往国际知名大学的大门。这一点，是其他课程体系无法比拟的。虽然A-Level课程广受认可，但是最适合准备申请英联邦国家大学的学生。而且，由于报考人数较多，导致竞争越来越激烈，知名大学对A-Level考试成绩的要求也水涨船高。

IB（International Baccalaureate）课程，是由国际文凭组织（IBO）提供的文凭项目之一。IB课程的初衷是为国际学校开设一种全球统一标准的课程，以便于那些国际流动的家庭，特别是外交人员子女接受适当的教育。IB课程有全球统一的教学大纲、统一的考试和统一标准的作业批改规范。

IB课程汲取多国教育改革精髓，以"教育成就人生（Education for Life）"为目标，引导师生创造性理念的发展，增强学生多元文化背景与跨学科素养，希望把学生培养成为探究者（Inquirers）、博学者（Knowledgeable）、思考者（Thinkers）和交流者（Communicators），成为21世纪的"通才"和精英。

IB课程体系分为三大核心：知识论（Theory of Knowledge，TOK）、创新行动与服务（Creativity，Activity，Service，CAS）、扩展论文（The Extended Essay，EE）；具体又划分为语言A、语言B、社会科学、自然科学、数学、艺术与选修六大学科组。学生需从六个学科组中各选一门课程进行学习，并参加考试。

IB课程凸显"全人教育"和精英教育理念，注重文理兼修和全面发展，对学生的英语、跨学科素养、口头与书面表达、学习自主性及时间管理能力等都有比较高的要求。相对应的是，IB课程的全球认可度较高，世界上有一千余所高校接受IB文凭，其中不乏哈佛、牛津、剑桥、斯坦福等知名大学。

04

出国留学早知道

出国留学不是小事，而是一件涉及孩子未来与终生、涉及家庭下一步发展与传承的大事。对于部分高净值家庭来说，送孩子出国留学，甚至会影响到其家族企业未来接班安排的顺利与否。因此，对于有意让孩子出国留学的父母而言，提前了解留学目的地国家的教育体制与文化环境是非常有必要的。

（一）出国留学意愿持续高涨

近年来，中国学生出国留学的规模不断扩大。根据教育部相关数据统计，2019 年中国赴外留学人数突破 70 万人，持续成为世界最大留学生生源国。2020 年，尽管受到新冠肺炎疫情的强烈冲击，但中国赴外留学人数依然超过了 50 万。

针对中国高净值家庭的若干调查报告显示，高净值人士比普通人更加偏爱国际教育，将子女送出国留学的意愿也更高。一般来说，中国学生出国留学的目的主要有：上国际名校深造镀金、学热门专业方便就业、到海外生活拓宽视野、做前期跳板准备移民。高净值人士相对来说不太关注就业等基础需求，而更加看重对子女国际化视野的培养。

2020 年以前，中国学生低龄留学的情况比较普遍。随着 2020 年新冠肺炎疫情的暴发，低龄留学热度瞬间降温。调研数据显示，2020 年，中国高中生出国留学的意愿下降五成，初中生和小学生下降更多。许多计划将孩子送出国的父母改变计划，选择让孩子在国内读书。

（二）留学主要目的地

在中国学生留学目的地的选择方面，美国、英国、加拿大、澳大利亚四个传统留学大国仍然是中国留学生的主要选择。不过，随着近年来美国签证政策的收紧，留学美国的比例在降低。相反，英国之外的其他欧洲国家，以及“一带一路”国家，因留学申请更容易、留学成本更低廉、文化背景更深厚，成为越来越多的中国学生的选择。

（1）美国

美国基础教育，公立学校体系和私立学校两种体系并行。公立学校由联邦、州、地方三级政府提供资助并管理，规模庞大。公立学校按照学区划分，为本学区内纳税人子女提供学位，实行免费教育。但学区间两极分化严重，师资、生源、升学率等方面都有很大的差距。因此，美国也存在择校和学区房问题。

私立学校，包括非营利性学校与营利性学校。非营利性学校主要是一些教会学校和特许学校，实行免学费或低收费。营利性学校收费较高，每年在数万美元不等，还不包括各类杂费。能上得起知名私立学校的孩子，绝大多数来自高收入家庭。这一类学校往往资金实力雄厚，硬件设施好，教学资源丰富，课程设置灵活，课外活动多。

美国高等教育学校分为综合性大学、文理学院、社区学院三大类。综合性大学学科门类全，办学规模大，科研项目多，综合实力强。其中，由东部八大名校组成的常春藤盟校是它们的头部代表，在全球大学排名中均处于前列。

文理学院又称博雅学院，最初主要为贵族阶层开设的学校。文理学院采用小而精的办学和培养模式，每年的招生人数都有控制。由于文理学院主要以本科教育为主，规模又小，它们的名字很少出现在主流的大学排行榜上。然而，部分文理学院的实力不可小觑，如著名的威廉姆斯学院、阿默斯特学院、斯沃斯莫尔学院、韦尔斯利学院等，甚至可以比肩常青藤名校，培养出了诸多政要和商界领袖。

社区学院是地方性的开放教育系统，允许学生采取半工半读的形式，学生年龄上也更加多元化。它一方面提供技术类课程，方便学生毕业后直接就业；

另一方面，它也提供与综合性大学本科前两年课程等同的课程，学生在毕业后可直接进入综合性大学继续学业。社区学院授予的是准学士学位，与国内专科学位大体相当。

总体来说，美国拥有当今世界一流的教育体系。哈佛大学、耶鲁大学、麻省理工学院等美国大学的知名度及世界排名优势明显，毕业生在全球的认可度也比较高。同时，美国大学面向全球优秀学生提供高额的奖学金和专业灵活的课程与学制，鼓励优秀人才发展。不仅如此，赴美留学生在毕业后还有机会在美国就业，取得长期居留、永久居留，甚至加入美国国籍，这也是不少外国留学生到美国读书的原因之一。

（2）英国

英国教育体系大体上分为义务教育、延续教育和高等教育三个阶段。其中，比较特殊的是延续教育，它不同于中国的高中，也不是大专，而属于大学预科阶段。延续教育分学业路线与职业路线两种不同的方向，前者侧重培养学术研究人才，后者则着重培养专门的技能人才。

选择学业路线的学生需要参加两年左右的 A-Level 课程，相当于中国大学本科前两年的课程。每个学生都必须结合自身的学业目标和擅长的科目，从上百门 A-Level 课程中，选 3 ～ 4 门进行学习。大学在录取学生的时候，也会把学生是否参加过相应课程的学习作为重要考量因素。

英国是世界上最早建立起现代大学的国家之一，也是全球第二大留学目的地国。剑桥大学、牛津大学、帝国理工学院、伦敦大学学院和伦敦政治经济学院，被称为英国五大“超级精英大学”。目前，在英国留学的学生人数超过 20 万人。近年来，受美国签证限制政策的影响，中国学生赴英国留学的比例有所提高。

英国大部分地区的大学本科采用三年制，授课型硕士采用一年制，相比于国内及其他国家的学制要短很多。因此，留学英国比留学其他国家更节省时间。同时，除极少数超级精英大学较难申请之外，英国不少大学的申请难度不高，对中国学生的限制也相对较少。

需要注意的是，英国是世界上为数不多的实行教育产业化的国家，商业逻辑是许多学校运作中的重要考量。一方面，英国大学的学费和生活费高昂。以伦敦地区为例，留学生一年的综合支出需要 40 万元以上。另一方面，部分大学为招揽更多学生就读，可能会降低自身的录取标准，因此，留学英国应尽量选择学术声誉好的大学。

（3）加拿大

加拿大地广人稀，国土面积排名世界第二，但人口只有 3000 多万，排名世界第 38 位。尽管如此，加拿大却是世界上最重视教育投资的国家之一。根据经济合作与发展组织（OECD）的数据统计，加拿大教育投入占 GDP 的比重明显高于其他国家。

总体上看，加拿大学校数量少，但办学质量相对较高，在世界上的认可度也保持在比较高的水平。加上便于移民等因素，加拿大成为中国许多高净值家庭首选的留学目的地国家。截至 2021 年底，在加拿大留学的中国学生已超过 10 万人。

加拿大和美国同属北美教育体系，在体制上有许多相似之处，且两个国家签订了自由贸易和文化交流协定，两国居民在入境、读书、工作等方面享有便利性。因此，对于一些留学生而言，加拿大也是比较好的进入美国的跳板。

加拿大教育体制最特殊的一个地方在于，其政府没有主管教育的教育部门或相似部门，而是由各省负责自己的教育发展事业。因此，赴加拿大留学，事先要了解当地的教育体制与政策，因为各省之间可能有很大的不同。例如，加拿大大部分地区实行 12 年义务教育，而魁北克省实行 11 年制，安大略省则实行 13 年制。

留学加拿大的学费和生活支出相较于英、美等国也算低廉。由于加拿大学校大多为公立，受政府资助较多，因此学费相对维持低位。以滑铁卢大学为例，普通专业的学费加上生活费，每年的支出在 20 万～ 30 万元，低于英、美年均 40 万～ 50 万元的水平。

（4）澳大利亚

澳大利亚教育由中央政府与地方政府分权管理，中央政府主要负责大学及首都等部分地区教育事业管理，地方政府主要负责中小学和职业教育管理。因此，尽管澳大利亚的小学至初中阶段一般都是十年，但各州和领地的小学、初中学制略有差异，有的是小学六年加初中四年，有的小学七年加初中三年。

澳大利亚的高中为两年制，这个阶段的教育主要以面向大学升学为主，以及部分职业性课程的预备训练。学生除了必修的英语课程外，可以从数学、科学、历史、地理、体育、计算机、工商管理等几十门乃至上百门课程中进行选修。学生高中毕业后，可以取得本州或领地颁发的高中毕业证书。

澳大利亚全国人口仅 2500 万人左右，现有大学四十余所，其中包括三所私立大学，其余均为公立大学。本科阶段除医学、建筑学等专业外，普通专业一般为三年。硕士阶段，以授课为主的课程通常需要一年至一年半的时间，以研究为主的课程则为一年半至两年。

澳大利亚虽然大学数量相对少很多，但进入世界大学排名前 100 名的大学数量比中国略高，而且与英美大学教育体制比较接近。更特别的是，根据澳大利亚的移民政策，在澳就读本科加硕士的外国留学生可以直接提交移民申请。因此，澳大利亚也成为一些以移民为目标的外国留学生的理想之选。

需要注意的是，随着近年来越来越多的中国留学生进入澳大利亚，一些大学出现了中国人“扎堆”的情况，甚至于有的班级接近 2/3 的学生都是中国面孔。对于希望通过留学来拓宽国际视野和提高英语水平的学生而言，这无疑是不利的一面。

（5）其他国家

除美、英、加、澳外，近年来，不少中国父母把目光转向德国、法国等欧洲国家和一些“一带一路”沿线国家。这些国家以其独特的教育体制、风格迥异的传统文化，以及非常低廉的留学费用，彰显其留学性价比优势。

例如，德国以杰出的职业教育闻名于世，职业教育成为支撑其强大工业体系的基础。德国从小学到大学的全民免费教育不仅面向本国公民，而且也适用于外国人。在满足一定德语要求的前提下，中国学生凭高考成绩就可申请德国大学。不过，德国大学的另一个特点是毕业要求严格，每年有相当数量的学生推迟或者不能毕业。

法国的高等教育体系更加特别，主要分为公立综合大学和高等专业学院两大类。公立综合大学是法国高等院校的主体，一般实行免费，仅收取数百欧元的注册费。高等专业学院又分为高等商学院、工程师学院、高等师范学院、政治学院、设计学院等，这一类学院有不少是私立的，学费相对较高，中国留学生数量较多。

此外，欧洲的西班牙、意大利、荷兰、瑞典、瑞士、芬兰，大洋洲的新西兰，亚洲的日本、新加坡、马来西亚、泰国等，也因其特殊的地缘位置与良好的教育环境，成为一部分中国留学生的理想目的地。

近年来，随着中国综合国力的增强和国内发展环境的提升，越来越多的留学生选择回国发展。教育部公布的数据显示，2021 年，我国出国留学人数为 52.37 万人，而留学回国人数达 40.91 万人，占比超过 90%，留学生呈现加速回流趋势。

根据对中国高净值人群的调研数据，绝大多数的父母希望孩子在留学后回国发展，原因是国内经济发展形势和前景更好，更有利于孩子创业或接班。在父母看来，其家族社会关系和资本扎根于国内，理应成为孩子未来发展的重要条件和基础。

05 职业生涯规划

“职业生涯规划”这个词，听起来似乎离孩子有些远。尤其在讲到中学生，甚至小学生的职业生涯规划时，很多人认为没有必要。其实，这是一个错误的认识。职业生涯规划并非当一个人走入职场时才需要关注，而应该贯穿一个人成长的全过程。每年都有大批大学生对自己的专业与未来发展感到迷茫，根本原因就在于他们未提早进行职业规划，对专业、职业、职场等概念知之甚少。

（一）什么是职业生涯规划

职业生涯规划，有时候又被称作“职业规划”“生涯规划”，或者“人生规划”，是指在具体分析一个人的主观和客观条件的基础上，对职业发展乃至人生目标与计划进行系统而持续设计的过程。

20 世纪初期，美国波士顿大学教授弗兰克·帕森斯正式提出了“职业生涯规划”的概念。当时的背景是：美国经济经历大衰退并引发社会恐慌，年轻人的失业率居高不下，政府为了促进就业，在弗兰克·帕森斯的倡导下，成立了波士顿地方就业局，后又成立了全国性的职业指导协会，全面推广职业指导与职业咨询工作。

1953 年，唐纳德·E. 舒伯在融合心理学、社会学等学科理论的基础上，构建了一套“生涯发展”理论，大大拓展了职业规划的内涵，使其涵盖了更为广泛的人生规划维度。在唐纳德·E. 舒伯看来，人生就像一道轨迹，每个人都应记录下自己在不同阶段的角色与职业发展。他还创造性地提出“生涯彩虹图”，用以形象地描述生涯发展中的时空关系：随着年龄的增长，一个人相继要扮演好子女、学生、公民、职场人、父母等不同角色，构成了一道缤纷的“彩虹”。

按照唐纳德·E. 舒伯的规划理论，生涯发展过程和人的生理与心理发展过程一样，包括成长、探索、建立、维持、衰退等连续的几个阶段，每个阶段都有特定的使命与任务。如果前一个阶段完成得不好，就会影响到后一个阶段的发展，从而导致生涯发展障碍。职业生涯规划，就是要对生涯发展各阶段的情境与任务进行预期和计划，结合个人特质、兴趣、爱好、能力与客观环境的分析，合理地规划自己的职业与人生发展方向、目标与计划、策略，实现个体的最优发展。

近年来，由于国内中高考录取政策的持续改革与调整，以及越来越多的父母开始重视孩子的生涯规划问题，“学业生涯规划”这个概念逐渐出现在人们的视野中，并受到许多父母的关注与认可。

学业生涯规划，顾名思义，是指对孩子的学业目标与学习计划进行全面系统的规划。学业生涯规划是职业生涯规划的一部分，也是生涯发展规划理念与理论在学业指导方面的具体运用。总体来说，它要解决孩子学什么、在哪学、怎么学等问题。现实中，父母大多关注孩子如何考入理想学校、如何选择适合自己的专业等问题。鉴于此，社会上出现很多专门从事学业生涯规划指导的机构，规模大一些的家族办公室也提供更为全面的专业服务。

（二）专业选择与职业发展

选专业是大学申请过程中的一个关键环节。每年的大学申请季，都有很多父母忙于求助专业人士或机构，询问关于大学各专业的情况。往往到这个时候，父母才发现看似简单的大学专业，原来是一个非常复杂的系统。

根据我国教育部颁布的《普通高等学校本科专业目录（2022 年版）》，国内大学本科专业分为哲学、经济学、法学、教育学、文学、历史学、理学、工学、农学、医学、管理学、艺术学十二个门类（不含军事学），共计 771 个专业。每年教育部还会对专业进行调整，增加一些适应社会最新需求的新专业，淘汰一些过时的旧专业。

国外大学的专业设置与我国的情况稍有不同。例如，欧美等国家和地区的一些知名大学的本科阶段强调通识教育，课程多为数学、物理、化学、哲学、文学、经济学等。因此，他们的大学专业没有我国分得那么细，同时也没有那么新颖、时髦。在一些欧美顶级名校，甚至连金融、会计等专业都没有。而且，各大学之间在专业名称上并不统一，或多或少存在差别。因此，国内学生在申请这些学校时，最好详细研究所申请专业的课程体系。

在选择大学专业时，要综合考虑孩子的爱好、特长、职业兴趣等。对于高净值家庭而言，虽然要尊重孩子的意愿和选择，但鉴于孩子对大学生活及未来职业发展缺乏足够的认知，父母最好在业内人士或机构的帮助下，给予孩子专业而细致的指导。否则，完全放任孩子的选择，他们大多难以独立把握。

大学专业与学生未来职业发展具有深刻的关联性。大学期间上过的课程、接触过的老师，很可能会影响孩子的一生。因此，从这个角度来讲，选专业确实应该慎之又慎。

专业选择方面有一些不错的量表工具，可帮助测试孩子的职业潜能与倾向。例如，霍兰德的职业兴趣“六边形模型”，就是用于测评人与职业之间双向选择关系的量表。霍兰德把人格分成实用型、研究型、艺术型、事务型、企业型、社会型六个维度，每个人都在某个特定的维度拥有特殊的天赋。专业选择和职业生涯规划的目标，就是发现孩子在哪个维度上的表现更加突出，进而了解他们在哪类职业上具备更大的潜能。

（三）高净值家庭子女的职业生涯规划

在子女职业生涯规划这件事情上，高净值家庭比普通家庭考虑的问题会更多。高净值家庭的资产规模更大，这也为子女职业发展提供相当大的便利。但这也可能成为子女的一大负担。因为有了庞大的家族资产背景，所以子女在进行职业生涯规划时，一般也要把家业继承与发扬光大作为重要考虑因素。这或许会从一定程度上限制孩子的学业发展方向，以及职业发展方向。

一项针对家族企业创始人的调查显示，有一半左右的企业家希望子女将来能够进入家族企业，明确表示不愿意孩子接班的只有 20% 左右。不管子女选择哪一条路，创一代都希望把自己的社会资本传递给子女。这些社会资本包括自己的社会地位、社会关系、合作伙伴等，基本上还是围绕父母的职业圈子。即便一些人选择与父母完全不同的行业进行创业，可一旦他们经历创业失败等状况时，比较常见的结局仍然是回归父母的行业，成为家族企业的接班人。

相较于父辈的交班意愿，企业家子女的接班意愿却明显低很多。根据调查，只有约 16% 的孩子明确愿意在大学毕业后进入家族企业工作。尤其有海外留学经历的子女，在接棒家族企业管理方面的主观愿望更低。由于接受过国际化教育，他们在思想观念上更为开放和自由，也认为父母通常会支持自己的自由选择。此外，由于他们具有东西方文化及管理模式的融合经历，一般更倾向于以变革者的视角来看待家族企业。有实证研究表明，出国留学归来的家族企业接班人，在接班过程中面临的冲击和不确定性会更大。

鉴于以上原因，高净值父母应该尽早考虑子女的职业生涯发展规划问题。如果有让子女在未来接班家族企业的打算，父母应该多创造条件，让孩子从小接触企业运营和管理事务，培养孩子与企业之间的感情。在留学及大学专业的选择方面，也应该考虑与未来职业的相关性，避免“突击接班”的情况出现。如果决定未来让孩子自由选择想从事的职业，父母也需要充分考虑这个决定的相应结果与代价，提前做好财务、风险等方面的必要准备。

06 子女教育金规划与配置

在市场经济环境下，越好的教育越贵。高净值家庭大多会把孩子送到当地最好的幼儿园、小学和中学，而且大部分有让孩子出国留学的计划，这就决定了其投入在孩子教育方面的成本比普通家庭要高得多。为了给孩子提供良好的教育条件，高净值家庭一方面要在支出预算中明确列出孩子的教育金；另一方面也要提前做好规划，进行妥善管理，以防在需要用到钱时发生意想不到的状况。

（一）教育成本知多少

放眼全球，不管在哪个国家，把一个孩子养育成人的花费都不低。例如，英国的一项调查结果表明，一个孩子从出生到年满 21 岁，父母花在孩子身上的平均支出约为 21 万英镑，折算成人民币约 176 万元。美国官方数据显示，美国中产阶级平均用于养育孩子的成本达 24.5 万美元，约合人民币 164 万元。

即便是在加拿大这样的福利国家，官方调查的养育孩子的平均费用也在 19 万加元，约合人民币 95 万元。算上私立幼儿园、私立中小学及各种辅导班费用的话，数额大概翻倍。如果再加上大学学费，初步测算在 30 万加元（约合 156 万元人民币）以上。

韩国是全世界养育成本最高的国家，这得到了包括国际投行在内诸多机构调研数据的证明。根据早在 2011 年的测算结果，韩国家庭将孩子抚养成人所需的费用就达 3 亿～ 4 亿韩元，相当于当前的 159 万～ 212 万元人民币。如果把父母用于抚养孩子的时间也换算成金钱，那么这个数值还将大幅调高。

根据另一项调查研究，中国家庭的养育成本仅次于韩国，位居全球第二。该报告以国家统计局发布的数据为基础进行估算得出，中国父母把一个孩子抚养到 18 岁的平均成本为 48.5 万元，为人均 GDP 的 6.9 倍左右。

如果仅就教育投入而言，上述数据可能稍低一些，但平均也达到 30 万元，占了整体养育成本的大头。其中，幼儿园阶段的费用支出约 2 万元，小学阶段为 9 万元，中学阶段为 8 万元。此外，大学阶段还需支出约 14 万元。

高净值家庭花在子女教育方面的支出要比平均值高出更多。针对这方面的调查数据显示，中国高净值家庭仅投入到孩子国内阶段的教育成本就超过 200 万元。如果算上出国留学费用，数额则更大。有大约 20% 的高净值人士表示，愿意为每个孩子投入的教育经费超过 500 万元。需要指出的是，这并不包含教育之外的日常抚养费用。

（二）子女教育金要及早规划

高净值家庭虽然比普通家庭的资金规模更大、实力更强，但需要用钱的地方也更多，而且经常要面对财务方面的各种风险。所以，高净值家庭更应重视并及早规划孩子的教育经费，以确保孩子顺利接受优质的教育。

孩子从幼儿园到小学、初中、高中、大学，乃至研究生阶段，历时十几二十余年。以当前的购买力计算，高净值家庭需要为此支出数百万元。考虑到如此长时间内大概率会出现的价格上涨和通货膨胀等因素，等到五年甚至十年后，这个费用可能大幅提高，甚至翻倍。如果不提前进行规划，到时候有可能出现准备不足的情况，影响孩子的更好选择。

鉴于教育支出数额较大，且在家庭总支出中占有非常高的比例，建议大家在做教育金规划时，本着“专款专用”的原则，最好将教育经费与其他经费进行隔离，不要混合使用。特别是正在经营企业的人，可以借助信托等专业的工具，留一份绝对安全的用于子女教育的资金。否则一旦遇到突发变故，极大可能会影响孩子的教育。

（三）教育金如何规划

提前规划孩子的教育金，首先要明确目标，即需要为孩子的教育准备多少经费。这取决于父母计划让孩子接受何种方式，以及持续到哪个层次的教育。一般来说，读完大学本科是最起码的要求。相当比例的孩子还会继续攻读硕士研究生，但一直读到博士阶段的应该属于少数。

可以以当下孩子各阶段的学费及必要的生活费标准作为参考，然后乘以2以上，即可大致算出总的教育经费需求。当然，教育金预算应当尽量宽松一些。由于未来的许多变量难以预估，所以从宽的预算有助于从容应对。即便是到时候这部分经费用不上，也可以留做父母自己的退休基金或者其他必要的支出。

确定了目标和数额之后，接着是规划投资和资产配置计划。教育金规划最可行的几种工具包括储蓄、保险、信托，其次是房产、债券、股票、基金等。其中，储蓄是最安全但同时也是潜在收益率最低的一种工具，适合用来保底。一些国家从孩子出生时起就要求其父母开设教育账户，就是看重了储蓄的“兜底”功能。不过，在低息周期和通胀率较高的时代，储蓄虽然安全，但可能面临贬值的损失。

教育年金保险是保险公司推出的一种保险产品。它既具有强制储蓄的优势，同时也为孩子提供人身安全、健康方面的保障。虽然教育年金保险没有银行储蓄那样灵活，但也保障了教育金的专款专用，而且通常能带来比银行储蓄更高的收益。此外，不少教育年金保险还附带保费豁免功能，避免了因父母发生意外状况而造成孩子保障的中断。

近年来，越来越多的高净值家庭采用设立信托的方式为子女规划教育与成长保障。这种方式需要父母作为委托人将资金等资产转入信托账户，由作为受托人的信托公司依照约定进行管理运用，定期或不定期地给付予作为受益人的子女，用于其教育、成长、生活等所需。信托资产独立于家庭资产之外，具有债务隔离功能。同时，还可以在信托中限制受益人自愿或者被动转让其信托权益，借此防止被恶意侵占。

总之，在规划子女教育金时，应该结合短、中、长期需要，采取科学、合理的资产配置方式，综合使用储蓄、保险、信托等工具，做到既保证安全又灵活有度，为孩子教育提供最大程度的保障。

第九章

风险篇：未雨绸缪新常态

风险无处不在，它不分国籍、种族、性别和贫富，对所有人“一视同仁”。对于高净值人群而言，公私财产混同风险、企业家健康风险、税务风险、婚姻风险、养老风险及意外风险等无处不在，无时不有，如何规避上述风险成为人生规划中的重要课题。面对难以预知的风险，只有未雨绸缪，提前做好规划，运用相应的工具对风险进行隔离或对冲，才能在风险来临时临危不惧。本章聚焦高净值人群面临的种种风险，探讨相应的解决方案，以帮助其实现家业长青的意愿。

01 公私财产混同风险大

众所周知，我国大部分民营企业是有限合伙企业，具备独立的法人资格。只要股东完成了足额出资，对公司的债务就不负担任何责任义务。但在实际生活中，不少企业主因种种原因，将公司财产和个人财产进行了不同程度的混同，比如用自己或家人的账户收取公司的货款及应收账款。殊不知，诸如此类的家业、企业财产混同现象会给企业主带来程度不一的风险，轻则受到税务机关的核查，因偷税漏税而被处罚；重则被法院判罚以股东个人资产承担企业债务，从而严重影响股东的家庭财富。

（一）家企财产混同风险大，后果严重

首先分享一个真实案例，帮助读者朋友认识家企财产混同所引发的严重风险。

案例

刘先生在深圳经营一家外贸运输公司，该公司的股东就是刘先生和他的太太朱女士。新冠肺炎疫情在海外蔓延期间，各国公司纷纷停产限产，对中国产品需求大增，外贸出口行业快速发展。刘先生公司的业务也在不断扩张，单笔交易额往往高达两三百万元。由于是“夫妻店”，加上很多合作方也都是个体工商户或者个人独资企业，对于那些不需要发票的合作方，刘先生就用自己或

者妻子的个人银行账户进行收款。这样既方便交易，能够匹配外贸行业快速响应和周转的需要，也节省了部分税费，降低了企业的经营成本。

随着刘先生的生意越做越大，他开始进军外贸运输行业，成立了一家货车租赁公司，给合作方提供货车租赁服务。没想到，一次某公司在租赁货车进行长途运输时发生了意外，导致货车司机和另一位私家车司机重伤。经过医学鉴定，这两位司机被定为十级伤残，同时有关部门调查发现，造成此次事故的原因是货车刹车系统的故障，因此刘先生的货车租赁公司要承担全部责任。

在两位司机家属向刘先生公司索偿巨额医疗费、误工费、精神损失费时，他们发现刘先生的公司并没有足够的资产或者现金用来偿还。于是，家属们就起诉至法院，要求刘先生和朱女士承担股东连带责任。对于家属们的诉讼，刘先生当时并不担心，他觉得货车是公司的财产，而他和爱人完成了股东出资责任，因此货车事故引发的赔偿不可能波及他和太太。

然而，法院审理发现，刘先生和朱女士的个人账户与公司账户之间有多笔资金往来记录，他们以个人账户收受合作方货款的行为也被发现。最后，法院认为，股东与公司存在财产混同，判决刘先生和朱女士对此次交通事故中的受害者家属承担赔偿责任。不仅如此，由于以个人账户收受公司经营款项涉嫌偷税漏税，刘先生和朱女士还被税务机关罚了一大笔钱。赔偿款加上税务处罚金，让刘先生这几年辛苦经营累积的财富损失殆尽，他和太太也是懊悔不已。

结合上述案例，读者朋友需要明白，通过个人账户收受公司经营款项是违法行为，轻则以偷税漏税处理，免不了缴纳一笔高额的罚金。如果情节严重，企业主还将面临刑事责任。

除此之外，如果家企财产混同的企业存在债务纠纷，法院会判决企业主承担公司债务的无限连带责任。这意味着企业主要用家庭财产来偿还债务，不仅自身财富遭受损失，还有可能构成刑事犯罪。

（二）避免家企财产混同，运用工具隔离风险

民营企业在经营过程中，股东个人账户与公司账户间有所往来难以避免，公司需要钱时，股东会随时将资金汇入公司账户，他们也习惯于随时支取公司

的存款。当面临这样的情况时，建议企业主注意以下事项：

第一，避免与股东出现财产混同。

无论规模大小，企业都应全面遵守我国的会计准则，避免与股东之间出现财产混同情况。在企业经营过程中，需要将股东与公司往来的账目、资金、债务提前分清，确保股东财产的独立性，其中最为重要的就是规范公司财务制度，企业与股东的资金往来要明确记账。

第二，避免公司业务和股东业务之间的混同。

公司的业务不要以股东个人名义开展，以免交易方无法自行判断是与公司合作还是与股东个人合作。这一举措不仅是对股东个人的保护，也有助于杜绝因股东与公司同业经营而谋取公司商业机会、侵害公司利益的情形发生。

第三，合理运用工具、手段将家庭财富隔离于风险之外。

在现实情况中，企业主很难完全避免家企财产混同问题。进行必要的风险隔离安排，可以帮企业主在风险发生时，仍有足够的财富保障家人的生活质量。这里为读者朋友分析四种常用的风险隔离措施：

一是财产代持。财产代持是指企业主不直接持有家庭财富，而是将股权、金融资产、房产等财产交由委托人（比如父母、兄弟姐妹或是信任的朋友等）代持，并且该笔财富以委托人的名义按照企业主的意愿进行管理。

财产代持作为一种财富管理的重要手段，因其隐蔽性和灵活性而受到很多企业主和高净值人士的青睐。不过，很多人对财产代持的风险了解甚少，甚至没有准备任何风险应对措施。例如，某企业主近一千万的金融资产以其母亲的名义持有，与这些金融资产相关的银行账户（账号、密码）则由他本人掌管，看起来似乎万无一失，但如果母亲突然离世，这笔金融资产将作为他母亲的遗产被进行分配，他的哥哥、姐姐都有继承权。可见，采用财产代持手段需要考虑周全，相关的遗嘱、代持协议必须提前准备好。另外需要提醒的是，规避国家法律及政策规定的代持行为应避免实施。

二是夫妻财产契约。目前，越来越多的企业主开始运用“夫妻财产契约”来保护自己及爱人的个人财产，以免企业面临债务风险时波及个人财富。需要指出的是，夫妻财产契约不能仅约定财产的所属权，还应提前约定好债权、债务的所属关系。特别是在债务方面，夫妻任何一方所负债务时，都需要证明债权人提前知悉该财产契约的约定，如此债务才能以夫妻任一方的个人财产清偿。

三是大额人寿保单。作为财务风险隔离的工具，人寿保单逐渐得到企业主、高净值人士的认可。不过，很多人对人寿保单在风险隔离功能上的边界，以及如何设计人寿保单才能真正发挥其隔离风险的功能并不了解，从而错误地配置了人寿保单，致使家庭财富暴露在风险面前。

现阶段对于法院能否强制执行保单退保取回现金价值用以偿债或者分割，各地方意见并不统一，也存在要求债务人（同为投保人）强制退保取回现金价值用以偿债的判例。在这里提醒读者朋友，所有以临时转移财产为目的而投保的保单都不具备保护意义，也不建议大家这样操作。要想发挥人寿保单的风险隔离作用，首先要提前规划，不能等“东窗事发”后才想“亡羊补牢”。其次要选择企业主父母或子女，而非企业主或配偶作为投保人。

四是家族信托。当前，家族信托被认为是最完善的解决财富传承、实现风险隔离的工具，很多高净值人士已选择或正在考虑为自己的家庭建立家族信托。设立家庭信托一定要趁早，因为其流程非常复杂，前期的财务尽调和一系列法律文件的签署都需要大量的时间来准备，特别是家族信托相关的法律文件也需要夫妻双方共同签署，这些都并非一蹴而就的。

希望读者朋友合理运用财务工具，提前规划，合法经营，有效规避家庭财富和企业财产混同的风险，实现企业、家业的良性发展，稳健积累财富，最终达成家业长青的美好愿景。

02 企业家健康风险与管理

“企业家”一词来源于法文“entrepreneur”，其含义是从事组织、管理并承担经营风险的人。改革开放以来，一批又一批的企业家通过创新与拼搏，推动经济在各个领域不断取得突破，他们是我国经济发展和产业转型升级的中流砥柱。然而，在企业家光鲜亮丽的背后，风险亦相伴左右，鲜有人知道他们所承受的身体与心理压力，以及他们为应对困难和挑战所付出的心血和代价。

（一）企业家健康风险不容忽视

企业家是社会的宝贵财富，也是一家企业的灵魂，直接决定着企业的未来。只有企业家自身保持健康，才能带领企业持续发展。然而，现阶段企业家面临的健康风险不断上升。为谋求企业长远发展、创造更多价值，企业家经常忘我地工作，忽略了对自身健康的管理与呵护，身体过劳现象越发突出，再加上个别行业的特殊属性影响，健康风险随之而来。

案例

近几年，企业家英年早逝的报道数不胜数。2019 年 5 月，蚂蚁金服总裁助理、原中金明星分析师毛军华在香港逝世，终年 41 岁；2019 年 7 月，虎跃营销创始人韩虎在与肺癌抗争了 10 个月之后在北京去世，终年 45 岁；2021 年 5 月，链家和贝壳找房公司创始人左晖因疾病意外恶化猝然离世，年仅 50 岁。

上述这些企业家的过早离世，不仅仅是家庭和企业的损失，也是整个行业的损失。其实，令上述企业家早逝的疾病并非突然产生，很多平时不太关注的小问题，会在日积月累下，一步步掏空人们的身体。

困扰企业家的健康风险都有哪些呢？某机构发布的《2020 年中国企业家健康绿皮书》显示，在中国企业家群体中，甲状腺结节、宫颈异常、总胆固醇增高、乳腺结节和高危型人乳头瘤病毒阳性的检出率逐年上升，其中，男性企业家排名前四的体检重要异常结果分别为颈椎异常、体重指数增高、前列腺异常和脂肪肝，女性企业家排名前四的体检重要异常结果则为颈椎异常、甲状腺结节、宫颈异常和乳腺结节。另外，随着年龄的增长，企业家异常指标的检出量也在逐渐增多，需要企业家们格外关注。

身体是革命的本钱。面对疾病的困扰、身体的警钟，越来越多的企业家借助体检、早筛等方式找出健康问题，通过运动、养生预防疾病。然而，通常情况下人们会被乐观因素影响，认为自己不会罹患重疾，在这种心态下，自然不会做好抵御重疾风险的准备。有些企业家虽然意识到了重疾的风险，但认为自己的资产足够多，无须配备重疾险、医疗险等健康类保险产品。

2015 年的夏天，一位 37 岁的国企高管在带家人去日本游玩时突然吐血，经诊断发现需要进行肝脏移植。经朋友介绍，该国企高管去天津某医院等待肝源，一个月后成功移植且无任何排异反应。在整个就医过程中，仅自费部分就将近 110 万元，肝源及其他费用将近 80 万元。这位国企高管病愈后并没有回到原来的工作岗位，而是加入了保险行业，他说："100 万元虽然对我来说并不算什么，但也是辛苦赚来的钱。我很后悔当初没有通过重疾的杠杆功能来为自己做一些准备，所以，我希望用自己的故事去提醒我的亲友，无论多有钱，也都需要为自己配置一份重疾险。"

（二）重疾险与医疗险是应对健康风险的重要工具

从上述例子可以看出，重疾险的价值与作用。那么，什么是重疾险呢？重疾险全称为重大疾病险，是指以特定重大疾病为给付保险金条件的疾病保险，它是健康险最为重要的保险产品之一。

重疾险于 1983 年在南非问世。关于重疾险的起源，故事是这样的：伯纳德医生为一位妇女成功实施了手术，然而没过多久该妇女又找到了伯纳德医生看病，且病情已经恶化。伯纳德医生很是生气，问她为什么不好好休养，这位妇女无奈地回答说，她有两个孩子，自己需要赚钱养活他们，没有条件休养身体。最终，这位妇女因病情恶化离开了人世，伯纳德医生悲哀地说："我可以拯救一个人的生命，却无法拯救她的家庭！"为了让人在确诊重疾时获得一笔治疗的费用，使他们的家庭免受天文治疗费用的冲击，1983 年，伯纳德医生和南非的保险公司合作，开发出了世界上第一张重疾险保单。

1995 年，我国开始引入重疾险，经过二十多年的发展，重疾险已经发展成为人们认可度最高、发展最快的险种之一。数据显示，2021 年我国重疾险保费收入 4574.6 亿元，占健康险保费收入的 52.0%。近年来，我国重疾险的覆盖范围也在不断扩大。2007 年，保险行业协会统一制定了《重大疾病保险的疾病定义使用范围规范》，明确了 25 种"法定重疾"。2020 年 11 月，《重大疾病保险的疾病定义使用规范（2020 年修订版）》正式发布，重大疾病病种数量由 25 种扩展到 28 种，新增了严重慢性呼吸功能衰竭、严重克罗恩病、严重溃疡性结肠炎 3 种重度疾病。在保障范围进一步扩展的同时，重疾险新单保费也在不断下滑，增大了对企业家和其他高净值人士的吸引力。

解释完重疾险，我们再来看医疗险。医疗险是指为病人提供因治病而产生的一些相关费用的保证。看似医疗险和重疾险都是用来治病的，但二者其实有很大的不同。重疾险更多的是解决非医疗花销问题，就像上面所说的收入损失问题、财富控制问题等。医疗险不仅仅是解决看病报销问题，更多的情况下是提供优质的医疗资源。虽然医疗水平在不断提升，但一些高端的医疗机构或治疗仪器仍供不应求，此时企业家们会发现，即便自己的财富可以覆盖治疗的费用，但仍然需要等待。所以，在身体健康管理方面，企业家们不仅需要预防，更需要提前规划出解决的方法，配置相应的保险。

（三）心理健康同样值得关注

对于健康管理而言，身体健康和心理健康同样重要。近些年，心理咨询行业日趋升温，很大一部分原因在于，很多企业家都患有不同程度的抑郁症、焦虑症。身体方面的健康问题或许可以通过锻炼、调理去预防，甚至可通过财富去管控，然而心理健康的风险不仅难以预防和管控，也常常被人们忽视。

企业家是企业的决策者，肩上的负担很重，他们承担着责任、风险和压力，长期高负荷的工作，给身心带来巨大压力，精神经常处于高度紧绷的状态。工作方面的压力或许可以调节，但家庭压力却让他们无从下手。这种压力可能来自父母的养老，也可能来自家业的代际传承与家庭和睦。一位企业家说："我的母亲总是在抱怨我，说我不孝，可是我真的没有办法时刻伴她左右，我也有家庭，生活习惯的差异又让我们没有办法一起生活。"另一位企业家则说："我与前妻的孩子已经成年了，但我第二位太太比我小十多岁，虽然现在几个孩子相处融洽，但我还是担心当我有一天真正老去，没有办法再去控制一切的时候，我的家庭会不会出现问题。"

上述情况在当前社会广泛存在。那么，企业家该如何维护好自己的心理健康呢？

如前文所述，对于企业家而言，由工作引发的精神压力，一方面来自市场风险、经营风险、法律风险等。一些风险来自国家政策的调整，例如"双减"政策导致部分教培机构倒闭，"金税四期"上线使企业在税务部门面前变得"透明"；还有些风险来自天灾，如新冠肺炎疫情的发生对很多企业形成重大冲击。上述风险避无可避，企业家只能未雨绸缪，通过筹备一定的资金（如纯大额年金险或增额终身寿险）来保障日常生活不受影响，降低债务或税务带来的损失。另一方面来自家企财富混同风险、代持风险等。家企混同一般是指企业家或股东，家、企财产不分，这就需要承担无限连带责任，一旦企业出现问题，或将导致家企财产同时查封冻结，使企业和家庭同时面临巨大的现金流压力。代持风险看似简便，实则风险程度更高，代持人的道德风险、无协议风险、婚姻风险、身故风险等更不可控。应对这类风险，可通过合理的保单架构设计（如大额年金和终身寿险），并结合法律手段予以解决。

家庭方面的精神压力，一方面源自养老压力，尤其是父辈的养老压力。企业家事业有成，希望自己的父母过上高品质的养老生活，但双方的关注点存在明显差异。身为子女的企业家，希望为父母提供更好的居住环境，让父母吃得好、穿得好，得到更优质的照护服务，尽可能地为父母创造舒适的养老条件。但父母更希望有尊严地老去，不与社会脱节，他们害怕孤独，渴望找到心灵和情感上的寄托与共鸣。养老社区是弥合双方分歧的不二选择，它不仅能提供高质量的养老照护、健康管理、营养膳食等服务，还有一系列的休闲娱乐设施，能够满足老人的社交需求，保障老人的身体与心理的健康。另一方面源自家业传承压力。传承过程中会产生各种各样问题，给企业家带来极大困扰，最典型的就是无心家业的子女和定向传承问题。面对这类问题，企业家可结合多重方式去解决，其中寿险是解决现金类传承的必要手段。

03

为意外风险做对冲安排

在我们的工作和生活中，意外风险无时无刻不在。它无法预料，一旦发生就会带来身体及资产等方面的损失，严重的甚至会导致生命的离去，对个人及其家庭带来致命打击。面对难以捉摸和避免的意外风险，我们所要做的就是未雨绸缪，提前为自己和家人规划好风险保障，做好风险对冲安排，如此才能在意外风险发生时，将损失降到最低。

（一）意外风险时有发生，难以预测

所谓意外风险，是指非主观意愿，不可预测的风险。保险法中的意外，则是指受外来的、突发的、非本意的、非疾病的使身体受到伤害的客观事件。

2017 年，中国保险行业协会发布《保险人群意外伤害风险研究报告》（以下简称《报告》），这是保险业首次在意外伤害风险领域开展的专业基础研究，初步展示了最常出现的意外风险及不同年龄段群体所面临的风险。《报告》显示，意外伤害风险随着人们年龄的增长而上升，男性意外伤害风险高于女性。在所有意外风险中，跌倒坠落、无生命机械（如砸伤、割伤）、非机动车驾乘人员交通事故、机动车驾乘人员交通事故、溺水或水灾、行人交通事故等最为常见，0 ～ 19 岁人群最大的意外风险来自溺水或水灾，20 ～ 49 岁人群最大的意外风险来自无生命机械力量，50 岁以上人群跌倒坠落为最大的意外风险。

近年来，由意外风险所引发的意外医疗、意外伤残及意外身故现象频发，人们的意外风险意识持续提升，意外保险需求不断增加。银保监会公布的数据显示，2021 年我国财产险业务实现原保费收入 1.17 万亿元，同比下滑

2.16%，其中，人身意外伤害险原保费收入1210亿元，同比增长3.07%。受新冠肺炎疫情影响，保险业去年展业受到一定影响，但2021年河南特大暴雨等事件的发生，让人们意识到了意外险的保障作用。

（二）意外身故，遗产该如何分配

意外风险的发生，往往会打乱人们原有的工作和生活秩序，特别是因意外所引发的身故，在给亲人带来巨大悲痛的同时，还会带来一系列遗产分配问题。

案例

近几年，国际上较为轰动的意外事件，是美国NBA著名球星科比·布莱恩特的飞机遇难事件。美国当地时间2020年1月26日，科比在一起坠机事故中遇难，年仅41岁。

科比的离世，显然是个意外事件。美国媒体表示，科比每年都会为自己购买上百万美元的意外保险，一旦因意外身故，他的家人将获得1亿美元左右的赔付。除此之外，科比留下的巨额遗产会如何分配，也备受人们关注。科比不仅是一位出色的球员，还有着出众的商业头脑。据悉，科比多年的薪资、广告代言费及商业投资金额高达6亿美元，约合40亿元人民币。根据当地法律，科比的妻子瓦妮莎将继承二人婚内的全部财产，以及科比1/2的婚前财产，孩子则继承科比婚前财产的另外1/2。

如果这起意外事件发生在一位中国明星身上，遗产该如何分配呢？按照《民法典》第一千一百二十三条规定，继承开始后，按照法定继承办理；有遗嘱的，按照遗嘱继承或者遗赠办理；有遗赠扶养协议的，按照协议办理。

首先，继承过程中需要证明遗嘱的有效性，被继承人必须具备完全民事行为能力。如果老年人年纪过大，神志不清，那就属于无民事行为能力人，所立遗嘱会被认定为无效遗嘱，不具备法律效力。另外，被继承人遗嘱里分配的资产，必须是自己的个人资产。很多人不知道这一要求，在分配遗产过程中把共有财产写进了遗嘱里面（如夫妻共有财产等），导致遗嘱部分无效甚至全部无效。

其次，在证明遗嘱有效的情况下，还要通过遗嘱公证关。在公证过程中，必须同时满足以下三个条件：第一，所有享有继承权的人应同时到公证处办理公证手续。有的家庭比较庞大，家庭成员分散在世界多个地方，为顺利通过公证关，他们需要暂时放下自己的生活和工作，一同到公证处办理公证手续。第二，所有继承人都要完全同意遗嘱的分配内容。只要有一个人不同意，遗嘱公证关就无法通过。中国人讲究孝道，与父母生活在一起的子女往往需照料老人的生活起居，生活在外地或国外的子女则会多提供一些赡养费用。如此一来，每个子女都觉得自己付出得更多一些，在遗产份额的分配问题上很容易出现分歧，无法达成全体继承人一致同意的目标。第三，备齐所有相关资料。如果享有继承权的人全部到场，也都同意遗嘱内容，并不代表财产继承过户手续就已完结，因为还有更为烦琐的第三关在等着他们，那就是公证所需的文件和材料必须齐备，包括家庭成员之间的亲属关系证明、每个人的合法身份证明、所有继承财产的所有权证明等。

（三）进攻是最好的防守，用金融工具对冲意外风险

意外风险难免发生，防不胜防，那我们该如何对冲风险，降低意外所带来的不利影响呢？被动防御只是亡羊补牢，永远处于下风，而进攻是最好的防守，未雨绸缪，利用金融工具对冲意外风险，方能避免因意外引发的矛盾纠纷。

不过，任何金融工具都有自己的特点和适用范围，绝非“万能钥匙”。对于意外风险，人们需要提前做好家庭财富的风险防范措施，人寿保险则是最有效的工具之一。人寿保险的一大突出优点是，投保人在世时还保有财富的控制权、所有权，并可随时变更受益人。通过提前做好家庭财富的传承管理，人寿保险不仅可以对冲风险，还能规避人性的弱点，让家族成员之间的关系更加健康、和谐。

从某种意义上来说，投保人也是家族财富的风险。当投保人发生意外时，仅用人寿保险无法解决投保人本人的风险。保险金信托 2.0 的出现，完美解决

了这个问题。保险金信托的投保人与受益人都是信托公司，自保险金信托成立的那一刻起，保单利益的控制人就不再是投保人本人，而是信托公司，保单的现金价值和理赔款由信托公司进行管理，按委托人的意愿和要求进行管理和分配。

无论是人寿保险还是保险金信托，其功能和作用都是其他金融产品难以比拟的，是中高净值人群进行家庭资产配置的必选项。

人生永远不知道意外和明天哪个会先来，必要的意外保险、疾病保险可以给自己和家人更好的保障，人寿保险、年金险、保险金信托则可以保障人们对家族财富的控制力。及早筹划，可以为不确定的未来做好确定的安排，对冲人们所面临的意外风险。

04 高净值人士的税务风险防范

2021 年以来，为贯彻落实中央办公厅、国务院办公厅印发的《关于进一步深化税收征管改革的意见》精神，精准实施税收监管。很多省份出台了《关于进一步深化税收征管改革的实施方案》，通过“数据集成＋优质服务＋提醒纠错＋依法查处”，强化对高净值人士的税收监管与服务。随着税收监管的强化，一些影视明星、直播网红，以及企业家等高净值人士纷纷爆出偷税、漏税绯闻。越来越多的高收入人士开始注重税收风险防范，尤其是加强早期的税收风险识别、风险规避等。

（一）高净值人士的税务风险有哪些

在国内高收入人群快速增长的同时，国内税务监管进一步强化，各地税务机关对于个人所得税的征管越来越严。国内高收入人群需要审慎防范潜在的税务风险，整体来说有以下六大风险。

风险一：家庭财产与企业财产混同致使偷逃税款

在现实生活中，部分民营企业主、个人独资企业主和中小微企业主会经常以个人的银行账户收受公司货款、业务应收账款等公司的款项，除方便外，更大的好处就是能够节省企业所得税、增值税，以及降低企业主资金“公转私”过程中需要缴纳的个人所得税、股东红利税等税费。这种偷税漏税的行为，一旦被发现很可能导致企业主以个人资产来补缴税款和罚金，应引起各位企业主的高度注意。

风险二：偷换收入概念，滥用税收洼地

个人通过劳务所得的报酬都需要按照劳务所得税来进行报税，递进制税率最高可达45%。即便通过个人独资企业将个人劳务所得转化为经营所得，税率也能达到35%。部分高收入人士因为想进一步降低税率而使用国家允许的税收洼地政策来为自己节省税费，却为自己的财务状况埋下了隐患。

案例

娄先生是一位略有名气的建筑设计师，请他来提供设计服务的都是一些大型公司。他出于业务方便的角度考虑，注册了一家个人独资企业——老娄建筑设计咨询中心。一年近200万的营业收入，扣除少量人工费、租金后，要缴纳近40万的税费。娄先生觉得自己辛辛苦苦设计，税费就截取小一半很不值得。于是，自己在网上刷视频，发现有些公司直接将税率降低至5%。仔细一研究，原来他们是将个人独资企业注册在了国家允许的税收洼地，只要娄先生的公司在税收洼地的收入没有太高，都可以采用核定征收，也就是直接将35%的税率降低到了5%。在娄先生为这个“研究成果”而兴奋时，却忽略了虚构业务的风险。娄先生在偏远的税务洼地注册公司，真的在注册地有业务吗？并没有。那是为了业务扩张做的提前部署吗？显然也不是。那真实目的只有一个就是少交税。等到税务机关稽查时，就可以根据税法相关规定，要求娄先生做出纳税调整并补缴税款，并依法加收利息，情节严重还会有罚金。

风险三：股权交易过程中的税务风险

很多高净值人士都喜欢对外的股权投资，借助国家经济蓬勃发展的大趋势，实现个人财富的二次积累。但在股权投资退出时，他们才发现要缴纳巨额的股东红利税，于是他们开始寻找中介机构通过所谓的税务筹划来降低税费，虽然投资收益高了，却埋下了风险隐患。

案例

2012年，日照的一位张姓企业主在朋友的引荐下，投资了威海的一批高端地产项目，正好赶上房地产行业的一波高速增长，一个亿的投资在2016年翻了近6倍。当时这位张姓企业主就决定退出，结果，会计一算这笔交易要交一个亿的股东红利税，他目瞪口呆。

在日照当地，张姓企业主咨询了几家专业的中介咨询机构，并与其中一家报价较低的A机构进行了合作——将个人股份，先平价转移给一个事先成立好的个人独资企业（该企业也在张姓企业主名下），再以个人独资企业与交易方合作，这样张姓企业主只需缴纳两千多万元的税费，一下避免了4/5的交易损失。当时，张姓企业主欣然接受了这个方案。

然而，由于对A机构屡次低价竞争不满，次年同样参与过报价的B机构将A机构举报到了有关部门，这也导致张姓企业主与A机构的交易被税务部门发现，税务部门要求张姓企业主补缴了税款和利息。好在这次处罚未能伤及张姓企业主的核心资产。每次提到这件事，他也是面露苦笑、懊恼不已。

针对境外股权交易的税务稽查，财政部、税务总局在2021年12月30日发布第41号公告：将独资合伙企业股权投资所得由原有的核定征收变更为查账征收。如此，不仅是境内股权交易，一些境外股权交易也存在着被税务稽查的可能性。这里也是提醒偏好股权投资的读者朋友们，注意日后股权交易的税务成本，做好提前规划，切勿“病急乱投医”。

风险四：虚开发票套取现金或者虚增经营成本

改革开放以来，国内出现了很多民营家族企业。这样的企业在发展过程中，企业家本人或其亲属已经习惯了将与企业经营无关的一些个人消费拿到企业进行报销，从而套取现金。企业主也偏好通过虚开增值税发票、购买发票等财务手段虚增企业的经营成本，从而降低企业的应税利润。

过去，这种行为也许还有操作空间，但在“金税三期”实施之后，这种虚开发票的偷税、漏税行为将被“一览无余”。在“金税三期”监管下，重点关注的就是增值税发票。这些发票所对应的合同、物流、付款方、发票抬头等都会被税务局轻而易举地查到，虚开发票如果要入账存在着很大的被检举风险。

“金税四期”则会借助万物互联的物联网，通过掌握企业的经营生产数据摸清企业的经营成本。这让企业做假账、虚增成本的可能性近乎为零。因此如果还有经营企业的读者朋友习惯于虚开发票套取现金或者增加企业成本降低应税利润的话，可要注意了，这类行为将会面临巨大的税务风险。

风险五：通过关联交易转移利润降低税费

正如前文所述，在共同富裕的大背景下，高收入人群、高收入企业主将成为重点关注对象。一些企业主在过去非常擅于通过关联公司之间的交易往来，腾挪收入、降低税费。现在，这些行为都很可能引来税务稽查部门的重点关注，要求补缴税款，情节严重的话还会处以罚款。

案例

深圳某手机电子元器件生产企业生产的产品是很多智能手机的必需零配件之一。在过去 5 年，该企业的企业主都是将绝大部分产品以近乎成本价的价格“出口”到自己在香港注册的公司，然后再由这家公司发货到内地的客户工厂。这样就将利润放在了香港，而内地公司近乎没有利润。熟悉外贸的读者朋友都知道，香港是一个低税率地区，它的企业所得税最高为 15%。这位企业主的“高明”操作帮助他节省了大笔个人所得税。

然而在 2022 年初，他“不幸”被深圳税务稽查部门给盯上了。深圳税务稽查部门以香港公司的实际管理机构在中国内地为由，要求香港公司的收入按照中国大陆税收居民企业来缴纳企业所得税。并将这 5 年来“节省”的税费进行一次性的补缴，返还给国家。

风险六：未对遗产税进行任何筹划

我们国家目前还没有开征遗产税，但是在未来不排除征收遗产税的可能。因此对于遗产税，越来越多的高净值人士都在关注。不过现在依然能在一些媒体报道中看到，因没有对遗产税做任何筹划而造成子女在继承遗产时陷入窘境的案例。

缺乏对遗产税的提前规划和防范，增加的是子孙不能有效继承遗产的风险。也违背了很多高净值人士想要富传三代、为子孙后代打造优渥生活基础的传承愿望。那么哪些资产需要缴纳遗产税呢？根据现有实行遗产税国家的通用判定，股权、房产、银行存款、理财、艺术品等具备价值的等价物都会被划为遗产。另外，在征收遗产税的国家，继承人只有足额交纳了遗产税后，才能够顺利继承遗产。因此，应对遗产税最为通用的一类方案是在遗产中增加一部分非应税资产，而这部分资产足够缴纳遗产税。在非应税资产中，人寿保单是最常用也是最有效的金融工具之一，而相关的成功案例也是不胜枚举。

（二）如何做好税务风险防范

在日益趋紧的税务环境下，高净值人士应从自身实际情况出发，检视目前的税务合规风险登记，量化评估税务风险等级，设计相关的风险补救措施，妥善处理好以往遗留下来的问题。具体来看，要做好以下三点：

首先，做好企业税务自查。企业税务需关注三个方面：一是增值税。企业的销项、进项是否开具了完备的增值税发票，增值税发票对应的业务合同、物流、付款方和发票抬头是否保持一致。二是企业所得税。企业是否每个季度都按时报税，小微企业的优惠税率是否提前申请等。三是公转私环节。个人从企业获得资产是否都有完税缴纳，个人从企业获得收入是否有个人所得税的完税证明。

其次，依法纳税是每一个公民、企业应尽的义务，要依法依规履行自身的纳税权利和义务。对于国家来说，税收是重要的国家财政收入来源之一，是国家实现其社会职能，参与社会资源分配的重要途径。

企业家和高净值人士应该自觉履行纳税人的权利和义务，依法依规行使纳税个体的知情权、咨询权、保密权，积极参与税收立法建议、税收征收和管理的监督等活动，并充分享有医疗、养老等一系列纳税人应有的社会福利。

最后，提前做好税务合规化管理，尤其是在遗产税、房地产税领域，高净值人士应充分利用人寿保单和家族信托等金融产品工具。对于家族信托，我们都知道，家族信托内的资产已不属于委托人，自然也不会成为委托人的遗产而被征收遗产税。对于人寿保单，我国最高法院已经批复只要指定了受益人的人寿保单，受益人拿到的理赔金就不属于被保险人的遗产，也不会征收遗产税。

“取之于民，用之于民”是税收的根本。每一个公民都应合理规划个人、家庭、企业的税务问题，在合法、合规的前提下，享受国家经济发展的红利，通过自身的劳动、经营实现财富的稳定积累和传承。

05 婚姻风险的预防与处理

"婚姻是需要经营的。"事实上，婚姻的经营不仅仅是指夫妻间的感情，还有家庭成员间的关系，以及辛苦多年创下的家业、财富。对于高净值人士及家庭而言，婚姻最大、最直接的风险就是财产风险。财富管理不当、风险管控不力，不仅会导致夫妻感情破裂、家庭成员失和，还可能直接影响企业经营、事业发展，甚至造成不可挽回的损失。

（一）婚姻家庭的共同财产

婚姻家庭财产是指在婚姻关系存续期间，家庭成员所取得的各类财产的总称。包括夫妻在婚姻关系存续期间因参加社会劳动、通过生产经营所获得的收入，以及家庭成员所接受的赠与等。婚姻家庭财产可分为两大类：正资产和负资产。正资产系婚姻家庭成员在婚姻存续期间因参与劳动、经营所获得的报酬、收益等财产；负资产为婚姻家庭成员为维持家庭生活、抚育后代、赡养老人，或者因生产经营所产生的债务或借贷。

2021 年 1 月 1 日实施的《中华人民共和国民法典》（以下简称《民法典》）规定了夫妻共同所有财产的范围，明确了夫妻对共同所有的财产，有平等的处理权。《民法典》第一千零六十二条规定：夫妻在婚姻关系存续期间所得的下列财产，为夫妻的共同财产，归夫妻共同所有：①工资、奖金、劳务报酬；②生产、经营、投资的收益；③知识产权的收益；④继承或者受赠的财产，但是本法第一千零六十三条第三项规定的除外；⑤其他应当归共同所有的财产。

据此，夫妻共同财产范围涵盖了自结婚登记之日起至夫妻一方死亡或离婚生效之日止双方所取得的财产。包括工资、奖金、劳务所得、补贴、福利等；企业经营收益、股权分红等；银行存款，各类投资如买卖基金、债券、股票、投资型保险所获收益；知识产权、发明专利所获收益；继承或赠与中未明确表示归一方所有的财产，均属于夫妻共同财产。因此，从家庭财富管理的角度来看，夫妻不仅是家庭生活的伴侣，还是财产与利益的共同体。一旦婚姻关系终结，家庭财产分割是必然结果。

近年来，随着经济的发展，中国婚姻状况发生了很大改变，主要体现在结婚率下降、离婚率持续上升，这也使得因婚姻破裂导致的家庭财产纠纷不断增多。

依据《民法典》的规定，对于婚姻关系存续期间的夫妻共同财产，法院在判决时将遵照平均分配原则分割财产，这就涉及夫妻双方婚内共同财产的归属及所有的重大问题。特别是对中高净值的家庭与人士，属于个人财产的证据与法律认定就尤为重要。

（二）婚姻家庭的共同债务

夫妻共同财产除了正财产，还包括负财产，即对外所负担的债务。《民法典》一千零六十四条规定：夫妻双方共同签名或者夫妻一方事后追认等共同意思表示所负担的债务，以及夫妻一方在婚姻关系存续期间以个人名义为家庭日常生活需要所负担的债务，属于夫妻共同债务。夫妻一方在婚姻关系存续期间以个人名义超出家庭日常生活需要所负担的债务，不属于夫妻共同债务；但是，债权人能够证明该债务用于夫妻共同生活、共同生产经营或者基于夫妻双方共同意思表示的除外。

婚姻生活中最常见的夫妻共同债务包括因生活费用支出、抚育子女、赡养老人所负担的债务；为支付夫妻一方或双方的教育费、医疗费所负担的债务；夫妻协议约定的共同债务；对共同财产的管理、使用、收益和处分而产生的债务，以及其他应当认定为夫妻共同的债务。

依据《民法典》第一千零八十九条的规定：离婚时，夫妻共同债务应当共同偿还。共同财产不足清偿或者财产归各自所有的，由双方协议清偿；协议不成的，由人民法院判决。

据此，夫妻共同负担的债务，由夫妻共同财产清偿；夫妻一方所负担的债务，由其个人所有的财产清偿。如果夫妻在婚姻关系存续期间的财产约定归各自所有，而第三人不知道该约定的，则以夫妻在婚姻关系存续期间所得的财产清偿。

（三）婚嫁家庭的主要财产风险

婚姻家庭的财产风险是指家庭由于可能发生的各类与人身、财产的相关事故，给家庭财产带来显性及隐性经济损失的风险。对于婚姻关系存续期间的夫妻双方，最常见的财产风险有以下五个方面：

一是人身损害风险。人身损害风险是指夫妻一方因疾病或者意外伤害事故导致治疗、伤残甚至死亡给家庭带来的经济损失。一旦家庭成员遭受风险需要支出大额资金时，必然会对家庭经济生活、夫妻感情等带来重大影响。在家庭风险管理上，可以将自身及家庭难以抗拒的风险转移出去。风险转移是指通过签订契约的方式，将组织或个人可能遇到的风险转移给受让人承担的行为。

通过风险转移可以很大程度上降低主体的经济损失风险，其主要形式就是保险。因此，夫或妻既可为自己投保，也可互相投保，并指定对方为受益人，既体现了夫妻之间相互扶助的义务，亦可增进感情与信任，而且保险身故利益由指定的受益人享有，保证了投保人和被保险人依据自己的意志来安排财产。

二是发生财产混同。财产混同是指婚前的个人财产与婚后的夫妻共同财产发生了混同。最容易发生混同的有现金、存款、用于投资到期的理财产品等。如张女士在与李先生办理结婚登记之前，其名下银行卡上有 30 万元存款，属于张女士的婚前个人财产。婚后张女士在日常消费、生活支出时仍然使用此卡，婚后又将攒下的 20 万元存入张女士卡上。依据夫妻共同财产制，张女士银行卡上这 50 万元很有可能都被认定为夫妻共同财产，一旦二人离婚，就会作为夫妻共同财产进行分割。

三是隐藏、转移财产。隐藏、转移财产是指夫妻一方将婚后共同财产以自己名义或第三人名义买房、买车，或以个人名义储蓄、投资基金、股票等理财产品，或者将共同财产个人挥霍、毁损、变卖，而刻意隐瞒对方。因为隐藏、转移财产的行为是故意甚至恶意的，具有很强的隐蔽性，另一方很难及时发现。

《民法典》第一千零九十二条规定：夫妻一方隐藏、转移、变卖、毁损、挥霍夫妻共同财产，或者伪造夫妻共同债务企图侵占另一方财产的，在离婚分割夫妻共同财产时，对该方可以少分或者不分。离婚后，另一方发现有上述行为的，可以向人民法院提起诉讼，请求再次分割夫妻共同财产。尽管本条采取了列举式规定，只要有以上情形之一的行为即适用，但是在实际婚姻共同财产分割中仍然屡见不鲜。

四是一方对外举债。夫妻一方对外举债是指以个人行为对外产生的借款或负债，款项并未用于日常家庭生活，或者另一方在不知情、未签字、未受益的情况下被负债，甚至伪造债务。一旦被认定为夫妻共同债务，夫妻双方就负有连带清偿义务，即使夫妻二人已经法院判决了离婚，并对婚后共同财产进行了分割，但只要认定为夫妻共同债务，夫妻任何一方都负有清偿义务，且夫妻之间的财产约定、对外债务清偿的内部约定，均不能对抗善意债权人。

五是擅自处分共同财产。擅自处分共同财产是指夫妻一方未经另一方同意，擅自将夫妻共有财产赠与、转让、出售给第三人，或者私自对外提供担保，导致夫妻共同财产减少的行为。依据《民法典》规定，夫妻一方擅自处理夫妻共同财产的，另一方可以申请撤销财产处理行为，但受让人善意、有偿取得财产的除外，造成损失的，受害方可以主张赔偿损失；而另一方也可以向法院请求分割夫妻共同财产。擅自处分共同财产的行为，既违背夫妻间基本的诚实信用原则，也故意甚至恶意侵犯了另一方对共同财产享有的权利。近年来，因夫妻擅自处分共有财产行为而引发的纠纷也日趋增多。

根据《最高人民法院关于贯彻执行〈中华人民共和国民法通则〉若干问题意见》第 89 条之规定：在共同共有关系存续期间，部分共有人擅自处分共有财产的，一般认定无效。但第三人善意、有偿取得财产的，应当维护第三人的合法权益，对其他共有人的损失，由擅自处分共有财产的人赔偿。

（四）提前防范婚姻财产风险

这方面的防范举措，主要有以下两种：

一是善用约定夫妻财产制度。《民法典》第一千零六十五条规定，男女双方可以约定婚姻关系存续期间所得的财产以及婚前财产归各自所有、共同所有或者部分各自所有、部分共同所有。约定应当采用书面形式。没有约定或者约定不明确的，适用《民法典》第一千零六十二条、第一千零六十三条的规定。夫妻对婚姻关系存续期间所得的财产以及婚前财产的约定，对双方具有法律约束力。夫妻对婚姻关系存续期间所得的财产约定归各自所有，夫或者妻一方对外所负担的债务，相对人知道该约定的，以夫或者妻一方的个人财产清偿。为此，男女双方在婚前或婚后，均可以签订书面协议约定财产的归属与处理，该约定优先于法定。

二是善用遗嘱指定财产归属与传承。遗嘱是指一个人生前按照法律规定的方式，对其合法财产进行分配或对身后事务所作的具有法律效力的声明，并于创立遗嘱人死亡时发生效力。

《民法典》第一千一百三十三条规定：自然人可以依照本法规定立遗嘱处分个人财产，并可以指定遗嘱执行人。自然人可以立遗嘱将个人财产指定由法定继承人中的一人或者数人继承。自然人可以立遗嘱将个人财产赠与国家、集体或者法定继承人以外的组织、个人。自然人可以依法设立遗嘱信托。据此，每个人都可以遗嘱处分个人的合法财产。

（五）巧用保险产品隔离财产风险

除协议、遗嘱等在法律上能够有效界定财产所有权及受益权之外，人寿保险、家族信托也是婚姻及家族财富管理中经常使用的金融工具。而人寿保险借助自身优势越来越受到高净值人群的重视。

第一，人寿保险与婚前个人财产界定。

婚前属于个人的现金、存款等金融资产很容易发生财产混同，而婚前投保的人寿保险，因《保险法》第二条和第四十七条规定，由投保人与保险人订立或解除保险合同，所交保费、保单现金价值归属投保人所有。为了合理规划好自我婚前或者子女婚前的个人财产，可提前订立保险合同，并确定被保险人、受益人。对于生存类保险，保险利益归属投保人或被保险人；对于死亡类保险，身故理赔金归属受益人，且具有保密性；人寿保险的受益人还可以变更。如张总在女儿未领取结婚证之前，以自己做投保人、女儿做被保险人、自己或太太做受益人，设立人寿保险合同，这就界定了保险合同利益的归属，不会与女儿婚后的共同财产混同。

第二，人寿保险与婚内个人财产界定。

在高净值家庭中，如果夫妻之间经济收入差距较大，或者一方家庭经济状况较好，另一方除了在经济上处于弱势，在心理上也会缺乏安全感。处于弱势一方往往需要一种确定的、具有指向性受益的个人财产，而非离婚时平均分割的共同财产来增强自身安全感。这时，综合保险计划成为在一定条件下划分财产归属的明智之选，如配置健康与医疗保险。《民法典》第一千零六十三条第二项规定：一方因受到人身损害获得的赔偿或者补偿属于夫妻一方的个人财产。《最高人民法院民事审判第八次会议纪要》第二条第五款规定，婚姻关系存续期间，夫妻一方作为被保险人依据意外伤害保险合同、健康保险合同获得的具有人身性质的保险金，为其个人财产。因此，即使以共同财产为个人配置的健康类保险，也归属个人所有，即使离婚时会有保单现金价值分割的可能性，也能为自己留有确定的保障。

再如，借助年金保险的特点，以较低的代价获得较高的长期利益。年金保险是以被保险人生存为给付条件，为被保险人提供现金流，确定这笔保险金的归属。即使离婚时依据《最高人民法院民事审判第八次会议纪要》第二条第四款规定，其保单现金价值应属于共同财产，投保一方只需支付较少成本就能取得较高额度，弱势一方拥有此类保险是对其经济的重要支持。

第三，借助保单结构设计隔离债务。

对于高净值人士而言，创造财富的过程会面临高负债的风险。近年来，高净值客户往往通过大额保单来规避债务风险。事实上，对家庭经济、另一方财产权益的维护，确实需要提前规划、防范债务危机，隔离债务不是指逃避当下债务，更不是恶意转移财产，而是避免可能发生的债务对家庭经济生活的影响，借助法律赋予的权利提早做好财富保全、风险隔离。

在债务发生之前，借助个人或家庭的合法收入，通过人寿保险合同的设计，规避可能产生的财产风险。人寿保险是一份结构复杂的、特殊的法律合同，保险合同不仅有保险人、投保人，还有被保险人、生存保险金受益人、死亡保险金受益人等关系人，而且可能是多人。这几类人在保险合同中有着各自不同的权利与义务。为此，在设计人寿保险合同的架构时，需要厘清谁是保险利益的所有者、谁将成为最终的受益者，尽量避开将来可能负债的风险人、连带责任人等。

应对婚姻财产风险的主要策略，需要依据个人及家庭的实际情况，由专业人士做好财务诊断与需求分析，灵活组合运用。虽然谁都无法控制婚姻以及家庭财富管理风险的发生，但通过完备的法律手段、综合的金融理财工具、完善的规划，至少能使高净值人士在婚姻财富管理中保留一份淡定与从容，以此对抗不期而至的意外与风险。

06

养老规划与风险管理

“老有所依，老有所养”是中国人传统且朴实的愿望，“老有所乐，老有所尊”更成为现代人日益强烈的现实与心理需求。衰老是生命的自然规律，养老风险是客观存在，也是每个人必然要面对的。尤其在中国人口加剧老龄化的趋势下，我们更要客观、理性地认识、重视养老风险，提前规划并采取必要措施来规避风险。

（一）我国人口结构老龄化趋势

近年来，我国人口老龄化趋势一直备受关注。在前文中，我们曾提及，我国已进入老龄化与少子化并存的新常态，2021 年，我国更是进入深度老龄化社会。

人口老龄化体现了我国社会发展与文明进步的成果，但受生育率低迷、老龄化程度加深、国人平均寿命不断延长等多重因素的影响，人口老龄化也将成为今后较长时期我国的基本国情和现实问题。虽然我国居民人均可支配收入不断增长，但与发达国家相比，我国具有人口基数庞大、老龄化程度不断加深、生育率下降幅度较大且持续时间较长等特点，因而成为最早进入并迅速走向深度老龄化的发展中国家，与发达国家“先富后老”相比，具有“未富先老”的形态特征。

（二）养老存在的风险和特点

养老风险属于社会保障风险，是指人在年老时由于缺乏基本的生活保障而可能遭受生存、疾病、意外等风险，给家庭经济带来损失，对老人心理产生影响。

养老风险相较于意外伤害及健康等风险，既有相同之处，也有不同之处。相同之处在于，两者都有其存在的客观性、普遍性，具有损失的不确定性、总体风险的可测性。但意外伤害风险、健康风险的发生具有不确定性，即是否会发生、何时发生是不确定的。而养老风险与之最大的区别在于，养老风险有其必然性，是确定会发生的风险，还可以预测发生的时间。为此，养老风险主要体现在以下五个方面：

第一，养老周期拉长，需要足够的养老基金。

国家卫健委发布的数据显示，2021 年，中国人均预期寿命从 77.93 岁提高到 78.2 岁。依据《国务院关于安置老弱病残干部的暂行办法》和《国务院关于工人退休、退职的暂行办法》规定，男职工 60 周岁、女干部 55 周岁、女职工 50 周岁即可办理退休。之后，人们要面对长达 20 年、30 年甚至更长时间的晚年生活，金钱将成为养老生活品质的重要支撑。一般情况下，老年人生活费用支出主要包括：日常生活费、居住费、医疗保健费、必要的社会交往与精神消费等。以一对老年夫妻每月平均生活费用支出 2500 元为例，30 年至少需要 90 万元，还不包括期间物价上涨、货币通胀等因素的影响。

第二，健康状况不乐观，需要足额的健康基金。

全国老龄办 2016 年发布的《第四次中国城乡老年人生活状况抽样调查成果》报告显示，我国失能和半失能老人约有 4063 万人，占老人总数的 18.3%；《2019 年我国卫生健康事业发展统计公报》（以下简称《公报》）显示，我国人均健康预期寿命仅为 68.7 岁，人均带病生存约 9.2 年。老年慢性疾病的医疗、康复、护理、疗养、心理疗愈等，都需要准备、支出大笔资金，《公报》显示，老年人用于疾病预防和治疗的费用占退休金的 25% 以上，如遇突发疾病或重大疾病，紧急救护、医疗、康复等费用将成为家庭的重大支出。

第三，中国养老市场供需出现严重失衡。

面对快速增长的养老服务需求，一方面我国和养老机构和床位数量不断上升，而另一方面养老机构的入住率却不高。据民政部统计数据，截至2020年7月底，我国已建养老机构床位429.1万张，收住的老人仅有214.6万人，床位空置率高达50%。一方面，受传统养老观念的影响，绝大多数老年人选择居家养老，由子女或亲属承担养老责任。另一方面，养老机构选址或定价不合理，适老设施不完备，服务质量参差不齐，导致不少老年人不愿选择该养老模式。

第四，专业养老护理人才缺口大。

养老产业专业人才缺口较大，从业人员整体素质偏低，且大多未经过专业护理培训，不具备养老护理执业资格，专业水平、服务质量等均不能有效满足老年人在生活、健康、医养、护理、心理等方面的个性化、多元化需求。专业人才尤其是护理人才严重匮乏的问题日益凸显。

第五，中国独生子女家庭养老问题矛盾突出。

中国现有独生子女约1.8亿人，其背后是父母双亲都需要养老照护的问题，家庭养老力不从心。不管是城市还是农村，都出现了大量“空巢”老人、独居老人，“养儿难以防老”正在成为现实。独居老人因突然摔伤、突发疾病而无人管护的事，时有发生，绝非个案。

快速增长的老年群体在为社会、为家庭带来挑战的同时，也为社会养老产业的快速发展奠定了需求基础。可以预见，子女承担养老责任的传统模式正在弱化，居家养老比率将逐渐下降，选择专业机构养老的趋势日益突出，特别是高端养老社区越来越受到财富人群、专业人士的青睐。

（三）养老风险的排除及对策

应对养老风险，主要有以下三种举措：

一是未雨绸缪，储备足够的养老基金。

在前文中，我们曾对我国基本养老保险体系的“三大支柱”进行了简单阐述。在一个完整的养老规划中，个人商业养老保险是坚实的基础，借助保险产品的优势与功能，可以做到专款专用，稳定持续。如年轻时就为个人或者家庭设立一份商业养老保险基金，达到生存金给付的条件后，可每年或每月领取一笔钱，用于养老生活的补充，活得越久，领得越多，伴随一生。不仅生活品质有保障，而且不必担心老无所养或者拖累子女。

二是更新观念，选择适宜的养老模式。

近年来，国家频频出台政策促进养老产业发展，加速养老产业布局。随着我国高净值人群规模的扩大，高端养老服务因需而生。胡润百富发布的《中国高净值人群医养白皮书》显示，中国高净值人群对于中高端养老社区的兴趣程度较高，比例超过七成。与传统家庭模式相比，高端养老社区环境优越、设施先进、适老宜居，充分体现了对老年人在生活起居、安全保障、营养膳食、健康管理、医疗护理、文娱活动、社交精神等方面的尊重与关怀，尤其在健康维护、医养护理、急诊救护等方面，配备专业设施与医护人员，实现了全天候健康服务、及时便捷就医问诊、享有绿色急救通道等，对高净值人群具有较强吸引力。

家庭养老是中国延续千年的传统养老模式，依靠家庭、子女或者亲属血缘关系来支撑。随着城市化进程加快，小家化、少子化程度加深，传统的家庭养老模式面临严峻挑战，带动了家庭化养老向社会化养老转变。

三是及早规划，掌握养老储备主动权。

在防范养老风险的规划中，要树立“终生自立”的观念，及早构建个人或家庭的养老体系，做好养老基金储备。2022 年 2 月 10 日，中国保险资产管理业协会发布《中国养老财富储备调查报告（2021）》，建议从完善顶层设计、推进养老金融教育、加快养老金融产品服务供给等方面入手，推动全民大众进行养老财富储备。调查显示，在养老规划上，52% 的受访者虽有规划意识却无具体行动，实际付诸行动者仅为 27%，有完整规划仅占比 4%；还有 21% 的受访者从未想过退休规划。

主动、及早地规划养老，建立个人商业养老保险账户不失为明智之举，包括个人储蓄性养老保险和商业养老保险。相较于其他理财方式，商业养老保险的优势十分明显：

优势一：积少成多，专款专用。通常以固定交费期间、每年交一部分的形式，在不影响日常生活的情况下，设立商业养老保险基金，年轻时就为年老时做好充足储备，用闲散资金换取固定收入，用短期投入换取长期利益，实现老有所养，老有所尊。

优势二：资金安全，收益稳定。商业保险以其风险较低、收益确定的优势，受到追求资产安全、稳定增值的客户青睐。同时，年金保险的设计会考虑抵御通胀、增加分红利益，依靠时间和复利积累解决养老金储备的难题。

优势三：有些保险公司将保险合同与享有高端养老社区入住资格有效链接。以保险合同为载体，达到一定保费额度即可终身享有高端养老社区的入住权，成为很多高净值客户及中产家庭资产配置与品质养老的前瞻性规划，不仅缓解中国养老市场需求与压力，而且体现了未来的养老品质与个性化需求。

谁都无法抵抗人生暮年的来袭，养老风险是可以予以防范的。唯有提升认知未雨绸缪，才能避免“人还活着，钱却没了”的窘境。要落实“十四五”规划纲要指出的“支持家庭承担养老功能”，就要从每个家庭，每个人年轻、健康时做起。

第十章 规划篇：欲善其事，必利其器

本章重点围绕“百年未有之大变局”下的家族财富规划与传承话题，介绍家族信托和家族办公室在助力家族传承与家庭和谐方面的独特价值。家族信托正受到越来越多的企业家和高净值人士的认可与广泛使用。家族信托不仅有别于遗嘱、保险等财产配置方式，而且可以将两者纳入其中；股权、房产等特殊资产也可以设立家族信托，并利用其独立于委托人的特点，从而实现更优的安排。企业家和高净值人士还可以通过慈善信托打造家族慈善品牌，传承良好家风，提升社会地位，同时兼顾善款专业化资产配置，其优势显而易见。

01 家族信托及其核心功能

在当今世界，国内外的很多富豪都将家族信托作为财富传承的首选，如比尔·盖茨、沃伦·巴菲特、李嘉诚等大家耳熟能详的富豪都设立了家族信托，可见家族信托的独特魅力。本章将为大家展示家族信托的核心要素与功能，帮助高净值人士更好地认识和了解家族信托这一财富管理与传承工具。

（一）什么是家族信托

根据银保监会《关于加强规范资产管理业务过渡期内信托监管工作的通知》的规定："家族信托是指信托公司接受单一个人或者家庭的委托，以家庭财富的保护、传承和管理为主要信托目的，提供财产规划、风险隔离、资产配置、子女教育、家族治理、公益（慈善）事业等定制化事务管理和金融服务的信托业务。家族信托财产金额或价值不低于1000万元，受益人应包括委托人在内的家庭成员，但委托人不得为唯一受益人，单纯以追求信托财产保值、增值为主要信托目的，具有专户理财性质和资产管理属性的信托业务不属于家族信托。"

根据银保监会《关于调整信托业务分类有关事项的通知（征求意见稿）》（2022年4月下发）的指导意见，家族信托属于财富管理受托服务信托。

虽然目前监管方面针对家族信托业务出具的监管规定不多，但可以明确的是，家族信托是信托公司大力发展的本源业务之一，具有信托目的的特定性、委托人范围的局限性、信托的他益性、信托资产的多样性、信托管理的复杂性、信托架构的多变性等法律特征。

在境内家族信托业务的推广中，我们发现大多数高净值客户并不存在突出的债务隔离需求，而是更多地希望通过家族信托架构控制婚姻或者经营风险对家庭财产的潜在影响，以实现家庭财富的保护传承。借鉴境外家族信托业务的典型案例，我们一般认为，家族信托的债务隔离效果与委托人及其家庭成员对家族信托的控制权呈负相关。国内家族信托业务在实践中分为两类，一类是强控制弱隔离，高净值客户可以在很大程度上控制家族信托的管理与运用，这符合绝大多数客户的需求；另一类是强隔离弱控制，符合极少数要求进行债务和婚姻风险隔离需求的客户。弱隔离也好，强隔离也罢，这两类家族信托本身并不存在优劣之分，也不会因为控制权的大小影响家族信托合法设立的前提，最重要的还是准确定位委托人的设立需求，协助委托人设立与其需求相匹配的家族信托。

一个完整的家族信托项目具体由哪些核心要素组成？这些核心要素构成的家族信托又具备什么样的核心功能？

（二）家族信托项目的核心要素

不同信托公司所搭建的家族信托项目各有特色，但究其核心要素，无非是由以下几个核心要素构成：委托人、受益人及其增减机制、信托期限、投资决策机制、存续分配机制、终止归属机制。

委托人

委托人是向信托公司申请设立家族信托项目的核心人员，一般这个人同时也是个人或家庭财产的主要贡献者和持有者。

作为财产来源的主要贡献者和持有者，委托人对贯穿家族信托项目设立和存续的各类细节都有核心的决定权，这个核心的决定权是家族信托项目中任何其他角色无法比拟的。这种核心的决定权大多数情况下表现为对家族信托项目不同程度的控制权，贯穿家族信托项目的全周期，包括家族信托的受益人安排、信托财产的投资和分配机制等关键环节。

受益人及其增减机制

根据2018年8月中国银保监会下发的《关于加强规范资产管理业务过渡期内信托监管工作的通知》中的规定，家族信托的“受益人应包括委托人在内的家庭成员，但委托人不得为唯一受益人”。

在实操中，绝大多数家族信托项目在设立时就已将委托人本人、委托人配偶和已出生的后代作为家族信托的受益人。由于大多数高净值客户在自身年龄较大时才逐步加深忧患意识，希望通过优质的财富传承工具进行家庭财富的传承规划，大多数家族信托项目在初始设立时的受益人就包括了委托人夫妇、委托人子女和委托人孙辈在内的两代，甚至三代家庭成员。

家族信托与遗嘱和保险这两类财富传承工具相比，一个比较突出的优势是：家族信托不仅可以将已出生的家庭成员约定为家族信托的受益人，还可以通过设置一定的受益人增加机制，打通未来出生或者出现的家庭成员成为家族信托受益人的道路。

不少委托人在设置家族信托时，不仅将自己现有的家庭成员直接设置为家族信托的受益人，还约定如果家庭此后新出生的后代，也可以加入家族信托，成为家族信托的受益人，从家族信托财产中获益。

委托人不仅可以约定受益人增加的机制，同样也可以通过约定减少受益人的机制来约束受益人的行为。当已成为受益人的家庭成员出现以下情况时，家族信托可以剔除其受益人资格：吸毒、赌博、伤害其他家庭成员等。

信托期限

家族信托项目按是否有确定的期限可分为两类，有固定期限项目和无固定期限项目，主要约定的是家族信托项目是否会因为存续到特定的年限而触发到期终止的情形。

考虑到家族信托项目本身带有浓重的传承属性，虽然目前监管方面没有针对家族信托项目的信托期限出具明确的规定，但监管登记、行业研究和同业共识等一般都认为信托期限不应短于10年，比较常见的设置有20年、30年，甚至永续，以实现二代、三代甚至隔代传承的目标。

但可以放心的是，家族信托并非只有因触发固定期限而到期终止这一种终止方式，也并不意味着较长的期限或者无固定期限的家族信托项目，委托人或者家族信托项目就不得不面临家族信托项目长时间存续或者无法终止的状况。

投资决策机制

个人或家庭财产在装入家族信托并宣告生效后，家族信托内的信托财产通过谁的投资决策完成投资操作，这就是我们所说的投资决策机制。

目前行业内使用的投资决策机制，按决策主体属性划分，主要分为自然人决策和机构决策两类。

自然人决策是指委托人将信托财产主要的投资决策权利交由一位自然人来执行。具体表现为：这位自然人独立完成投资决策，并将相关决策送达信托公司后，信托公司执行其投资指令。

从委托人接受程度来讲，自然人决策被绝大多数高净值客户所接受。大多数高净值客户希望由自己或者自己的核心家庭成员作为投资决策人来进行投资决策，因为在此种机制下，委托人个人或家庭仍可对信托财产投资决策保有较高程度的知悉权和控制权。

机构决策是指委托人将信托财产主要的投资决策权利交由一个机构来执行。具体表现为：这家机构独立完成投资决策，并将相关决策送达信托公司后，信托公司执行其投资指令。

不少由金融产品销售机构主导搭建的家族信托项目会采取此类投资决策机制，主要是因为这种方式便于其为客户提供持续且长期的金融产品销售服务。但如果投资收益水平无法被家族信托的委托人或受益人接受，甚至所决策的产品出现负面情况，便容易引发客户异议和不满。

存续分配机制

存续分配机制是指一个家族信托项目在漫长的存续期间，家族信托的受益人可以从家族信托获益的规则。行业中，不同信托公司所使用的家族信托分配设计可以说是推陈出新、层出不穷，也确实有一些信托公司为客户极为特殊的需求定制了极具个性的分配机制，绝大多数分配机制虽然在命名上略有区别，但整体内容还是高度相似的。

比较常见的分配机制有以下几种：保障受益人正常生活水平（比如日常生活、晚年养老等）、支持或奖励受益人重大人生事项（比如考学、读书、毕业、结婚、生育、买房、购车、疾病等）、应对家庭成员的突发情况。上述分配机制的本质还是基于高净值客户关于生活养老、结婚生育、教育医疗等重大用款需求的关注。

家族信托的基础属性还是财富管理和传承工具，在妥善进行信托财产资产配置的前提下，如何通过多样的分配设计全面惠及家族信托受益人，建立一个良性的、可持续的激励约束机制，值得我们深入思考。一般家族信托的委托人在选择分配事项的时候并不是越多越好、越个性越好，在确定分配金额的时候应注意过犹不及，不进行不必要的、过量的分配，始终考虑保持并激发家族信托受益人积极主动的生活态度。

终止归属机制

终止归属机制是指，如果一个家族信托项目已终止且终止时仍持有部分资产，家族信托项目清算后的剩余信托财产应当如何进行分配的规则。本着委托人自有财产按委托人意愿处置的原则，家族信托项目的委托人可以通过信托文件约定家族信托项目的终止归属机制。比较常见的是将剩余信托财产分给受益人中的一人或者几人，也有部分家族信托委托人约定如确实无人承继时，信托财产则进行慈善捐赠。

家族信托的当事人虽为委托人、受托人和受益人，但考虑到家族信托的长期性和复杂程度，确实可能会有更多的重要角色参与家族信托的项目，承担着不同但必要的职能，例如：

委托人的家庭成员可能并不是家族信托的受益人，但为家族信托的投资决策人或者为家族信托的保护人（另有一种说法，家族信托的监察人履行监督和管理家族信托项目的运行）；

家族信托委托人也有可能因为信任一家机构而委托该机构协助其落地家族信托项目，甚至直接作为其家族信托的保护人；

家族信托委托人因为看重特定机构的投资研究能力而委托该机构作为家族信托项目的投资顾问进行信托财产投资决策；

家族信托委托人因为受益人税务身份的复杂性而聘请专业的税务师事务所为家族信托项目提供税务咨询服务；

家族信托委托人因家族信托法律文件的复杂性，需聘请专业律师为家族信托相关法律文件提供法律意见等。

（三）家族信托的核心功能

不同的金融机构在宣讲家族信托的时候都会谈到家族信托的功能，希望启发客户对各类风险的思考，激发客户需求，促进家族信托业务落地。不同金融机构在宣讲时的表述和侧重点等虽稍有差别，但最终都会基于家族信托的信托财产独立性原则进行业务拓展。总结起来，我们认为家族信托的核心功能主要分为隔离、投资和传承三大部分。

隔离功能

合法财产在合规设立家族信托后，受托人将按照法律法规的规定和信托合同的约定勤勉尽责地履行受托人义务。在家族信托存续管理期，信托财产独立于委托人、受益人和受托人固有财产，分别管理、分别记账，在不违反现行法律法规的基础上，可以通过信托合同约定家族信托的运行机制，使得家族信托符合信托设立时的信托目的。

一是婚姻风险控制。每个家庭都可能发生，甚至反复发生婚姻变动。而我国《民法典》施行的是以夫妻共同财产制为基础的法律制度。在这种社会和法律环境下，高净值家庭的确有可能会因为家庭成员婚姻情况的变动而导致大额财产变为与配偶共同所有，甚至会在离婚或者过世时导致部分财产流失。

通过设立家族信托，高净值客户可以将个人资产或家庭资产装入家族信托架构中，充分利用信托财产独立性的原则和家族信托灵活的运行机制，最大限度地控制因为家庭成员婚姻变动而导致的婚姻风险。

二是经营风险控制。家族信托的委托人以私营企业主为主要客户群体。我国的中小型私营企业普遍存在着家企不分的情形，而家族信托正是私营企业主用于控制经营风险的工具。私营企业主将家庭资产装入家族信托后，进一步明确家企边界，将家族信托作为其资产安全的避风港。

在企业经营情况良好时，企业主既可以选择将企业利润进行分红后进一步向家族信托追加资产，也可以选择从家族信托中提取资金进行扩大经营。即便企业经营情况不乐观，企业主也可以通过已设立的家族信托减少家庭资产受到企业波及的可能性，缩小经营规模。如果企业主选择终止经营，将股权进行交易或者直接关停企业，家族信托也可以承接交易价款，为家庭成员提供稳定的生活支持，为企业主日后东山再起提供资金支持。

三是债务风险控制。家族信托由于显著的独立性特征，也可以用于控制债务风险。这里所说的控制债务风险，是指委托人在大额债务或者负债发生前设立具有债务控制效果的家族信托，并将家庭资产装入该信托，在确保信托设立和装入信托财产不存在损害债权人利益的情况下，保护家庭财产最大限度地免受未来的债务风险侵害。

投资功能

一是资产配置。家族信托作为一个独立的投资主体，既可以进行一般金融产品的认购，也可以承接年金或终身寿险的保险金，通过设立有限合伙企业持有股权和房产，是一个可以进行全市场主要资产类别大资产配置的投资主体。

除了可以独立地进行多品类的大类资产配置，根据委托人对信托财产投资风险评估的要求，家族信托还可以在整体信托财产预计总规模相对确定的情况下统筹安排，综合配置不同风险等级、不同产品类型、不同资产流动性的金融产品，使金融产品投资不再支离破碎，最终帮客户实现全市场机构和品类的大类资产配置目标。

二是便利保密。家庭财产在交付信托公司设立家族信托后，按照信托合同约定的投资管理方式，信托公司作为家族信托的受托人，将替代原有的自然人作为资产的名义所有人进行投资操作。

一方面，这为自然人投资者省去了购买金融产品可能需要提供资料、面签双录等麻烦，简化了投资操作；另一方面，也在一定程度上减少了自然人投资者个人信息和资产泄露的可能性，这也是高净值客户家庭非常重视的一个功能。

传承功能

家族信托虽然附带多种功能，但传承是其最本质的功能。

一是定制传承。委托人可以灵活自主地进行财产安排，决定哪些家庭成员可以成为家族信托的受益人，这些受益人以何种方式从家族信托中受益，以及如果信托终止，信托财产分配给哪些家庭成员。

二是生活保障。通过信托财产的妥善配置，家族信托可以为受益人提供稳定的生活保障。比如每年定期分配一定金额的资金补充受益人收入，使受益人可维持一个较高质量的生活水平；为受益人报销医疗或者保险费用，解决受益人因为健康原因承受较重经济负担的顾虑，同时培养受益人的保险保障意识。

三是正面激励。通过妥善的分配设计，委托人可以奖励正面行为，在信托存续期间持续达到正面激励受益人的效果。例如，家族信托中设置关于结婚或者生育后可以领取的资金额度，通过这个规则的设计鼓励后代结婚、多生育等。

上述提到的这些功能都有可能成为高净值客户是否使用家族信托这种财富管理和传承工具的决定因素。

（四）家族信托与遗嘱、保险的功能比较

对于高净值家庭而言，家族财富的管理和传承工具主要包括家族信托、遗嘱和保险三类，每一类工具都有其特有的功能作用。在家族信托产品设计中，如何根据客户家庭自身状况和家庭成员的特定需求，更好地找到契合自身状况的方案，是各家信托公司家办部门、家族办公室及其他专业财富服务机构面临的核心问题。下面，我们来简单分析家族信托和遗嘱、人寿保险这三类工具的差异及其优缺点。

家族信托是应用于家族财富保护、管理、传承、慈善等家事领域的信托工具，是一种法律框架。家族信托的核心功能是通过对家族财产的管理、运用及处分，来维护家族财产安全、保障家族成员需要、传承家族企业、保护家族隐私。此外，还可以服务子女生活保障、风险补偿、社会慈善等诸多内容。家族信托一般为委托人于生前设立并生效。

遗嘱的最主要功能是立遗嘱人通过订立遗嘱，按照自身意愿将财产按不同份额分配给继承人，也可以将财产赠与立遗嘱人认可的其他人员，或者在遗嘱中增加接受财产人员的义务，以最大程度实现个人生前对财产分配的意愿。同时，遗嘱中也可以确定自身信赖的遗嘱执行人，保障财产分配符合个人意愿。遗嘱为立遗嘱人生前所立并于其死亡时生效的财产处分方式，其唯一功能就是

实现立遗嘱人在其死亡后对遗产的处理。

人身保险的主要功能是投保人以被保险人的身体和寿命为风险标的，向保险人所进行的风险转移。经济补偿功能是人身保险最基本的功能，即在各种风险事故发生的时候能够为人们提供补偿，这是人身保险区别于其他财富管理工具最根本的特征。当然，长期寿险的储蓄性质，万能险、投连险、分红险等新型保险产品也使得保险产品兼具投资属性。

我国《信托法》规定，可以设立信托的财产包括委托人合法所有的财产及合法的财产权利。根据《信托公司管理办法》规定，信托公司可以接受的信托财产包括：资金、动产、不动产、有价证券等。其中，资金的交付方式简单、交付规模容易确定。对于财产类型为股权、保险金、不动产等资产，估值方法和价值判定具有一定的难度。

遗嘱方面，根据《民法典》第一千一百三十三条的规定：“自然人可以依照本法规定立遗嘱处分个人财产，并可以指定遗嘱执行人。自然人可以立遗嘱将个人财产指定由法定继承人中的一人或者数人继承。自然人可以立遗嘱将个人财产赠与国家、集体或者法定继承人以外的组织、个人。”理论上，任何金额的各类财产都可以用遗嘱的方式进行处分。

人寿保险作为一种财产传承工具，具有安全性、稳定性和收益性的特点，但其资产范围仅限于资金，即保险人只接受资金形式的资产用于设立保险，不接受其他类型的资产，资产范围相对于家族信托和遗嘱具有较大的局限性。对于设立保险的资金门槛，法律法规并无限制，具体视投保人和保险公司签署的保险合同而定。

家族信托具有与一般信托产品类似的债务隔离、破产隔离功能，主要体现为：信托财产独立于委托人、受托人和受益人，不属于其责任财产，不受其债权人追索。信托财产非法定情形不得被采取保全措施和强制执行措施。同时，当受托人死亡或者依法解散、被依法撤销、被宣告破产而终止，信托财产不属于其遗产或者清算财产。对于追求婚姻风险隔离的委托人而言，家族信托的产品设计专业人士，应当在信托初始资产、配偶同意函、受益人设置、投资决策权分配、信托实际运作过程监管等方面进行相应的产品设计，才能满足委托人关于隔离婚姻风险的要求。

遗嘱方面，继承人继承遗产的同时，必然也要继承被继承人的债务。实际生活中，继承人继承的债务并非仅指金钱债务，其范围也包括被继承人未履行完毕的合同义务，除非放弃继承，否则应当继承履行。同时，根据《民法典》规定，继承或者受赠的财产属于夫妻共同财产，归夫妻共同所有，但是遗嘱或者赠与合同中确定只归一方所有的财产除外。

保险财产本身并不具有独立性，保险的财产权归属于投保人，因此从法律上来讲，保险是无法直接对抗债权人的。但因为保险是一份特殊的合同，是以被保险人的身体或生命为标的的，当满足合同约定条件时，保险的财产权以保险赔款的形式给付指定的受益人。此外，保险相关财产权益是否具有隔离婚姻风险的效果，要视保险类型，以及夫妻双方是否另有约定而定。

家族信托的分配主要通过设定受益人和设置分配规则实现。受益人是委托人设立信托时意图给予利益之人，是享有信托受益权的人。家族信托财产的分配有四种方式：投资收益分配、临时分配、定期分配和条件分配。委托人可以选择其中之一，也可以四种方式同时使用。总之，家族信托的受益人指定和分配规则都比较灵活。

遗嘱的分配主要通过立遗嘱人对继承人、继承人顺位、继承人份额的指定而定，遗嘱执行完毕后遗产即分配完毕，遗嘱并无像家族信托那样灵活和可调整的分配规则。

保险产品只有达到保险合同约定的风险事件发生时，才能触发分配条款。同一类保险产品由保险公司制定标准合约，很难根据客户个性化需求进行调整，保险的分配并不灵活，难以实现投保人个性化的财富传承需求。

在家族信托中，委托人通常会基于家族财富传承以及财产增值、保值的目的，在信托条款设计中明确约定受托人的投资决策权。一般来说，分为全权委托、部分委托和委托人指令三种方式。家族信托除财富传承的核心功能外，还有隐私保护、激励后代、家族治理、慈善等功能。

与家族信托相比，遗嘱不涉及遗产的投资运作，只涉及遗嘱的执行和遗产的分配，遗嘱也不具有家族信托的家族治理、慈善等功能。

保险产品的投资运作由保险公司统一运作，单独一份保险合同没有定制化的产品设计方案，保险产品的投资收益依据保险公司的经营状况和整体投资状况而定。另外，保险产品也没有家族信托的激励后代、家族治理、慈善等功能。

02 家族信托助力富传三代

家族财富传承一直是一个永恒不变的话题。从古到今，围绕家族财富传承以及权力更替，有很多传说，也有很多引以为戒的警示案例。在中国数千年的历史长河中，虽然有帝王之家、官宦家族、文化世家、工匠世家等各种形式的家族传承，但真正系统的家族财富传承却起源并成熟于近代的西方。

（一）创一代的新课题

改革开放以来，中国经济持续飞速发展，经济总量迅速增加，伴随而生的是社会财富、家庭财富和私人财富的迅速增长。在这个过程中，国内财富管理行业逐渐培养了民众财富管理和财富规划的意识，高净值客户对于财富规划和传承的理念逐渐产生并形成理解，对家族财富传承产生了迫切的需要，家族信托应需而生。

财富总量增加

截至 2021 年底，中国 GDP 达到百万亿元人民币。经济总量的增加带动社会财富不断增长。在本书第六章中我们曾提及，截至 2021 年底，中国财富家庭拥有的总财富达 160 万亿元。在 160 万亿元的总财富中，预计有 18 万亿元将在 10 年内传承给下一代，49 万亿元将在 20 年内传承给下一代，92 万亿元将在 30 年内传承给下一代。

代际传承之际

当下及未来的 10 ～ 20 年，是中国改革开放以来，首次大规模进行私人财富代继传承的时代。众所周知，20 世纪 80 年代、90 年代创富的主流人群是 50 后、60 后，20 世纪前 10 年创富的主流人群是 70 后。当下和未来的 10 ～ 20 年，这些创富人员年龄大概在 50 ～ 80 岁，财富代际传承正当时；随着新一代成功人士对于财富传承的日益重视及提早规划，我们可以预见，40 ～ 50 岁的成功人士，也就是当代的 80 后也有可能在现在或者未来 10 ～ 20 年考虑财富传承的问题。

由此可见，未来 10 ～ 20 年，家族财富传承的规模将达到 50 亿元，未来 30 年，家族财富传承的规模可达上百亿元。

财富复杂程度增加

伴随着财富的增长，财富也带来了各种潜在的风险，例如债务风险、挥霍风险、婚姻对财富的分割风险、税务风险等。风险预防是高净值人士关心的核心问题之一。

高净值人士有着大量的财富，享受着多样化资产带来的选择权利和收益权利的同时，也感受到了资产的专业化、复杂化和全球化。高净值人士希望能快速找到优质资产，懂得资产配置的重要性，愿意尝试新的资产品种以及海外资产的配置，但是因为精力和专业方面的问题，他们需要专业的机构为其提供专业的资产配置和管理服务。

财富传承要求提升

家族财富传承从字面看是财富的稳健安全和有序传承，但其中包含着长辈对儿孙的爱意，不仅包含了希望儿孙生活无忧、健康成长、不受婚姻风险的危害，不因意外风险而生活窘迫，更是寄托了父母望子成龙，希望家业后继有人，家风源远流长的美好期盼。

为了保证家族财富的世代传承，家族的永久兴旺，创一代希望能将他们的精神和风貌传承下去。古语云：“道德传家，十代以上；耕读传家次之，读书传家又次之，富贵传家不过三代。”家族精神和家风的传承，是财富传承的保护和升级。

（二）家族财富传承的机遇与挑战

面对如此规模庞大的家族财富传承，如何帮助创富者平稳、科学地设计传承方案，实现创一代财富传承乃至家族事业、家族精神传承目标，规避家族财富传承中潜在的各种问题和风险是财富管理行业的机遇和挑战。

今天的高净值人士，面临着资产消耗剩余较多、年龄偏大、资产全球化、家庭成员全球化等状况，他们考虑的问题不仅仅是资产的安全、投资的收益率，也不仅仅是家族企业的行业的变化。

归纳来说，家族财富传承的四个核心问题是：

风险隔离

家族财富传承因岁月的漫长、家族成员关系的多样性、家族各代成员不同时期面临的诸多风险，以及不可预见的社会大环境的变动，使得家族财富传承面临各种风险，包括但不限于经营风险、债务风险、婚姻风险等。

经营风险：很多高净值人士都有自己的家族企业，客户对企业财产和个人财产没有清晰的边界，企业缺钱的时候用个人财产补充，企业有盈余的时候划转给个人，企业财产与个人财产混同，当企业发生债务风险的时候，比如企业对赌协议未完成引起的债务、企业担保引起的债务等，会危及个人财产。

债务风险：风险无处不在，经营有风险，躲不开行业周期；投资有风险，有可能碰到“灰犀牛”“黑天鹅”事件。即使在人生的巅峰，也不能保证未来一直富有，对于债务风险，需要未雨绸缪。

婚姻风险：婚姻，尤其是子女的婚姻，对于创一代来说，是影响家族财富最大的变数。我们屡屡听说上市公司的天价离婚案，因为离婚影响家族企业的运营甚至上市。

保值增值

即便身为高净值人士，也不能坐吃山空，除了要抗通胀、抗风险，还需要对家族财富有全面的规划和配置，让家族财富稳健增长。对于高净值人士来讲，消费很难让他们变穷，但如果投资不慎，则可能会令他们血本无归。因此，高净值人士需要有专业的团队管理和运作家族财富。

有序传承

当人去世以后，巨额的家族财富有可能引发家族成员之间的争斗，股权资产的争斗，甚至会引起家族的动荡。因此，高净值客户需要提前做好家族财富传承计划。传统的财产传承工具包括继承、遗嘱、赠与、直接给付等，简单的一次性给付，无法很好地完成高净值客户的传承意志。并且，一次性将巨额财富传给子孙，容易使子孙养成挥霍的生活习惯。

家风传承

家风是家族的标签，也是祖辈总结的取得成功的精髓，祖辈希望通过这种方式，让子孙继承家族的优良传统、优秀品质，使家族事业能够源远流长。

（三）家庭信托的优势

因家族成员关系的多样性、家族事业传承的规划以及家族面临风险的不同，每个家庭需要解决的核心问题和财富传承的路径也各有不同。

家族信托作为近代相对系统和成熟的财富传承工具，虽然进入中国市场相对较晚，但在资产和人员统筹安排、预防和解决相关风险方面都非常有效，并因其系统性、专业性和定制化属性，已成为高净值客户财富传承的首选工具，近几年发展迅速。

家族信托是一种财富传承工具，也是一种法律工具。是以个人作为委托人，以家庭财富的管理、传承、保护为目的的信托，通过资产管理、投资组合等理财服务实现对家族资产负债的全面管理，并通过家族事务顾问或者投资顾问向委托人提供财富传承、遗产规划、财税咨询、资产配置、婚姻财富管理、子女教育、家族治理、慈善事业等全方位的服务。

家族信托可以按照委托人的意愿指定一个或者多个受益人，财富传承的路径完全按照委托人意志。

家族信托可以确定财产分配的比例、时间节点，可以保证受益人生活无忧，防止受益人挥霍浪费；可以设立奖励，鼓励受益人完成学业，成就事业、家庭；可以通过传承时间的设计，优化传承方案。

家族信托可以约定家族信托运行规则，由可信赖的受托人依照执行。

家族信托可以设“保护人”“监察人”角色，进一步保障信托的运行。

家族信托可以设投资顾问，负责信托财产的投资事项，可以分层设计做到权益和资产的隔离。

家族信托可以通过家族办公室的资源整合享受到财税、法律等专业的服务。

家族信托是目前最“周全”的家族财富传承工具。

案例

知名家族 / 人士案例

家族信托经典案例 1：永续传承

约翰·戴维森·洛克菲勒（John Davison Rockefeller，简称“老洛克菲勒”），是标准石油（Standard oil）的创始人，也是美国第一个财富达到 10 亿美元的富豪，儿子小洛克菲勒从父辈那里继承了巨额的财富。小洛克菲勒传承财富的主要方式是家族信托，通过家族信托，洛克菲勒家族财富传承至今已经走到了第六代。

小洛克菲勒 60 岁的时候，为妻子和 6 个孩子设立了家族信托，在 78 岁时，他又为孙辈设立了家族信托。

洛克菲勒家族信托的特点：

①受益人是洛克菲勒家族的子孙，30 岁之前只能获得分红收益，不能动用本金；30 岁之后可以动用本金，但要信托委员会同意。

②设置了 5 个人组成的信托委员会，被授权拥有处置信托资产的绝对权力，这个委员会也将成为日后洛克菲勒家族财富传承的核心。

③洛克菲勒家族办公室，这个机构可以被看作整个家族运行的中枢，一百多年以来，它为洛克菲勒家族提供了包括投资、法律、会计、家族事务以及慈善等几乎所有服务。

④形式是不可撤销信托，即信托协议不可以被更改或终止，除非受益人同意。这意味着，委托人把资产注入信托之后，即在法律上完全失去该资产的所有权以及控制权，这样可以在有效避税的情况下，把家族财富至少传至第四代。

家族信托经典案例2：为儿女计

香港船王许爱周深知创业不易，守业更难，早早设立了家族信托基金。儿子许世勋在父亲基业的基础上，将家族产业拓展扩大，许晋亨是许家的第三代。

2018年，许世勋去世，他遵循祖训，将420亿港币的资金一分为二,一半财产用作慈善，剩下的一半作为家族的信托基金。通过家族信托，许家人会根据资辈不同，每人每月可以获得自己的生活费，而剩余的钱都交给基金会去打理。

通过家族信托的设计，许家可以防止儿孙挥霍无度而让家族衰落，也可以防止因婚姻问题被迫切割财产。等到有事业天赋的儿孙出现，再度将祖业发扬光大。

沈殿霞是香港演艺界知名艺人，2008年病逝时，留下了近亿元遗产，彼时女儿郑欣宜才16岁。沈殿霞担心女儿年纪太小、涉世未深，不懂得如何运用她留下的大笔财产，因此，她在生前设立了遗嘱信托。受益人为她女儿，固定分配条件是每月两万港币生活费；附条件分配是女儿35岁以后，才可以动用大额的本金部分；还指定前夫郑少秋和信赖的朋友共同组成信托监督人（保护人），监督信托受托人在管理与运用信托财产时有无违反信托合同。通过上述安排，既保证了女儿生活无忧，又防止她挥霍，35岁以后心智成熟，可以获得信托财产。

2022年郑欣宜35岁，她将按照家族信托的约定，继承沈殿霞女士信托中的全部财产。

家族信托经典案例3：婚姻风险防范

2012年11月20日，吴亚军宣布与丈夫蔡奎离婚。消息公布后，龙湖地产的股价在当天和第二天分别下跌4.2%和2.92%，第三天，龙湖股价开始反弹，上涨4.3%。二人婚姻关系的破裂，并没有引起股权之争，也没有发生债务违约问题。当市场了解了龙湖地产的股权结构和吴亚军夫妇的处理方法后，恍然大悟。吴亚军离婚案，堪称教科书式的离婚资产保全及财富传承方案。

原来早在2008年龙湖地产上市前，吴亚军就通过家族信托完成了股权与个人资产的分割。吴、蔡通过同一信托公司各自设立了家族信托，并将即将上市的公司股权分别转移其中，吴亚军和蔡奎都不再直接控制龙湖集团的股权。离婚以后，只要把对方从各种信托的受益人中删除即可。

晟和家办落地案例

家族信托经典案例 4：婚姻风险隔离

A 女士，45 岁，离异；创一代，通过自己打拼，累积了大量财富；有一个女儿，正在上大学。A 女士有再婚打算，也遇到了合适的人。但是一方面她担心日后婚姻出现问题，毕竟第一段婚姻失败的阴影还在；另一方面，对方有一子，A 女士担心再婚后，自己多年打拼的财产不能全部传承给女儿。

解决方案：将 A 女士大部分财产装入家族信托，通过设立家族信托，将受益人设为女儿，20 ～ 30 岁，信托每月支付女儿 2 万元生活费；30 ～ 35 岁，信托每月支付女儿 5 万元生活费，35 岁以后，女儿可以获得全部信托财产；同时，女儿结婚、生子都可以申领 50 万元奖励金。

家族信托经典案例 5：财产分配

B 先生，55 岁，经营一家族企业，有两个儿子。大儿子大学毕业后帮着打理家族企业，小儿子在 C 国读书。B 先生有意培养大儿子做接班人，小儿子自高中起就在 C 国生活，日后打算长居 C 国。

解决方案：根据 B 先生意愿，设立家族信托，家族企业股权及房产分配给大儿子；金融资产和现金资产分配给小儿子，并根据 C 国税务相关法律法规，设计了分配的时间节点和方式。B 先生的老伴作为家族信托的保护人，在 B 先生缺席或者去世以后，可以保障信托的继续运行。

家族信托经典案例 6：家业继承

D 先生，60 岁，年轻时打拼，累积了数量可观的家族财富；独子已婚；孙子 12 岁。儿子是独子，从小备受宠溺导致他一事无成。老两口不放心将财富放到儿子手里，反而孙子品学兼优，很上进，D 先生很喜爱。但是 D 先生年事已高，孙子尚小，D 先生非常焦虑。

解决方案：设立家族信托，受益人是儿子、儿媳和孙子。儿子、儿媳每个月领固定的生活费；孙子大学毕业前，每个月领学费和生活费，大学毕业后，他可以领一笔创业基金，35 岁以后继承全部的信托财产。

03

股权家族信托赋能家族企业

在家业传承的浪潮下，以股权作为信托财产的家族信托开始被越来越多的高净值人群所接受。随着步入退休年龄的创一代集体面临家族企业的代际传承，股权家族信托将迎来巨大的市场需求。

（一）股权家族信托及其功能

近年来，在监管政策的进一步规范和鼓励下，家族信托的实践发展日趋成熟，表现之一就是股权越来越多地成为信托财产。尤其是对于创一代企业家群体而言，企业股权通常是家族财产中最重要的部分，是家族财产传承的关键所在。

我国信托法及公司法等相关法律法规中均无“股权信托”“股权家族信托”等法律概念，“股权信托”“股权家族信托”是实务中针对该种类型业务的称谓。因股权的特殊性，除具有一般家族信托的功能外，股权家族信托具有以下四点特殊性。

第一，可以实现家族企业控制权和受益权的分离。股权家族信托运用方式具有灵活性，信托当事人可以对信托财产的管控进行灵活的安排：一方面，在股权家族信托生效后，以受托人的名义持有股权，且将工商登记股东变更为受托人，由受托人为了受益人最大利益对股权进行管理、运用和处分，实现信托财产的独立。另一方面，可以通过公司法赋予的公司治理结构，和由委托人、受托人和受益人采用签订一致行动协议等方式，从而实现表决权的委托等，即将家族信托作为股东的表决权、日常事务管理权等委托给受托人，从而实现委托人实际控制家族信托所持股的目标公司的目的；同时家族信托未来产生的股份分红及其他收益归属于信托财产并最终由受益人实际享有，实现股权的控制权和受益权的有效分离。

第二，由于股权家族信托本身为信托财产，因此能享有信托法赋予的信托财产独立性，实现不同程度的风险隔离。具体隔离程度根据信托目的、交易结构设置的不同而各不相同，满足不同的私人定制需求。

第三，有利于家族企业传承和治理，锁紧企业股权，防止企业控制权旁落。通常情况下，家族企业股权在代际传承的过程中，随着家族成员的增加，股权会变得越来越分散。在家族企业股权分散的情况下，可能因家族成员内部的纷争影响企业经营，甚至如果部分家族成员向非家庭成员转让股权，可能会导致家族企业控制权旁落。而股权置入家族信托则可以有效避免或缓解这些情形，家族成员仅能从家族企业的经营中受益，但不能分割股权，永保家族对企业的控制权。

第四，可以实现将公司财产间接设立信托的目的。实践中，部分财产难以直接设立家族信托，例如艺术品、个人收藏品等，假如此类财产在公司名下，公司股东再将公司股权进行信托安排，便可间接将此类财产设立信托。这样不但实现了将动产间接信托的目的，还一定程度上减轻了信托公司管理此类特殊动产的责任。

在家族财富传承方式更迭的背景下，以股权信托为核心的家族财富传承将会迎来更大的发展机遇。常见的股权家族信托架构如图 10-1 所示。

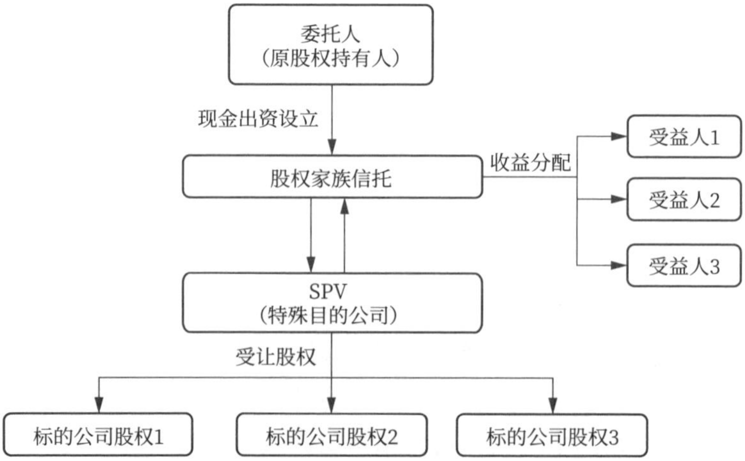

图 10-1　股权家族信托架构

（二）股权家族信托在境内 IPO 审核下的合规性监管考量

基于在资产隔离、财富传承甚至参与家族治理等方面的工具价值，近年来股权家族信托已引起高净值人群，尤其是创业企业家越来越多的关注，落地案例也时有发生。对于有意参与境内资本市场的企业家而言，家族信托持股拟上市企业在境内 IPO 审核规则下的合规性便成为一个重要的关注点。

表 10-1 展示了监管层对家族信托参与境内 IPO 重点关注事项。

表 10–1 家族信托参与境内 IPO 的重点关注事项

条例、规章、办法等	具体内容
《首次公开发行股票并上市管理办法》	发行人的股权清晰，控股股东和受控股股东、实际控制人支配的股东持有的发行人股份不存在重大权属纠纷
《科创板首次公开发行股票注册管理办法（试行）》《创业板首次公开发行股票注册管理办法（试行）》	发行人业务完整，具有直接面向市场独立持续经营的能力：控股股东和受控股股东、实际控制人支配的股东所持发行人的股份权属清晰，最近两年实际控制人没有发生变更，不存在导致控制权可能变更的重大权属纠纷
《非上市公众公司监管指引第 4 号——股东人数超过 200 人的未上市股份有限公司申请行政许可有关问题的审核指引》	关于股份代持及间接持股的处理： （一）一般规定：股份公司股权结构中存在工会代持、职工持股会代持、委托持股或信托持股等股份代持关系，或者存在通过“持股平台”间接持股的安排以致实际股东超过 200 人的，在依据本指引申请行政许可时，应当已经将代持股份还原至实际股东、将间接持股转为直接持股，并依法履行了相应的法律程序； （二）特别规定：以私募股权基金、资产管理计划以及其他金融计划进行持股的，如果该金融计划是依据相关法律法规设立并规范运作，且已经接受证券监督管理机构监管的，可不进行股份还原或转为直接持股
《监管规则适用指引——关于申请首发上市企业股东信息披露》	发行人股东的股权架构为两层以上且为无实际经营业务的公司或有限合伙企业的，如该股东入股交易价格明显异常，中介机构应当对该股东层层穿透核查到最终持有人，说明是否存在本指引第一项、第二项的情形。最终持有人为自然人的，发行人应当说明自然人基本情况。私募投资基金等金融产品持有发行人股份的，发行人应当披露金融产品纳入监管情况

续表

条例、规章、办法等	具体内容
《关于股东信息核查中“最终持有人”的理解与适用》	除自然人外，“最终持有人”还包括以下类型：上市公司（含境外上市公司）、新三板挂牌公司等公众公司，国有控股或管理主体（含事业单位、国有主体控制的产业基金等）、集体所有制企业、境外政府投资基金、大学捐赠基金、养老基金、公益基金以及公募资产管理产品。除此之外的外资股东，如果中介机构能以适当核查方式确认外资股东的出资人不存在境内主体，并充分论证该外资股东入股发行人的价格不存在明显异常，可将该外资股东视为“最终持有人”
《沪深交易所关于进一步规范股东穿透核查的通知》	股东穿透核查应当把握好重要性原则，避免免责式、简单化的核查。对于持股较少、不涉及违法违规“造富”等情形的，保荐机构会同发行人律师实事求是发表意见后，可不穿透核查。持股较少可结合持股数量、比例等因素综合判断。原则上，直接或间接持有发行人股份数量少于 10 万股或持股比例低于 0.01% 的，可认定为持股较少
《创业板注册制发行上市审核动态》	控制权相关股权中存在信托持股的，原则上应当在申报之前予以清理；非控制权相关股权存在信托持股的，审核中应当综合考虑、区别处理

（三）股权家族信托发展的现状及面临挑战

不同于现金和其他金融资产，股权的传承变动不仅涉及复杂的法律关系和税收筹划的问题，还牵涉公司治理，关系企业的持续经营，对家族财富的安全、保值、增值影响很大。由于股权非交易过户、信托财产登记制度及信托税制的缺失，将股权列入家族信托一直是一个难点，也是制约股权家族信托发展的重要因素。

目前境内股权家族信托存在的问题主要有以下几点：

首先，股权家族信托之信托财产登记制度缺失。

根据我国《信托法》第十条规定：“设立信托，对于信托财产，有关法律、行政法规规定应当办理登记手续的，应当依法办理信托登记。未依照前款规定办理信托登记的，应当补办登记手续；不补办的，该信托不产生效力。”

实践中，对于股权家族信托而言，目前的情形如下所述：

一方面，对于境内上市公司和新三板挂牌公司而言，可以直接在中国证券登记结算有限责任公司登记该信托作为持股主体，并且在证券交易所、全国中小企业股份转让系统交易也直接体现为该信托持股上市主体。

另一方面，对于境内未上市的非公众公司而言，一般需要在市场监督管理局进行股东登记和股东身份确认，根据《公司法》《公司登记管理条例》，市场监督管理局并不承认作为股东的资格。总之，目前信托自身作为持股主体仍未完全获得承认，尚需要监管部门出台相关的信托登记规则。

其次，增加过户时的税收成本。

由于我们目前没有专门针对信托财产过户的相关制度及规则安排，信托财产非交易过户的相关法律法规至今尚未出台，这导致“委托给”受托人信托财产的行为与一般经营性的股权转让别无二致，即按照普通的股权转让的交易规则进行转让，会产生相应的所得税、印花税等。

如按照遗产继承进行财产分割，则可适用非交易过户的相关规定，免去高昂的股权转让税费。

股权家族信托也有自身合理节税和避税的功能，可以通过交易架构的搭建和税收洼地等的综合筹划，进行税收优化，如果利用各种双边税收互惠条款，其筹划空间更大。

最后，境内资本市场 IPO 的限制与障碍。

一是以信托持股等方式持股的，一般要求在境内上市申报前清理。

信托持股等方式持股的，一般要求在境内上市前清理掉。原因在于，在工商登记层面，该信托作为股东一般登记在受托人名下，由受托人代受益人持有拟上市公司股权 / 股份，而按照《首次公开发行股票并上市管理办法》第十三条规定：“发行人的股权清晰，控股股东和受控股股东、实际控制人支配的股东持有的发行人股份不存在重大权属纠纷”。受托人代为持有发行人的股权不符合发行人的股权清晰的要求。

如果在信托层面进行穿透，则该信托的股东有可能超过 200 人，按照《非上市公众公司监管指引第 4 号——股东人数超过 200 人的未上市股份有限公司申请行政许可有关问题的审核指引》的要求，应将代持股份还原至实际股东、将间接持股转为直接持股。

目前监管机关对信托持股上市公司进行了一些有益的探索，具体而言：第一，控制权相关股权中存在信托持股的，原则上应当在申报之前予以清理；第二，非控制权相关股权存在信托持股的，审核中应当综合考虑，区别处理。

二是证券法律制度的储备和证券主管机关的态度。

除需考量《信托法》《证券法》，以及相关税法外，更低位阶的股份登记制度，影响上市公司信托持股更重要的因素，是证券法律制度的逐步完善和主管机关的态度。

目前家族信托上市主要是搭建离岸家族信托架构海外上市的结构，大多数企业在上市前便已搭建好离岸家族信托架构。同时，通过离岸地信托法的特殊规定，以及信托要素及一致行动协议或其他相关安排，委托人仍保持对家族信托的控制，委托人仍实际掌控上市公司的控制权和日常事务管理权。在此情形下，上市后的相关并购交易规则、信息披露及豁免等都更容易有适用基础。

境内目前从法律政策层面，到监管机关、信托从业人员、信托当事人，对信托持股上市公司的认知都处在一个逐步探索的阶段，监管机关的态度虽从以往的排斥否定，到现在的谨慎乐观，但仍然有待进一步打破禁锢，探索实际控制人以家族信托持股方式控制公司的模式。

股权是一项需要长期持有并管理的“活”资产，对于受托人的专业管理能力提出更高要求。受托人在设立股权家族信托时需要通盘考虑股权在置入、持有期间，以及后续退出等各个环节的管理职责和主要风险，并进行有预见的筹划和安排。

（四）股权家族信托的发展创新与 IPO 发展展望

股权家族信托的发展创新案例：外贸信托设立上市公司股票财富传承信托。

2020 年，外贸信托设立了一单上市公司股权家族信托。该家族信托的委托人曾拥有一家上市公司小于 5% 的股份，鉴于企业所属行业具备持久稳定成长特征，客户计划将部分股权作为传承之用，提前安排好财富分配规划，并鼓励家族成员努力奋斗，积极担当。

该上市公司股权传承家族信托根据客户的现状和目标，设计出股票—现金—信托—股票—现金的上市公司股权传承实施路径，属于境内首单上市公司股权传承家族信托案例。其具体架构如下：

股份变现：客户根据交易所规定在二级市场进行相应的股份出售，缴纳相应的税费。

信托设立：客户将现金设立家族信托，指定其家人为受益人，约定信托利益支付方式、投资管理政策等规则。银行私行作为财务顾问负责客户维护、财务顾问工作。

股权投资：外贸信托根据信托合同的规定，按照既定的投资决策机制，在财务顾问监督下，把握合理的投资时机，通过二级市场直接买入客户原先持有但已售出的股票。

资产管理：为满足股权财富传承需求，家族信托持有的股票不做市值管理。在信托存续的 50 年期间，在后期根据信托合同约定的条件处分相关持有的股份。

利益支付：股票现金分红到账后，按照信托合同约定向信托受益人进行分配。

深圳证券交易所（以下简称“深交所”）发布的 2022 年第一期《创业板注册制发行上市审核动态》（以下简称《审核动态》）对家族信托持股的审核有了重大突破。

《审核动态》提到，注册制下，家族信托持股的企业如果要申请公开发行，深交所的审核尺度主要如下：第一，控制权相关股权中存在信托持股的，原则上应当在申报之前予以清理；第二，非控制权相关股权存在信托持股的，审核中应当综合考虑，区别处理。

审核实践中，权属稳定通常需要满足多项条件，从法律要求来看，应该权属分明、真实确定、合法合规、权能完整；从政策要求来看，不得存在资本无序扩张、违法违规造富、利益输送等情形；从监管要求来看，要防止大股东滥用优势地位，保护公众投资者合法权益，维护股票市场秩序，明确市场主体预期。

案例：盛美半导体设备（上海）股份有限公司（以下简称“发行人”或“盛美上海”）在没有拆除家族信托架构的情形下，成功在境内资本市场上市。

具体而言，在该案例的架构中（如图 10-2 所示），发行人系境外上市公司分拆上市，境外公司持有发行人 91.67% 的股份，为发行人控股股东。截至

2020年12月31日，发行人实际控制人为自然人HUI WANG；HUI WANG的妻子、子女通过两个家族信托持有少部分境外上市公司股权；实际控制人持有的投票权系通过直接持有境外上市公司股票合计而来，不包括两个家族信托持有的境外上市公司股票；HUI WANG与其配偶、子女等不存在一致行动关系。

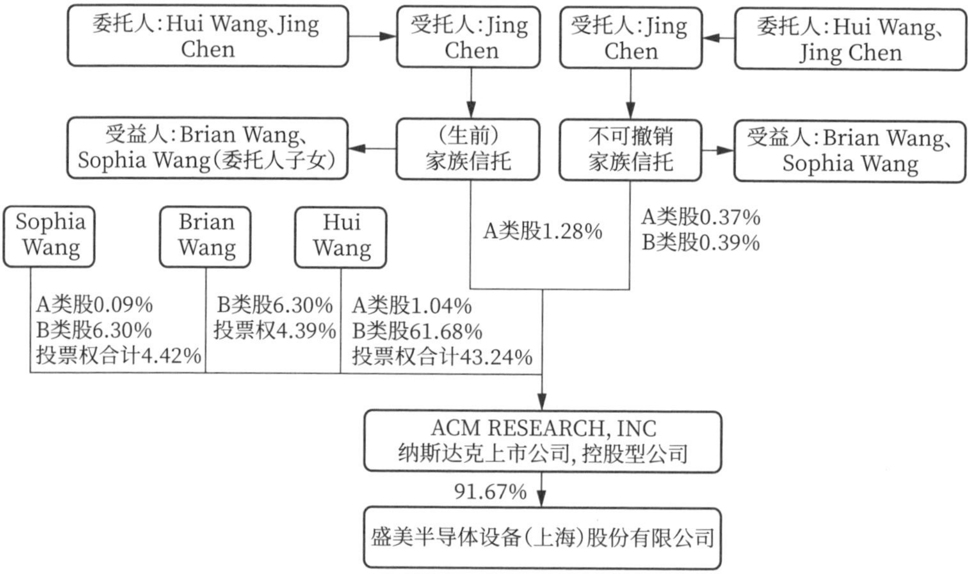

图10-2 盛美半导体设备（上海）股份有限公司股权结构示意

盛美上海境内成功上市是对股权家族信托境内资本市场的突破，在不拆除家族信托架构的情形下，满足下列条件，也可以认定为不存在影响发行人股份权属清晰和控制权稳定的情形：发行人控股股东、实际控制人、第一大股东不属于信托架构，其妻子、子女通过家族信托少量间接持股，信托持股具有充分的合理性，信托持股比例较小，不影响发行人控制权的认定。

由于国内很多高净值客户的财富主要来自经营企业，财富主要是以股权形式存在，越来越多的国内企业家有意愿将境内家族信托作为企业股权架构与财富传承架构的顶层设计，但是，目前境内家族信托由于股权非交易过户和信托财产登记制度的缺失等，目前发展尚需要市场、监管方、法律法规等多方的发展和完善。

不同于传统的集合资金信托计划，家族信托不存在集中募集资金等行为，资金来源清晰，家族信托委托人可以是具有完全民事行为能力的单一个人或家庭，受益人为包括委托人在内的家庭成员，信托受益权一般禁止转让、继承、用于偿债、用于质押，信托当事人人数不会超过 200 人。股权家族信托的目的更多是为了风险隔离、财富传承和完善家族治理与公司治理。信托持股后，即便按照穿透理解，股东成员仅限于家庭成员，人数不会超过 200 人。

在此情形下，未来可逐步探索发行人的实际控制人通过家族信托（直接或间接）持有的股份满足“权属清晰”“不存重大权属纠纷”等规范要求时，政策可明确该类发行人上市路径不存在“三类股东”障碍。

鉴于目前家族信托上市主要是搭建离岸家族信托架构海外上市的结构，通过信托合同及一致行动协议等安排，委托人仍实际保持对股权的控制，亦即委托人仍实际享有上市公司的控制权和日常事务管理权。

根据《证券及期货条例》规定，以信托方式持股的，在满足特定条件的情况下，信托受托人持股依然被视为信托“成立人”（Founder）的持股。即假设在信托合同中约定了委托人影响受托人行使自由裁量权的权利的行为，则此情形视为信托下的股份将由“成立人”拥有。信托中的股份在证券法意义上仍被视为委托人所拥有的股份。

因此，倘若放开信托持股的监管要求后，实质上仍是委托人实际控制目标股权，委托人实际享有上市主体的控制权及相应的表决权、管理权等，不会导致上市公司实际控制人的变更，也不会影响上市公司控制权的稳定。

目前境内家族信托多以资金和金融产品为主，但实操中委托人也多控制信托。未来，会有越来越多的发行人股权结构存有家族信托架构的案例得以实现，并顺利在资本市场完成 IPO，国内资本市场将在与国外成熟市场接轨的道路上又迈近一步。

04 "二合一"优势的保险金信托

保险金信托是高净值人群的"新宠"，它具有保险与家族信托的双重优势，既承载了保险的保障功能，又包含了信托的资产隔离功效，能够充分满足客户生前及身后对家族财富的管理和安排，可帮助高净值人群完成复杂的财富管理需求。如今，国内保险金信托发展迅速，前景十分广阔。

（一）家族信托的"敲门砖"

随着中国财富管理行业的蓬勃发展，保险和信托业发展势头日益强劲，而保险金信托这种二合一服务已成为很多中国高净值客户试水家族信托的"敲门砖"。

保险金信托起源于英国，在美国得到比较充分的发展。我国台湾地区最早开始办理人寿保险信托业务，综合来看，保险金信托主要以寿险为保险品种。

得益于中国经济持续数十年的高速增长，中国高净值客户的数量也迅猛增长。而保险金信托业务近年来备受家族企业客户的喜爱。自 2021 年以来，保险金信托业务增长速度进一步加快。

（二）保险金信托 1.0 与 2.0

保险金信托是当前可以帮助高净值客户实现家族财富管理目的的工具之一，兼具保险与信托的双重优势，由单一委托人将人身保险合同的相关权利和对应的利益作为信托财产成立保险金信托，当保险合同约定的给付条件发生时，保险公司按照保险约定将对应资金划付至对应信托专户，由信托公司根据与委托人签订的信托合同按照信托文件管理、运用、以及分配给信托受益人，从而实现财富的最优化传承规划。

在目前的国内市场，保险金信托主要分为两个版本，行业描述为 1.0 版本和 2.0 版本。

在传统的 1.0 业务模式下，委托人投保并将其持有的保单项下保险受益人指定为家族信托的受托人（代表家族信托），后续将以保险受益人身份直接承接保险赔偿金，并按照信托关系中约定的传承及分配规则向信托受益人分配。如下图 10-3 所示。

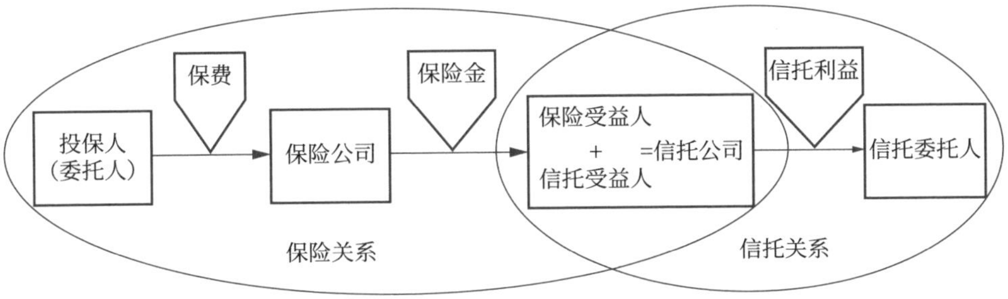

图 10–3　传统 1.0 业务模式下各主体关系

保险金信托 2.0 模式是基于 1.0 操作模式的升级版，包括以下两种模式：

模式一：委托人（投保人）与保险公司签订保险合同后，在取得被保人或其监护人书面同意的情况下，与受托人签订信托合同，将保单投保人和受益人均变更为信托的受托人，信托公司作为投保人，继续履行原保单投保人未尽的支付剩余保费的义务，同时，信托公司亦以保险受益人身份，承接保险赔偿金，后续向信托文件的约定向信托受益人分配。

模式二：委托人（投保人）以现金资产设立保险金信托，在取得被保人书面同意的情况下，委托人（投保人）与保险公司签订保险合同作为投保人及保险受益人，并由受托人以信托财产缴纳保费，保险金进入前述保险金信托。具体约定以委托人与受托人签署的信托合同约定为准。

保险金信托 3.0 是保险金信托 2.0 的升级版本，是由信托公司直接作为投保人为委托人购买保单。鉴于该种模式在保险公司存在法律、合规方面的操作障碍，所以目前来看，业内尚无该模式直接落地的案例。

（三）保险金信托的优势

为了满足先富裕起来的群体的财富规划需求，国内引入了在国外已较为成熟的保险金信托业务，即“保险 + 信托”的金融组合产品服务。

如果说保险是防范来自意外事故与不幸的对冲工具，那么保险金信托更多是用以克服人性之弱点。

“保险 + 信托”服务模式充分吸收了两种制度的优点，具体优势如下：

第一，丰富传承方案。譬如未出生的人是无法作为保单受益人的，但通过信托则可以，再譬如保险必须要有明确的受益人，但信托的受益人，除了可以是明确的人之外，还可以是确定的范围。

一般的保险理赔金给付到受益人以后，受益人挥霍是无法控制的。即使有上文所说的保险公司的赔后给付安排的服务，但因为从法律上来讲，赔付金已经属于受益人的财产，若受益人要求全部领取，则保险公司从法律上讲应当给付。而受益人如果是信托，因为信托财产具有独立性，可以非常完美地解决败家子问题。

第二，资产专业的管理。虽然保险受益金在很多保险公司都提供理赔后的给付安排服务，但灵活度不是很高。而信托则可以设定很多灵活的给付条件，譬如受益人如果考上名牌大学，则单独给付一笔受益金作为奖励。

第三，资产的风险隔离。保险金信托则使得保险理赔金有了财产的独立性，所谓“欠债不还”“离婚不分”。

如果是单纯的保险，保险理赔金赔付给受益人后，将成为受益人的财产，需要偿还受益人的债务，也可能成为受益人的婚姻共同财产，部分保险公司提供的理赔金的给付安排服务虽然可以按要求给付，但因其是受益人的财产，并没有财产的独立性，将受到债务和离婚分割的威胁。

第四，增加财富杠杆。人寿保险最核心的内涵就是杠杆，它可以通过缴纳较低的保费获得较高的保险金额，从而实现风险的转移，是财富管理中风险管理的重要工具。

第五，优化税务安排。随着CRS的落地和个税改革的不断推进，国内的税务环境正在快速与国际接轨，如何进行国内外资产的税务筹划已成为中国高净值家庭面临的新课题。在这一背景下，将保险金信托作为税务筹划工具的重要性将日益明显。

展望未来，利用寿险筹划所得税，利用信托筹划赠与税和遗产税，将成为高净值家庭进行税务筹划的重要方案。

05 用特殊需要信托关爱特殊人群

残障人士事业是中国特色社会主义事业的重要组成部分，扶残助残是社会文明进步的重要标志。习近平总书记曾在不同重要场合多次强调，“残障人士事业一定要继续推动”，要“促进残障人士全面发展和共同富裕”。发展特殊需要信托，是关爱特殊需要人群，帮助其解决生活和自我发展的重要工具。本节将对境外实践经验进行全面而系统的比较研究，解读国内在相关业务上的探索与未来展望。

（一）特殊需要信托是什么

根据中国信托业协会会长、中航信托董事长姚江涛先生的描述，特殊需要信托是以满足和服务特殊需要人群的生活需求为主要信托目的的一种特别的信托制度安排，具有长期性、特定性和复杂性等综合特征，是近年来源于欧美并逐步被亚洲及更广泛地区认可和推广的服务形式。特殊需要人群包括但不限于失能失智老人、患有自闭症或孤独症的孩童，以及其他不能有效进行生活自理的特殊群体。

特殊需要信托是特别服务于特殊需要人群的信托表现形式，贴合服务信托的宗旨。特需人群作为受益人享有信托利益，受托人须按照信托目的，为受益人的最大利益服务。特殊需要信托的受托服务可分为两方面：一是凭借自身的资管专业，管理好信托财产；二是选任医疗护理服务机构，并协助监督对特殊需要人群的照料和护理。

（二）境外实践经验

美国中西部特殊需要信托

中西部特殊需要信托（MSNT）于 1989 年在密苏里州创立，是立法机构推动成立、为残障人士设立和管理集合信托的机构受托人。截至 2017 年 7 月，MSNT 有 1248 个活跃信托账户，资产规模超过 3800 万美元。

根据州法案，MSNT 董事会共有 9 名成员，3 名为精神疾病患者的直系亲属，3 名为发展障碍患者的直系亲属，以上 6 名董事由州内专业机构推荐，另外 3 名成员负责一般商业事务和程序。美国中西部特殊需要信托架构如图 10-4 所示。

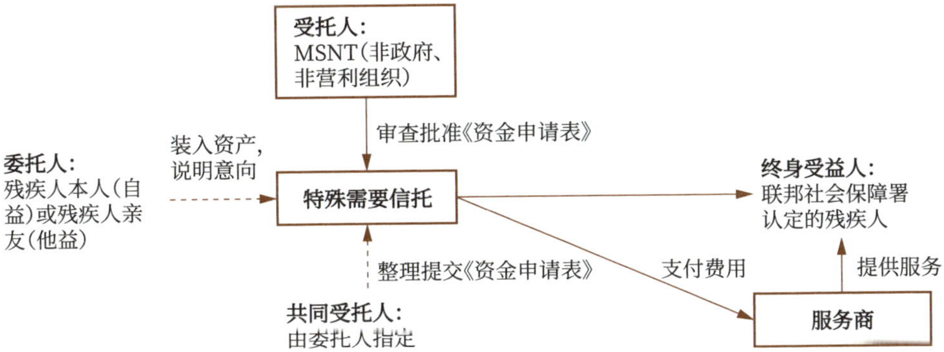

图 10-4　美国中西部特殊需要信托架构

美国威斯康星州 Wispact 信托

Wispact 公司于 2002 年在威斯康星州创立。截至 2018 年 4 月，Wispact 有 2197 个自益信托账户、468 个他益信托账户、882 个无资金账户（已被指定为条件受益人），资产规模接近 1.2 亿美元。美国威斯康星州 Wispact 信托架构如图 10-5 所示。

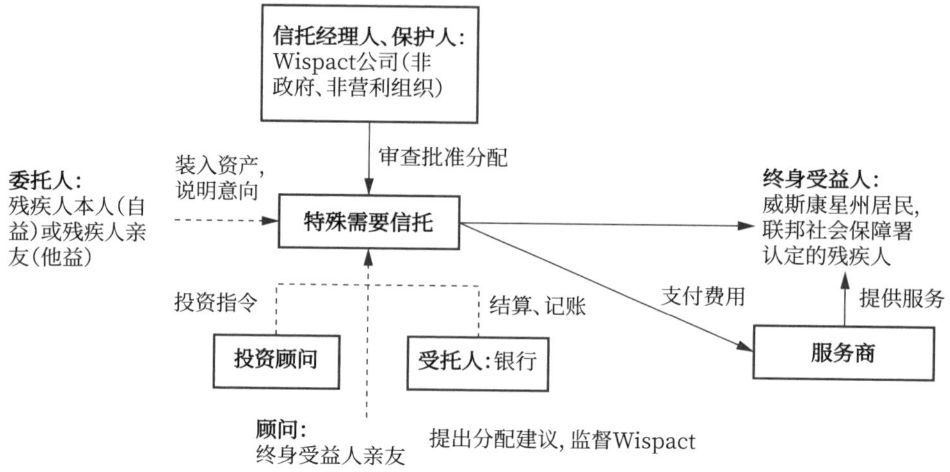

图 10–5 美国威斯康星州 Wispact 信托架构

新加坡特殊需要信托

新加坡的"特殊需要信托机构"(以下简称"SNTC")于 2009 年成立,这项计划最初是由新加坡残障人士福利促进会提出,该公司是一家具有慈善公益功能的非营利信托公司,专门为特殊需要人士及其家长或照顾者提供信托服务。截至 2018 年 4 月,SNTC 已有 539 个信托账户。SNTC 担任新加坡特殊需要信托的受托人,将信托资金转移到公共受托人办公室以便投资和管理信托基金。新加坡政府可以保证此类资金的安全,从而为潜在的委托人提供信心,使其相信以信托方式结算的金额不会受到投资理财的风险影响。

新加坡的特殊需要信托依托国家政府机构的支持,其中公共受托人机制分离了信托资金的理财职能和特殊需要信托公司的服务职能,使该项业务受到主管机关、社会组织和公民的多重监督。这样设计的初衷是使 SNTC 在对受益人进行扶助时获得政府补助,并满足残疾人或失能人士医疗救助之外的特殊生活需要,有效地为特殊需要人士进行全方位的服务,并为他们提供一个在其家长或照顾者身故后仍然可以持续运作的多层次保障体系。新加坡特殊需要信托架构如图 10-6 所示。

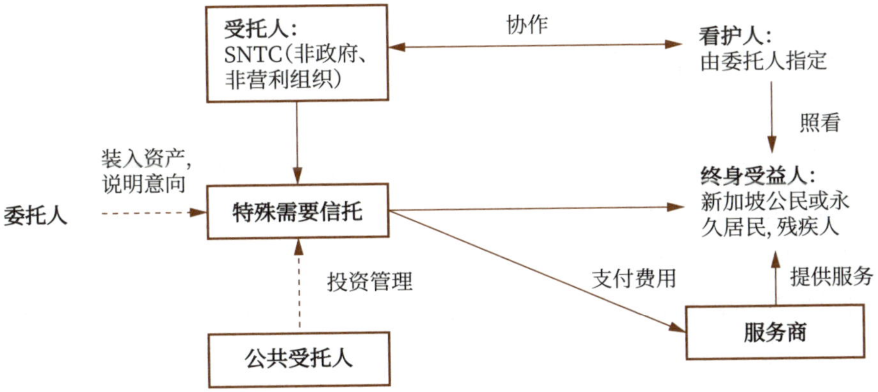

图 10-6　新加坡特殊需要信托架构

中国香港特殊需要信托

在香港，一个特殊需要信托的成员包括委托人、受托人、看护人、受益人，以及协调照料机构和受益人的受托人代表。其中，受托人是根据《社会福利署署长法团条例》，单一法人由社会福利署署长担任的公司。《社会福利署署长法团条例》第 4 条规定：社会福利署署长能够担任“社会福利部门为保全主体利益而设立的信托的受托人，或与社会福利部门工作有关的任何信托的受托人”。中国香港特殊需要信托架构如图 10-7 所示。

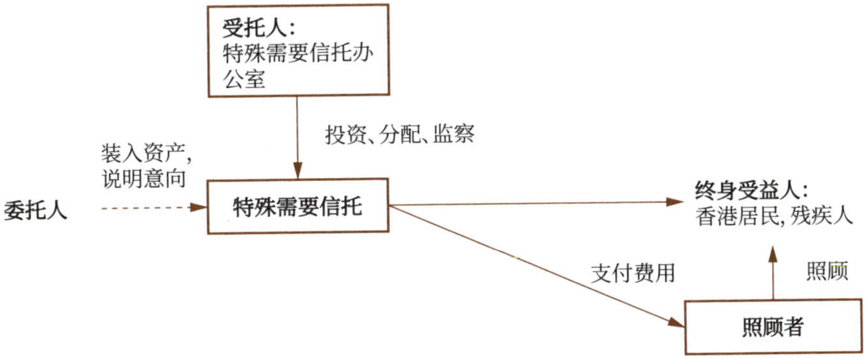

图 10-7　中国香港特殊需要信托架构

理论上，非政府组织可以掌握信托资产的保管权和投资决策权。但在实操中，这两项职能（保管和投资）由特区政府或由特区政府支持的法定团体担任。这背后的原因是，潜在委托人对政府受托人更加信任，而且实践中委托人经常无法预先筹集足够的资金以开展投资信托。

此外，社会福利署署长担任受托人是一个可持续的安排。署长的永久、长期的法律地位，使其在委托人去世后仍然可以提供金融服务，照料机构可以定期收到资金，持续为特殊需要人群提供护理。

香港的特殊需要信托制度，与其他特殊需要信托制度的最大区别在于，受托人由代表公权力机构的特区政府社会福利部门担任，负责管理特需信托，对信托资金管理更加审慎，受到的法律约束也更加严格，是特殊需要信托多样化管理模式中的特色代表。

（三）境内业务探索

2019 年，万向信托落地了全国首单监护支援信托，目的是帮助委托人规划自己和家人的晚年生活，2020 年、2021 年又专门针对自闭症患者等心智障碍人群推出了“星爱”“星语”两大系列的特需信托，目前均有案例落地。

其中，“星爱”系列信托于 2020 年推出并落地，其独特之处在于，信托设立到信托实际运行管理和分配之间设置间隔期，初期交付财产多为保险金等财产权利。万向信托在前期仅收取信托设立费，直到间隔期结束，进入正式财产管理阶段后，再收取信托管理费。“星爱”系列在信托利益分配上，能够做到较高的分配频次、较低的起付金额，以及对服务机构费用的直接支付等，旨在满足有自闭症儿童的家庭的实际需求。

“星语”系列信托于 2021 年 12 月落地，信托设立时无具体资金门槛，主要面向对信托不熟悉，但有尝试意愿的家长，旨在先行搭建信托架构，让家长在参与信托的运行过程中对信托细节持续优化，后续还可以对接托养机构、社会监护组织、第三方服务平台等，并且委托人可分批次追加财产进信托。

2021 年 7 月，中航信托推出了“航殊恒爱”特需信托，面向失智老人等特殊需要人群，为了给失智老人做好受托管理，中航信托成立了专门的委员会，委员会成员包括信托公司、养老社区、律师以及医护机构。

2021 年 10 月，光大信托推出的首单身心障碍者服务信托落地。该信托合同中规定，由信托委托人将资金、房产、股权、艺术品等财产委托给信托公司，由信托公司开立专门账户管理资产和保值增值；由照护中心等管家式第三方评估平台为其受益人提供需求和第三方服务机构评估、服务标准设定等咨询服务；由第三方专业服务供应商为受益人采购并提供教育、医疗、康复、就业、基本生活照料、临终关怀和丧葬等专业服务。

信托架构设计上，受益人身故后，信托账户余款将全部捐助于帮助其他身心障碍者，而不是交给受益人的亲属；为了防范专业服务与第三方评估机构合谋、向受益人提供过度医疗或使故意抬价损害受益人权益，信托引入残联等专业机构作为信托监察人，定期监察、评估、调整或更换第三方机构。通过以上设计，使得受益人的健康长寿成为专业服务机构、第三方评估机构、监察人各方的统一激励，规避相关各方对信托财产的觊觎。

（四）特殊需要信托未来展望

围绕“十四五”时期“民生福祉达到新水平”的目标任务和 2035 年“人民生活更加美好，人的全面发展、全体人民共同富裕取得更为明显的实质性进展”的远景目标，党的十九届五中全会从“完善帮扶残疾人、孤儿等社会福利制度”“健全老年人、残疾人关爱服务体系和设施”等方面对基本民生保障做出新部署，提出新要求。

面对心智障碍、失能失智等特殊需要人群的长期照护与关爱问题，单纯依靠政府财政补贴和公益慈善救助方式难以长效解决供需不平衡问题，只有广泛借助金融市场和社会各方力量，通过商业和服务相结合的方式，共同提供综合解决方案，方为可持续发展的解决之道。

2016 年国务院颁布的《“十三五”加快残疾人小康进程规划纲要》中明确：“加快发展残疾人服务业，鼓励信托、保险公司开发符合残疾人需求的金融产品。”2021 年 7 月 8 日，国务院印发的《“十四五”残疾人保障和发展规划》（以下简称《规划》）明确指出，养老和残疾人服务领域是社会民生痛点领域，是供需矛盾比较突出的领域，并明确把“残疾人公共服务总量不足、残疾人多样化需求还没有得到满足，残疾人事业仍然是经济社会发展的短板，列为残疾人事业当前面临的突出问题”，并积极“鼓励残疾人参加意外伤害、补充养老等商业保险，鼓励商业保险机构开发残疾人商业保险产品、财产信托等服务”。2021 年 11 月 18 日，国务院印发的《关于加强新时代老龄工作的意见》中指出，要加强失能老年人长期照护服务和保障，加大探索力度，完善现有试点，积极探索建立适合我国国情的长期护理保险制度。特殊需要信托旨在为身心障碍、失能失智等弱势群体的照顾护理、生活品质的改善等提供信托规划，同时不剥夺其获得基本社会福利的资格，这与《规划》的要求不谋而合。

在顶层制度设计不断完善的同时，深圳、上海等地区的有关部门也纷纷立足各地发展实际，陆续出台了相关配套制度，对发挥信托制度优势助力解决身心障碍者等特殊需要群体的社会保障问题进行尝试与探索。2021 年 8 月 10 日，上海市人民政府发布了《上海市残疾人事业发展“十四五”规划》，提出了 14 项主要指标和 10 个方面的主要任务，其中在完善残疾人社会福利制度方面，“对弱监护、无监护等缺乏完全民事行为能力的残疾人，探索建立财产信托制度”。《关于促进身心障碍者信托发展的指导意见》和《上海市残疾人事业发展“十四五”规划》为身心障碍者信托的设立提供了可行路径，为信托等金融机构服务身心障碍者家庭提供了新的服务机制。

近年来，信托业监管部门也推出了一系列政策法规，推动信托公司向高品质受托人的定位转变，大力发展关切社会民生的服务信托，特殊需要信托也为信托公司的产品创新和服务转型提供了借鉴和参考。

06

慈善信托与家族社会责任

共同富裕是当今社会的主题。开展社会慈善和公益活动，不仅可以造福公众，促进社会共同富裕，还可以通过合理税务筹划的方式，实现家族财富和家族精神的传承。很多知名企业将通过慈善信托参与社会公益活动作为履行社会责任的一种手段，塑造了良好的企业形象和口碑。

（一）慈善事业

2021年8月17日，中央财经委员会第十次会议研究扎实促进共同富裕问题，指出共同富裕是社会主义的本质要求，是中国式现代化的重要特征。共同富裕有着深刻的内涵和外延，而这一伟大愿景实现路径的第三步，也是最关键一步，就包括“鼓励高收入人群和企业更多回报社会”，通俗来讲，即鼓励富人主动将财富用于发展慈善等社会公益事业。从这样一个高度来看慈善和捐赠，我们可以得出这样一个结论：慈善已不仅是一个家庭、一个家族内部的事情，它更多体现的是一个家庭、一个家族的社会责任心和价值观。

虽说善意与财富无关，但不同财富体量的人群，实现善意的方式和可以利用的工具有着很大的不同。

（二）慈善信托

在慈善捐赠领域，慈善信托是最常见，也是最灵活的一种慈善捐赠模式。委托人以自己名下财产（包括资金、金融产品、房产、股权、艺术品等多种形式）设立信托，同时约定信托财产仅能用于慈善活动；在慈善信托内设决策机制，慈善捐赠、信托运作等相关事项均通过预设的内部决策机制进行决策。这一模式下，慈善捐赠规范化、可追溯，慈善项目能获得有保障的持续善款来源，同时，高净值客户群体还可以通过慈善信托打造家族慈善品牌，传承良好家风，提升社会地位，同时兼顾善款专业化资产配置，好处不胜枚举。

截至 2022 年 5 月，于民政部“慈善中国”网站披露的完成报备的慈善信托共计 865 单，财产总规模共 411173.79 万元。其中既有 1 万元初始规模的超小型慈善信托，也有像“鲁冠球三农扶志基金慈善信托”这样高达几十亿规模的股权慈善信托。

常规的资金慈善信托相对简单，只要明确捐赠方向，选好受托人，架构搭建的可复制性非常强。而在股权慈善信托架构设计上，因为信托与底层企业的实体经营直接相关，需要进行符合项目特点的特殊考虑。以鲁伟鼎先生作为委托人设立的“鲁冠球三农扶志基金慈善信托”为例（如图 10-8 所示），自然人持股人将其持有的底层企业的 100% 股权全部捐赠给慈善信托，并进行股东变更工商登记，捐赠后，底层企业成为慈善信托全资子公司，后续所有的捐赠通过底层企业进行。企业端在经营上搭配“影响力投资”的模式，同时也有慈善项目的直接捐赠，如捐资助学等。该信托成立于 2018 年 6 月，自成立后一直到 2019 年，慈善信托直接捐赠额度一直为 0 元，但 2019 年之后，其慈善捐赠金额达 2884.80 万元。

在这样一个慈善信托架构下，受托人仅管理进入信托的资产，在架构搭建和信托存续阶段，能够最大程度上不谋求、不关注企业的实际经营。在慈善信托内部设立决策机制，与企业经营相关的决议通过机制做出。虽然股权交付信托，但对企业经营权仍实际控制和掌握在委托人手中。

“鲁冠球三农扶志基金慈善信托”是一个非常经典的慈善信托案例，决策、经营、捐赠等在架构内部均有完整的衔接。实际上，慈善信托设立后的慈善捐赠的实施，既可以自主决定直接捐赠，也可以考虑绑定一个或者多个目标领域的优质慈善基金会（如妇基会、儿基会、爱佑基金会等）作为项目执行人，一方面可以通过这些优质的慈善基金会去筛选甚至去定制具体慈善项目，借助专业慈善基金会的能力，完成善款的高效捐赠；另一方面，对客户和客户的家族而言，通过与这些优质基金会的绑定，可以对接到这些基金会的一些优质资源，并择机将这些优质资源与委托人需求匹配，实现各方面资源储备上的扩充。

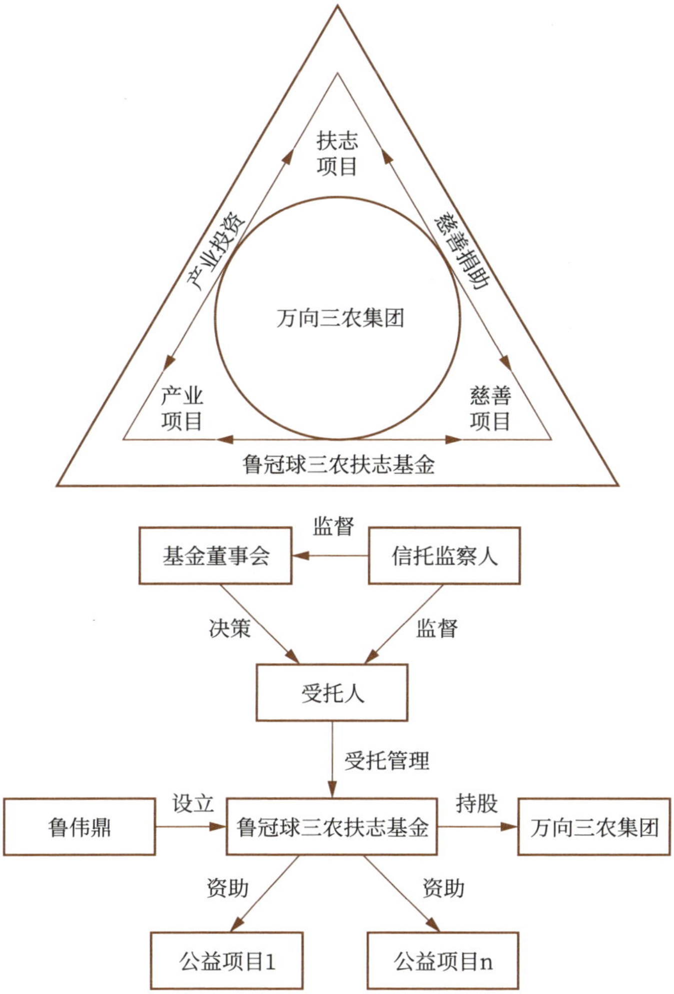

（图片来源：http：//www.lgqtrust.com/）

图 10-8　鲁冠球三农扶志基金慈善信托架构

“慈善信托＋家族信托”联动。因为具备风险隔离、财富传承、税务筹划等一系列优越的架构功能，家族信托目前几乎已成为体量达到一定规模的高净值客户群体的标配。高净值人士在设立慈善信托承担社会责任的同时，可以考虑与自己的家族信托联系在一起，实现“家族信托＋慈善信托”的双轨联动，一方面，由家族信托实现资产保值、增值以及财富传承的同时，也作为慈善信托一个长久的“蓄水池”，保障慈善信托在长久的岁月中能够持续地运作下去；另一方面，慈善信托也可在一定程度上“反哺”家族信托，在财富传承中，引导家庭成员参与慈善事业，助力家族良好家风的形成。

（三）慈善基金会

在高净值人士的慈善捐赠方式中，设立慈善基金会也是一种比较常见的模式。通常而言，基金会从筹建到设立、运作管理、慈善捐助等，都由委托人直接或者聘请专业服务机构进行，虽然基金会设立到运营都要受到严格的监管，但它的优势在于，对于捐赠方的慈善愿景和社会影响力在合法合规的前提下得到最大程度的实现，同时，因为基金会的决策机制以及基金会与企业经营的绑定程度不需要受任何第三方的掣肘，理论上讲，企业的经营决策可以在最大程度上不受影响。以曹德旺先生创立的“河仁慈善基金会”①为例：

2010 年 6 月 7 日，企业家曹德旺先生捐资 2000 万元，在民政部登记注册成立河仁慈善基金会。后于 2011 年 5 月 5 日，曹德旺先生与其妻子陈凤英女士，正式宣布向河仁慈善基金会捐赠个人所持福耀玻璃股份有限公司（以下简称“福耀玻璃”）的 3 亿股股票，过户当日市值 35.49 亿元人民币。目前河仁慈善基金会在福耀玻璃的持股比例为 8.24%，为福耀玻璃第三大股东，目前股票市值逾 114 亿元人民币。

慈善基金搭建的复杂程度和运营的专业要求要远高于慈善信托：

（1）优选专业的基金会搭建业务服务团队和资源。于市场寻求相关经验丰富的专业团队（律师、会计师等），项目的评估论证、资料的准备、基金会备案地的选择等均通过专业服务团队解决。

（2）是因为各个地方政策差距较大，对基金会的设立各地要求不尽相同，须确定基金会备案登记地点，详细了解当地政策，并尽快与备案主管部门进行实体沟通阶段。同时，基金会的设立还需要相关业务主管部门的审批同意，须沟通确认主管部门的具体要求并尽快落实。

---

① 相关信息来源于“河仁慈善基金会”官方网站：www.hcf.org.cn。

（3）基金会和慈善信托的区别在于，基金会必须配备固定的团队负责基金会设立后的运营管理，同时相关制度对团队成员的设置、相互之间的关系、基金会的内部决策机制都有详细要求，所以设立者需要针对这些要求开始寻求合适的团队成员。

以上 3 点，都决定了慈善基金会的设立和运作都需要捐赠者投入大量的人力、物力，同时要配备专业的团队去维持整个基金会的持续运作，对设立者和设立团队是一个非常大的考验。

（四）“慈善信托 + 慈善基金会”联动

无论是慈善信托模式，还是慈善基金会模式，都是慈善捐赠领域两个基础的单体模式。从长远发展来看，如果能够投入足够的人力、物力和精力，“慈善信托 + 慈善基金会”联动的架构设计也是一些慈善家选择的捐赠路径。

“广东省和的慈善基金会”由美的集团创始人何享健先生发起，2013 年 12 月在广东省民政厅登记注册。基金会运作资金来源于家族慈善捐赠。2017 年 7 月 25 日，该基金会发布和的慈善信托捐赠体系，1 亿股美的集团股票捐赠将设立一个永续的慈善信托“和的慈善信托（计划）”，慈善信托财产及收益将全部用于支持公益慈善事业的发展；在“和的慈善信托（计划）”正式落地之前，捐赠的 1 亿股美的集团股权的收益分红独立核算，直接捐赠至和的慈善基金会。通过“慈善信托 + 基金会”双轨模式，使得慈善资金的科学管理及有效运用得以保障。和的慈善基金会架构如图 10-9 所示。

在双轨模式下，以股权为信托财产设立慈善信托，以现金作为捐赠对象设立慈善基金会，二者既相互独立又相互联动，一方面，慈善信托作为底层公司的股东持有公司股权，与公司经营相关的决策机制在完全通过信托的架构设计实现，同时由慈善信托对善款进行投资管理，维系善款的保值、增值；另一方面，将慈善基金会作为慈善信托的特殊受益人或者项目执行人，由慈善信托定期或者不定期给基金会通过分配或者捐赠的形式“输血”，具体慈善捐赠事宜通过专业的基金会实现。

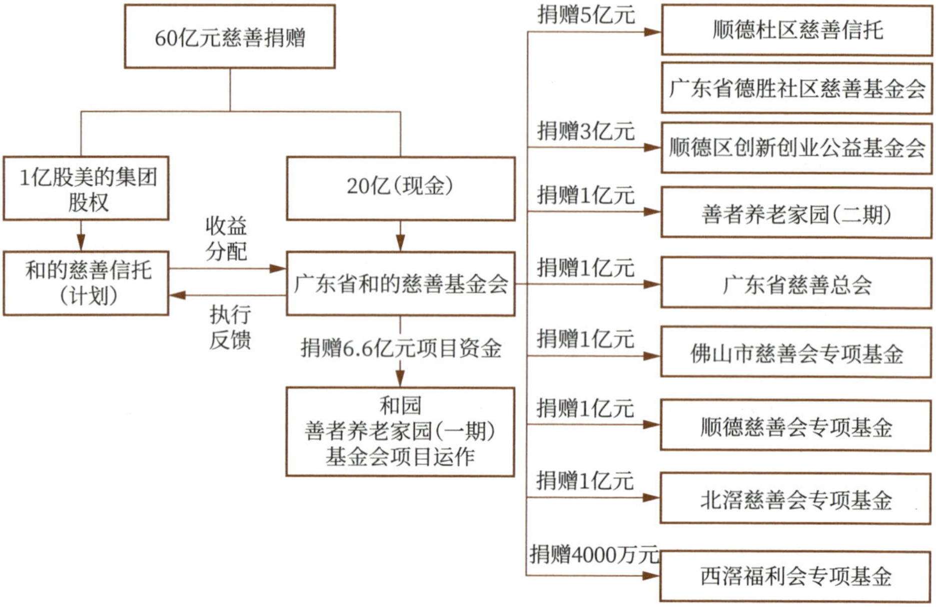

图 10–9 和的慈善基金会架构示意

“慈善信托＋基金会”双轨模式是一种更加宏大的慈善捐赠体系，该体系是否适合需要根据捐赠者、企业的具体情况、捐赠者内心的慈善构想、预计投入的人力和物力等综合判断，不一定适用于所有的捐赠者。且这种双轨模式的建成，一般是分阶段、分步骤进行的，要根据捐赠者需求和现实情况进行全面的规划，并在实际落地过程中，根据当时情况适时调整步骤和节奏，无法一蹴而就。

作为家族的掌舵人，不但要掌控整个家族财富的走向，更要保证家族精神对家族成员产生正向的引导。这对掌舵人的能力和眼界都提出了更高的要求。我们谈到一个人的相貌和性格的联系时，经常讲到的一句话叫作“相由心生”，其实一个家庭同样如此。家风家貌这一看似形而上的概念，实际上是通过每一个家庭成员的具体行动和表现予以具象化展现。家风家貌同样也刻画了一个家族以及每一个家庭成员的内心，家族的精神内核决定了一个家族整体的精神风貌和家族成员的发展方向。正是因为家风家貌有着内化于心、外化于行的作用，所以只有当一个家族的精神内核是内在向善的，其家族及家庭成员才能整体上呈现并持续保持积极向上的状态，而这种状态，对于一个家族的重要性，要远高于实际物质财富的内部分配和传承。而慈善，就是这一精神内核的集中体现。

参考文献
references

[1] 中共中央党史和文献研究院 . 习近平关于注重家庭家教家风建设论述摘编 [M]. 北京：中央文献出版社，2021：3—52.

[2] 韩金起 . 资本与现代社会——读《1857—1858 年经济学手稿》[D]. 复旦大学，2012.

[3] 国务院办公厅关于积极推进供应链创新与应用的指导意见 [J]. 中国对外经济贸易文告，2017（68）：14—18.

[4] 国务院办公厅关于推进对外贸易创新发展的实施意见 [J]. 中华人民共和国国务院公报，2020（32）：6—10.

[5] 朱唐 . 迈向可持续的经济复苏之路 [N]. 社会科学报，2022—07—07（001）.

[6] 李克强 . 政府工作报告——2022 年 3 月 5 日在第十三届全国人民代表大会第五次会议上 [J]. 中华人民共和国全国人民代表大会常务委员会公报，2022（02）：318—331.

[7] 宁吉喆 . 第七次全国人口普查主要数据情况 [J]. 中国统计，2021（5）：2.

[8] 李猛 . 新时期构建国内国际双循环相互促进新发展格局的战略意义、主要问题和政策建议 [J]. 当代经济管理，2021，43（1）：10.

[9] 孙武安 . 共同富裕的内涵、价值及其紧迫性 . 江西社会科学 2（2013）：168—172.

[10] 何立军，李发戈 . 社会企业在第三次分配中的作用机理研究 [J]. 社会政策研究，2022（1）：16.

[11] 傅军 . 充分发挥民营企业在乡村振兴中的重要作用 [J]. 城乡建设，2022（6）：1.

[12] 王继源 . 典型国家城镇化率达 60% 以后房地产转型的趋势特征 [J]. 中国发展观察，2022（1）：6.

[13] 王勃 ."双碳"目标背景下推动我国能源产业转型和技术创新 . 中国经贸导刊 17（2021）：3.

[14] 郭飞，马睿，谢香兵 . 产业政策，营商环境与企业脱虚向实——基于国家五年规划的经验证据 [J]. 财经研究，2022，48（2）：15.

[15] 张晓燕 . 打造数字经济生态圈引领国民经济新增长 [J]. 金融博览，2021（15）：2.

[16]. 中华人民共和国国民经济和社会发展第十四个五年规划和 2035 年远景目标纲要 [N]. 人民日报，2021-03-13（001）.DOI：10.28655/n.cnki.nrmrb.2021.002455.

[17] 张海燕，鲁超楠 .Z 世代国潮品牌消费的文化认同研究 [J]. 文化产业研究，2022（01）：62—75.

[18]. 国务院关于印发"十四五"国家老龄事业发展和养老服务体系规划的通知 [J]. 中华人民共和国国务院公报，2022（07）：13—29.

[19] 梁慧仪 . 以跨境电商出口企业为例探究外贸企业转型升级的现状及路径选择 [J]. 全国流通经济，2022（3）：3.

[20] 万继蓉 . 欧美国家再工业化背景下我国制造业的创新驱动发展研究 [J]. 经济纵横，2013，No.333（008）：112—115.

[21] 王国敏 . 中国特色农业现代化道路的实现模式研究 [M]. 四川大学出版社，2013.

[22] 田宇润 . 经济转型背景下轻资产运营对商贸企业绩效的影响研究 [J]. 商业经济研究，2021（21）：4.

[23] 赵勇强，钟财富 . 碳达峰碳中和目标下的新能源产业发展与升级 [J].2021.

[24] 唐德淼，黄涛 . 创业赋能背景下“专精特新”企业成长特征及路径 [J].2021.

[25] 杨皖苏，杨善林 . 分布式领导，组织支持感与新生代员工主动性—被动性创新行为：基于上下级关系和价值观匹配的交互调节效应 [J]. 管理工程学报，2020，34（3）：10.

[26] 罗建等 . 新兴技术视域下潜在竞争对手识别研究——以智能驾驶领域为例 . 情报科学，39.12（2021）：7.

[27] 张宏伟 . 民法典时代合同签订与履行法律风险防范 . 中国盐业 2（2022）：4.

[28] 王帅峰，高慧云 . 强监管背景下的家族企业税收规划之路 [J]. 家族企业，2021（9）：3.

[29] 黄子洋 . 国际化背景下贸易合规体系建设 [J]. 国际商务财会，2021（15）：5.

[30] 戚凯月 . 数字经济背景下数据安全合规管理 [J]. 经济研究导刊，2021（36）：3.

[31] 高珊珊 . 高净值人群的财富管理需求与私人金融服务的发展策略探析 . 商业文化 3（2021）：2.

[32] 赵路云 . 中国高净值人群“画像”[J]. 金融博览，2018，000（016）：34—40.

[33] 刘浪 . 共同富裕时代下家庭资产配置研究——基于税制改革视角 [J]. 金融文坛，2021（7）：3.

[34] 杨新波 .“房住不炒”后居民家庭资产配置分析及建议 .（2021）.

[35] 吴辉 . 海外投资，普通家庭能做些什么？ [J].2020.

[36] 林晓珊 . 改革开放四十年来的中国家庭变迁：轨迹、逻辑与趋势 [J]. 妇女研究论丛，2018（05）：52—69.

[37] 钱志亮 . 唤醒孩子的内驱力 [J]. 中华家教，2018（Z1）：112—113.

[38] 姚远 . 中国家庭养老研究 [M]. 中国人口出版社，2001.

[39] 周敏，王君 . 中国新移民的教育期望及其面临的挑战、制度限制和社会支持——以美国和新加坡为例 [J]. 华侨华人历史研究，2019（04）：1—9.

[40] 马陆亭 .“新法”之下，家长该如何教育孩子成长 [J]. 教育家，2022

（05）：6—9.

[41] 尤瓦尔·赫拉利 . 今日简史：人类命运大议题 [J]. 博览群书，2018（09）：66.

[42] 拉塞尔·L. 阿克夫，丹尼尔·格林伯格，Russell L. Ackoff，等 . 翻转式学习 [M]. 中国人民大学出版社，2015.

[43]. 戌松明 . 基于职业规划的学业生涯规划探微 [J]. 科教文汇（上旬刊），2010（07）：178—179.

[44] 刘夏 . 子女教育金的选择 [J]. 理财，2020（06）：56—57.

[45] 李明 . 浅析个人财产与公司财产混同的法律风险 [J]. 法制博览，2018（35）：71—72.

[46] 程楠 . 中国保险行业协会发布中国保险人群意外伤害风险研究报告 [J]. 中国社会组织，2017（18）：1.

[47] 王向前 . 金税四期企业税务风险分析与防范 [J]. 全国流通经济，2022（12）：162-164.DOI：10.16834/j.cnki.issn1009-5292.2022.12.032.

[48] 史兆海 . 中小企业税务风险的有效管理分析 [J]. 纳税，2021，15（36）：1—3.

[49] 姚邢，龙翼飞 .《民法典》关于夫妻间财产协议的法律适用 [J]. 法律适用，2021（02）：155—162.

[50] 王海燕 . 家族企业传承管理中应用家族信托的作用及意义 [J]. 法制博览，2022（14）：81—83.

[51] 中国信托业协会编 .2021 年信托业专题研究报告 [M]. 北京：中国财政经济出版社，2021.

[52] 何锦璇，李颖芝 主编；姚江涛，袁田 译 . 特殊需要信托：财务规划比较研究 [M]. 北京：法律出版社，2021.

[53] 许琳琳 . 股权信托：家族企业财富传承愿景的首选 [J]. 中国外资，2021（13）：46—51.

[54] 孙辉贤 ."保险 + 信托"财富管理服务——我国保险金信托行业发展探讨 [J]. 上海保险，2021（3）：4.

[55] Gray，L..“New Family Office：Strategies for Consulting to the Affulent.” Euromoney Institutional Investor Plc（2004）.

[56] Napolitano, J.P.. “The family office for your firm.” Accounting Today 33.1（2019）: 20-20, 21.

[57] Gonzalez, M.E., et al. “Global education: using lean tools to explore new opportunities.” Journal of International Education in Business 14.1（2021）: 37-58.

[58] Mcnair, L., et al. “The Impact of the Covid Global Health Pandemic in Early Childhood Education Within Four Countries.” Social Inclusion 10（2022）.

[59] Slopen, N., et al. “Family Stressors and Resources as Social Determinants of Health among Caregivers and Young Children.”（2022）.

[60] Bettinelli, C., et al. “A Review of Conflict and Cohesion in Social Relationships in Family Firms.”（2022）.

[61] Casi, E., C.Spengel, and B.Stage. “Cross-border tax evasion after the common reporting standard: Game over ? ” Journal of Public Economics 190（2020）: 104240.

[62] Yong, W., and X.Li. “Exogenous Shocks, Real Estate Prices and Enterprise Investment.” Journal of Finance and Economics 03（2019）.

[63]M Badaró. “Nation Branding for China: Global Brokers in International Real Estate in China.” City & Society 32.3（2020）.

[64] Aa, A, A.Ic, and B.Fba. “Quantifying Return Spillovers in Global Real Estate Markets.” Journal of Housing Economics（2021）.

[65] Dalka, R.P., and J.P.Zwolak. “Restoring the structure: A modular analysis of ego-driven organizational networks.”（2022）.

[66] Hou, W.D.. “Wealth Management Service of Commercial Banks and Development Suggestions.” Journal of Shandong Technology and Business University（2019）.

[67]Cooper, and Gilead. “Trusts and Modern Wealth Management.” Trusts & Trustees（2019）.

[68] Huang, M.. “Financial Analysis on the New Energy Vehicle Industry-Taking BYD as An Example.”（2021）.

后记
afterword

“一切都在变化，唯一不变的就是变化本身。”当前，我们正处在一个急剧变革的时代，世界百年未有之大变局加速演进，我国发展面临的内外部环境发生了深刻变化：世界进入新的动荡变革期，国际政治经济格局加快重塑，经济全球化遭遇逆流，中美贸易摩擦持续，新冠肺炎疫情反复不定，新一轮科技革命与产业变革蓬勃兴起，绿色低碳成为发展的主旋律……

以“变”为主要特征的大变局时代，既带来了严峻的风险挑战，也孕育着难得的发展机遇。无论是对于企业的经营管理、技术创新及市场拓展，还是对于家庭的资产配置、风险管理与传承规划，都产生了广泛而深远的影响，值得我们认真关注和思考。

在这一大背景下，晟和研究院对大变局时代的新形势、新变化、新要求进行了系统梳理与思考，希望通过汇聚行业智慧，准确识变，寻找应变之策，探究企业持续稳健发展与高净值家庭和睦长久幸福之道，帮助企业和高净值家庭在“变”中把握机遇，迎接挑战，实现高质量发展，这也是我们撰写《家业长青——大变局时代的企业与家庭发展之道》（以下简称《家业长青》）的初衷和目的所在。

《家业长青》一书，起意于 2022 年的寒冬，挥毫于春夏，成书于金秋。该书由晟和研究院策划，编写团队来自财经、金融、证券、IT、教育、媒体等领域，对相关领域均有独到的见解和认识。该书还得到了晟和家族办公室、北京高晟财富保险代理股份有限公司、高晟财富集团资管部与客服部专业的家族信托架构设计团队、宏观经济投资领域专家、资深家庭资产配置专家与财富管理专家等精英人士的大力支持。可以说，本书凝结着晟和研究院的心血和智慧，也凝聚着高晟财富集团多年来的思考、实践与探索。

晟和研究院是高晟财富集团旗下的新型高端智库平台，立足宏观经济发展变化及财富管理市场发展方向，集行业专家、学者及从业者的智慧于一体，以专业研究与丰富成果赋能企业与家庭可持续发展。自 2021 年成立以来，晟和研究院举办了多期访学营、财智私享会、公开课等活动，邀请中国政策科学研究会经济政策委员会、中国物流与采购联合会大数据分会等机构的顶级专家，中国社会科学研究院、中国政法大学、东北财经大学、中山大学、厦门大学等高校的知名学者，以及中植能源集团、中植资源集团、中昆新农业、八匹马新能源科技有限公司等标杆企业的高管，共同探讨当前全球政经变局，把脉投资市场，探索投资新机遇。晟和研究院还坚持学访并用，以访促学，在访学营活动中安排走访当地上市公司或知名龙头企业，其中包括全球领先的企业云服务与软件提供商用友、央视《大国重器》节目的主角双良集团、福建民营企业的优秀代表三棵树等，从它们的发展中汲取进步的力量和智慧。

《家业长青》一书是集体智慧的结晶。在本书的策划与编写过程中，上述机构、高校及企业的专家、学者和企业家提供了大量的帮助和指导，无私奉献出了自己的专业知识、研究成果与实践经验，大大增强了本书的专业性、指导性、服务性，在此，我们向他们表示真诚的感谢，并致以诚挚的问候。

在本书编写过程中，我们还参考了大量的行业资料，借鉴了他人的研究成果，还结合当下现状与需要对相关材料进行了一定程度的改写，并将参考借鉴材料列入参考文献之中。对于他们或直接或间接的贡献，我们表示衷心的感谢。

《家业长青》聚焦当下热点，在百年大变局与世纪新冠肺炎疫情交织叠加之际，围绕企业家与高净值家庭关心的宏观经济形势与政策、产业发展战略与规划、《民法典》实施、“金税四期”上线、企业经营策略与发展规划、投资策略与风险控制、家族财富规划与传承等课题进行了深入分析与研究探讨，为企业家和高净值人士把握大变局时代的“时”与“势”，提供了新的思考维度。

本书是一本“授人以渔”的书。它突出实用性、实践性，注重解决实际问题，在阐述经济社会现象的同时，侧重剖析现象背后产生的深层次原因，为企业家和高净值家庭找出应对举措与方案。为增强本书的通俗性、可读性，本书还在内容的设计与安排上，融入了背景知识与典型案例，通过案例丰富内容、佐证论据，便于读者朋友们快速理解和掌握。

经历了冬的蓄力、春的孕育、夏的成长，《家业长青》一书最终在秋天这个收获的季节结下硕果。书不尽言，言不尽意。我们抛砖引玉，欢迎读者朋友们多提宝贵意见。同时，受认知水平与编写时间所限，本书难免有疏漏之处，恳请读者朋友们批评指正，我们会根据读者朋友们的反馈意见和实际情况，在本书再版时进行优化完善。

开卷有益，学无止境。无论是对于企业家还是高净值人士，学习都是永恒的主题，他们需要通过学习更新知识、开拓视野，提高解决实际问题的能力。希望这本书能让企业家与高净值人士有所收获，对企业经营与高净值家庭的发展有所帮助。